云南省哲学社会科学规划教育学项目“新时代云南体教融合发展的理念、方法及路径研究”（项目编号：AC20018）

新时代云南体教融合发展的理念、方法及路径研究

黄 佺 著

中国文联出版社

图书在版编目（ＣＩＰ）数据

新时代云南体教融合发展的理念、方法及路径研究 / 黄佺著. -- 北京 : 中国文联出版社, 2023.10
ISBN 978-7-5190-5337-6

Ⅰ. ①新… Ⅱ. ①黄… Ⅲ. ①体育教学－教学研究－高等学校 Ⅳ. ①G807.4

中国国家版本馆 CIP 数据核字(2023)第 182653 号

著　　者　黄　佺
责任编辑　周劲松　李小欧
责任校对　秀点校对
装帧设计　王　飞

出版发行　中国文联出版社有限公司
社　　址　北京市朝阳区农展馆南里 10 号　　　邮编　100125
电　　话　010-85923025（发行部）　010-85923091（总编室）
经　　销　全国新华书店等
印　　刷　天津和萱印刷有限公司

开　　本　787 毫米 x 1092 毫米　　1/16
印　　张　13
字　　数　228 千字
版　　次　2023 年 10 月第 1 版第 1 次印刷
定　　价　45.00 元

版权所有 . 侵权必究
如有印装质量问题，请与本社发行部联系调换

前　言

随着社会的快速发展和人们对全面素质教育的追求，体教融合已经成为当今教育领域的重要议题。作为一种融合体育教育与学校教育的新兴模式，体教融合旨在通过将体育活动和教育教学相结合，实现学生全面发展的目标，从而更好地服务于体育教育、竞技体育等体育学专业人才。而云南作为我国西南地区的重要省份，对于体教融合发展的研究与实践具有重要的意义和价值。为此，围绕“新时代云南体教融合发展的理念、方法及路径”这一中心问题，以较为系统的实证探索和扎实的调研相结合的理念、方法和路径进行综合性研究。旨在深入探讨新时代云南体教融合发展的理念、方法及路径，为云南体教融合的实践提供理论支持和实践指导。通过对国内外相关文献的综合分析和对云南省体教融合发展现状的调研，对云南体教融合的发展路径进行深入研究和探索，为云南省体教融合发展的推进提供科学依据和实践经验。

具体研究内容包括以下五个方面。

一是新时代体教融合发展的现状与困境研究。分析了云南体教融合发展的基本形式主要有“教融于体”“体教共融”“体融于教”“特殊融合”四种模式；从学校体育工作实践、青少年体育赛事发展、云南高水平运动队建设和中小学体育促进四个方面分析了实践效果；认为体教融合存在目标融合相对模糊、资源融合联动性较弱和措施融合创新性不足等发展困境。建议：以补齐体育领域的教育短板为出发点，为学校体育运动队“科学训练”提供竞技体育技术支撑、搭建云南青少年体育俱乐部、学校运动队、各级各类体校、高等院校联办等方式，构建开放式、竞争式、合作式的青少年体育后备人才体系，将三级训练体系转变为网状（政府、学校、社区、家庭和市场）的合作体系。打通云南竞技体育后备人才输送渠道，共建共享一条龙人才培养体系。云南省体育局与教育系统的各部门、社会体育组织等合作，初步建立起了一套较为完整的竞技体育人才选拔机制，如通过体育特长生招生、校园足球、体育单招、校园篮球、校园田径等云南名牌赛事或项目，选拔和培养优质运动员继续接受更专业的培训与教育。

二是国内外体教融合发展的典型经验与启示研究。分析国外体教融合的美国经验、日本经验、欧洲国家经验和澳大利亚的典型案例；结合国内体教融合发展较好的省份上海经验、浙江经验、广东经验和北京经验。建议：建立大中小学一体化的体育教育体系，夯实云南体教融合的底层基础，健全学校体育赛事的市场运营，拓宽云南体教融合的财政支撑，建设多元主体协同参与，推动云南体教融合的持续发展。

三是新时代云南体教融合发展的理念。研究认为，新时代深化云南体教融合的战略性是以促进全体青少年健康发展为体教融合新目标，回归以体育人和以文化人的体教融合新认知，明确教育和体育系统工作划定的体教融合新职能，建立多部门齐抓共管的体教融合新机制，打造多元主体共治共建的体教融合新模式。全面性是全体学生参与、全省各地参与和学生个体全过程参与。整体性是学校体育工作融入政府政绩考核指标体系，学校体育成为学生终身体育锻炼习惯养成的重要阵地，整体推进校园体育运动的安全体系建设，着力推进云南学校体育联盟建设。育人性是保障全体性与开放性、公平性与差异性、科学性与人文性、终身性与阶段性。建议：①学校引导和支持体育社会组织参与学校体育。体育社会组织可以在校内以市场化或非营利的形式，参与体育职业技能考核与评定、运动技能培训与推广、体育科学研究及学校体育文化活动。②鼓励社会体育俱乐部成为学校体育工作的主要载体。选择具有相应资质的社会体育俱乐部以《关于深化体教融合 促进青少年健康发展的意见》为切入点，严格落实学校体育的各类标准，明确责任与分工，鼓励利用场地设施为学生开展各式各样的体育服务，提供更多公益性的体育活动，满足学生对体育活动的多样化的体育锻炼需求。③畅通云南优秀竞技体育人才的服务模式。实施国家队、优秀省队运动员、优秀退役运动员、省队教练员或专业体育人才进学校担任体育教师或教练员，弥补云南体育师资短缺的瓶颈。鼓励现役国家队、省队运动员、优秀教练员，在中小学校或社区每年完成一定时间的健身指导服务。

四是新时代云南体教融合发展的方法。研究认为，新时代云南体教融合发展的发展环境创新是建构体教融合的发展环境，全省教育体育系统树立大教育观，云南省体育中考改革助力学校体育工作，学校校长大教育观的树立尤为重要。从渗透机制、动力机制、激励机制、控制机制、保障机制方面进行工作机制创新。拓展筹资经费来源渠道，人员编制归属，管理体制整合，建构领导、教练员、教师、学生和家长的“五位一体”模式。从而明确学校竞赛的目的、划分竞赛区域、层次进行比赛，构建竞赛评价体系，加强竞赛监督方面进行竞赛体系创新。建议：①制定全面的明确指向的体教融合发展规划和政策文件，明确发展具体详细目标任务和落实措施。政府部门应加大对体教融合的支持力度，提供资金、政策和资源保障，鼓励学校和社会力量参与体教融合。促进教育部门、体育部门和其他相关部门之间的紧密合作。②通过信息共享、资源整合和政策协调，实现协同效应，提高体教融合的水平和质量。重视师资培养，提高教师的体育教育水平和综合素质。加强对教师的培训和专业发展支持，鼓励教师参与学科交流和研究活动。同时，吸引优秀人才从事体育教育工作，构建高素质的体育教师队伍。③开发和推广创新的体教融合课程，将体育与学科知识相结合，促进学科知识的学习和体育技能的提高。通过多元化的教学方法和活动形式，激发学生的学习兴趣和参与度，提高课堂效果。创新体教融合的评价体系，突破传统的单一考核模式。注重学生的全面发展和综合素质的评价，包括学科成绩、体育技能、体育素养、团队协作能力等方面的评价。④通过多元化的评价方式，鼓励学生全面发展和积极参与体育活动。积极引导和支持社会力量参与学校体育，开展校企合作、校社合作等形式的合作。通过引入专业机构、企业和社会组织的资源和经验，丰富学校的体育教育内容和活动形式，提高体育教育的质量和影响力。优化体育设施的建设和利用模式，注重灵活多样的使用方式。鼓励学校与社区、企业等共享体育设施，提高设施的利用率和效益。同时，推动数字化技术在体育教育中的应用，提供在线学习和训练资源，满足学生个性化和终身学习的需求。⑤加强体育教育的社会宣传和推广，树立体育教育的良好形象和价值观。通过宣传报道、社会活动等方式，引导社会公众和家长对体育教育的重视和支持，形成全社会关注和参与体育教育的共识。

五是新时代云南体教融合发展的路径。研究认为，推动体教融合“名牌大学为龙头牵引”与小、中、大学名校之间的协同发展；保障体教融合名牌赛事向学生运动员全面开放的对接条件；把握体教融合青训体系回归教育体系的实现机遇；提升体教融合体育竞赛育人体系的关联水平；优化体教融合体育课程新模式的支持环境。建议：建立名牌大学与云南小、初、高中之间体教融合的合作机制，打通名牌大学与云南小、初、高中之间体教融合的体育课程对接点，促进名牌大学与云南小、初、高中之间体教融合的教师交流和互动，建构云南小、初、高中生与名牌大学体教融合竞赛资源共享平台。建立云南学校赛事与名牌赛事的衔接机制，为云南学生运动员打造科学公平的选拔机制，加强云南学校与名牌赛事的资源共享和互动，制定学生运动员参与名牌体育赛事的评估机制，打造一体化育人的名牌体育赛事体系。学校提供多样化的体育教育课程和活动，制定青训体系回归教育体系的评估和监测体系，建立政府、学校、家庭、社区和市场之间的合作机制。明确云南省体教融合体育竞赛育人的目标和理念，遴选国内教练员团队与云南普通学校教师的形成合作机制，建立学生训练和竞赛成绩的评估反馈中心，利用社会资源提升体育竞赛育人体系的关联水平。设计体教融合课程新模式的目标和任务，打造体教融合课程新模式的教师团队，创新体教融合的课程设计、教学模式和教学方法，加强体教融合课程新模式的师资培训和实践能力，利用社会资源支持体教融合课程新模式的实施和发展。

基于上述结论和建议，新时代云南体教融合发展的理念、方法及路径研究是一个广阔而有挑战性的领域，未来还有许多值得探索和研究的方向。深化理念研究方面，进一步探索和明确云南体教融合发展的核心理念，包括学生中心、全面发展、素质教育等方面的内涵和实践路径。通过对理念的深入剖析和理论构建，能够为云南省体教融合发展提供更具针对性和可操作性的指导。拓展方法研究方面，进一步创新体教融合的教育方法和教学模式，包括多元化的课程设计、创新的教学手段、有效的评价方式等。通过借鉴国内外先进经验和实践案例，不断探索适合云南省实际情况的教育方法，以提高学生体育素养和综合能力。深化路径研究方面，进一步研究云南体教融合发展的路径和实施策略，包括政府、学校、社区、家庭和市场等参与方的角色定位和合作机制。通过深入研究各方之间的协同关系和资源整合，能够为云南省体教融合的全面发展提供更加具体和可实施性的路径建议。推进政策研究方面，进一步研究和探索体教融合发展的政策环境和政策措施，包括政府的支持政策、学校的管理政策、社区的参与政策等。通过对政策的研究，可以为体教融合的实践提供更加有针对性和有效性的政策建议。深入评估研究方面，进一步开展体教融合发展成效的评估研究，包括对学生综合素养、体育水平、学业成绩等方面的评估。通过科学的评估方法和指标体系，能够客观评估体教融合发展的效果，并为优化实践提供依据。

总之，新时代云南体教融合发展的理念、方法及路径研究是一个持续发展和深化的过程。未来的研究应该关注理念的深化、方法的创新、路径的实施、政策的推进和评估的深入，为云南省体教融合的全面发展提供更为全面和系统的研究支持。

借此机会，特别感谢向慧、宋晶涛、左智凯、秦琴、王聚安、郭宝军、董柔等老师为本书做出的贡献，再次表示诚挚的谢意！

目　录

第一章　绪论

第一节　研究背景

一、体教融合发展是国家对体育工作的重要顶层设计

2020年4月27日，党中央、国务院审议通过《关于深化体教融合 促进青少年健康发展的意见》，2020年8月31日体育总局、教育部正式下发《关于深化体教融合 促进青少年健康发展的意见》，云南省体育局、云南省教育厅于2022年1月12日印发《云南省深化体教融合 促进青少年健康发展的实施意见》（以下均简称《体教融合意见》）指出，要根据"一体化设计、一体化推进"原则，推动青少年文化学习和体育锻炼协调发展，完善青少年体育赛事体系，加强体育传统特色学校和高校高水平运动队建设、深化体校改革、规范社会体育组织、大力培养体育教师和教练员队伍等。其目标指向是，培养德智体美劳全面发展的社会主义建设者和接班人。从党中央国务院到体育总局教育部，再到云南省，均下发了《体教融合意见》。可以得知，学校体育在全面育人中的价值举足轻重，是促进青少年健康成长成才的重要阵地。《体教融合意见》重新定位学校体育的目标是要通过学校体育课、体育锻炼和体育竞赛，让学生实现享受乐趣、增强体质、健全人格和锤炼意志的教育功能。这个目标具体细化就是要瞄准教会、勤练、常赛的模式推进，通过体教融合，把教育和体育相关的资源进行整合，最大限度实现学校体育全面育人的教育功能。一是要实现学校体育全面育人的重要价值，促进青少年健康成长、成才，二是凸显了通过国民教育体系，在学校培养优秀竞技运动员。

二、体教融合发展是国家全面培养高端人才的新举措

国家高端的人才资源是最重要的战略资源，俗语说"谁拥有了高端人才优势，谁就拥有了绝对竞争优势"。不过，未来的高端人才必须要有承受挫折、承

受困难、承受压力的综合素质和精神，这样才能成大气，成为人才。而承受挫折、承受困难、承受压力需要强健的身体和精神作为支撑，失去身体和精神的支撑，也就意味着国家高端人才对于国家建设难以持续。有研究表明，有了身体的健康，心理就会跟着健康，精神也会畅爽，体育对于大、中、小学生塑造强健的身体，及在运动中磨炼抗挫折的能力、解决困难的能力、释放压力的方式等方面都会获得愉悦的效果。同时也深知学校是国家培养高层次人才的主要阵地，体育应肩负起强健体魄和丰富体育精神的教育使命，以享受乐趣、增强体质、健全人格和锤炼意志为总目标，贯穿于大、中、小学的体育教育目标体系，让体育及在体育教学中“教会、勤练、常赛”一体化推进，使学生形成体育锻炼习惯，掌握体育健身技能，养成“健康第一”的思想，锻炼强健的体魄，茁壮成长，以便更高质量和更加持久地为国家服务，这既是体育强国建设的重要议题，又是开启新时代立德树人学校体育发展的根本指导思想，更是培养德智体美劳全面发展的社会主义建设者和接班人的根本要求。因此，体教融合发展不仅是国家赋予学校体育新的历史使命，也是国家从根本上全面培养高端人才的新举措。

三、体教融合发展是青少年文化学习和体育锻炼协调发展的新思路

《体教融合意见》的重要内容之一就是促进青少年文化学习和体育锻炼协调发展，其主要思想是强健的身体是保障学生文化学习的重要基础，是帮助青少年建立良好学习能力的基石，新时代青少年应同时拥有良好的文化学习和强健的体魄，体育是推动青少年文化学习的基础性教育，体育可以培养青少年健康向上的体魄、吃苦耐劳的精神，让青少年在文化学习中积极进取。从青少年成长的角度看，青少年在日常紧张的文化学习中，不仅仅有文化学习，加强体育锻炼也是学习的重要内容。在应试教育背景下，文化学习占用了学生太多的体育锻炼时间，导致青少年身体素质下降。《体教融合意见》提出，青少年文化学习和体育锻炼协调发展，这意味着学生既要做文化学习的佼佼者，也要做体育锻炼的行动者，青少年应树立起文化学习和体育锻炼同等重要的思想，做优秀的文化学习者和拥有强健体魄双剑合一的新时代青年。从运动员的角度看，当前云南高校运动员仍然是“冠军走入校园”，极少“冠军从校园里走出”，造成这一问题的原因是运动员在竞技体育道路上，文化素质教育没有被重视造成了“育”的不足。通过大量的观察与实践发现，运动员体能开发和技术掌握程度与

其文化素质的高低密切关联，文化素质的高低直接影响竞技水平的高低。也就是说运动员文化素质高，则更容易吸收教练员的指导，体能和技术的潜力可能会被挖掘得更充分，竞技成绩也会随着运动水平的提升而提高。因而文化学习和体育锻炼同等重要。

第二节　研究综述

一、国外对体教融合相关的研究综述

（一）对促进青少年健康发展的体教融合研究

国外对于体育促进青少年健康成长融合发展已达成多方共识。一是从青少年成长发育的角度。2020年世界卫生组织、联合国儿童基金会和《柳叶刀》委员会联合发表了“世界儿童的未来”的声明指出，青少年受到生长发育、独立生活、行为模仿和社会认知等多因素的影响，在这些方面体育对于青少年有着积极的促进作用，为此集体对于体育促进青少年健康达成共识“青少年阶段体育是促进青少年健康成长的关键期，应以多学科、多领域跨域治理形成主动式锻炼、积极式参与、长远式服务和可持续促进青少年健康成长的体系（Key，2010）”，体育锻炼作为促进健康的重要手段，是发达国家（地区）、社会、家庭的重要投资内容，对儿童青少年健康成长具有终身体育、文化教育等多重效应。二是从青少年危机与社会发展方式的角度。垃圾食品和含糖饮料正疯狂影响美国超过2400万青少年沾染不健康饮食习惯，尤其是不良生活方式使青少年生活体力活动和体育锻炼活动明显不足，青少年肥胖人数由1975年的0.11亿增加到2016年1.24亿（WHO，2020），导致青少年心理健康的危机，除痴呆外的青少年均可发生的精神障碍及心理问题。可以看出，青少年是心理障碍的易感人群，精神、情绪、心理障碍等问题日显突出，而体育对于青少年这方面的问题有着较好的健康教育促进作用。

（二）以青少年运动项目为中心的体教融合研究

国外以青少年运动项目中心化融合培养模式主要分为单项协会主导模式、一体化指导体系、体育俱乐部制三种。

1. 英国青少年体育LTAD模式中的体教融合研究

就是以单项协会主导的与体育系统和教育系统展开密切合作进行长期培养竞技体育人才，分为乐趣培养阶段（6至10岁），以培养运动技能和灵敏、平衡、协调和速度发展的能力，主要是为形成休闲健身习惯或想要成为运动员做准备。进入学会训练阶段（女生10至13岁，男生10至14岁），以青少年体育爱好者掌握运动技能，并学会自我训练为重要教学内容。以上阶段都是通过小学和体育系统的体育俱乐部联合服务，其中青少年体育基金会、学校协调员、教练和家长是非常重要的合作伙伴。再进入学会参赛阶段（女生13至17岁，男生14至18岁），青少年以教育机构青少年所在的中学、体育中学和体育系统的区域代表队、周末与假日俱乐部、体育俱乐部联合培养，其中地方政府和区域协会与社会合作组织是重要的合作伙伴，进行服务具体的专项技术和战术学习。最后的争取获胜阶段（女生17岁以上，男生18岁以上），部分青少年进入大学或继续教育的教育机构后，联合体育系统的国家队、地方运动队和夏季训练营，开始职业化赛事、职业化训练过程，其中国家教练员协会、运动项目社团和国家运动训练中心是重要的合作伙伴。

2. 日本学校体育一体化指导体系中的体教融合研究

日本出台《体育振兴基本计划》，形成了所有学生儿童青少年时期到成年时期全阶段的一体化指导计划，成立全国青少年体育俱乐部，采用就近参与原则以学校为单位组织体育活动，对幼儿园、小学、初中和高中不同年龄阶段制定了教学内容和指导目标。由日本体育协会和日本国立体育科学中心等体育机构，编制教材形成了以田径为教学内容融入各类体育运动项目的分类指导课程，既提高了学生的体能，又强健了学生身心健康和促进身体发育，还使学生学会了各运动项目的运动技能，这种体育课程模式的教育价值在学校、学生、家长及专业运动队等方面的欢迎和配合。如高中阶段的日本学生把参与高中棒球联赛作为对青春的纪念。日本多数大学采取自主招生体育高水平人才，这也是体育特长生进入高校的一个路径。另外，为解决学训矛盾的问题，日本滑冰运动员羽生结弦入读早稻田大学后，大多是以在线课程去完成大学阶段的学业，也有约50%的大学对于学生运动员的培养会选择与竞技组织合作的形式进行体教融合。大学体育协会发挥体教融合的重要功能是关联了中小学体育、职业体育和社会体育等机构与领域，大学也具有较高水平的教练员团队和管理体制，竞技体育训练水平较高。日本大学体育学会重点连同各单项体育组织和全国的大学，共同打造32个全国性体育比赛项目，打破了体育系统的壁垒和教育系统的障碍，对于跨学校、跨项目统一组织管理发挥了重要的协调作用。

3. 德国体育俱乐部制中的体教融合研究

2012年欧盟颁行《运动员体教融合指导纲要》，从运动员全面成长成才出发，提出运动员训练、学业和就业的融合理念，呼吁各国“因国施策”，尽量使体教融合指导纲要本土化，创设竞技体育后备人才体教融合培养环境，为源源不断实现竞技体育后备人才的供给链提供社会支持。其主要目标也是解决学训矛盾的问题。如德国为促进融合竞技体育与群众体育的整体有效融合发展，采用体育俱乐部与学校体育合作培养模式，主要体现在中小学在学校参与学校体育课程的学习，课后时间就会加入体育俱乐部进行每个运动项目的专业训练，普通高校没有体育课程，大学生进行体育运动或训练主要依靠体育俱乐部来完成，对不同运动竞赛项目进行分级，设置有升降制度的联赛体系，以便打通职业赛事和业余赛事的互通障碍。另外，德国非常重视青少年不同教育的完整性，对有极强运动天赋的青少年，父母会给孩子加入某一项体育运动俱乐部，帮助其提升运动竞技能力，为摆脱只会体育而导致片面培养的窘境，会要求必修一个非体育的第二专业，并要求学生第二专业的学习成绩不能低于运动技能的成绩。师资与场馆资源保障方面，无论是中小学还是大学，或者是社会体育场馆，都采用德国统一工业标准修建，保障了学校体育和竞技体育开展的场馆的通用性，均可满足28个体育运动项目的教学、比赛和训练的需求，教练员选择上也重视培养既会体育又会文化课的师资力量。

（三）对学校体育实施体教融合育人的研究

通过查阅文献发现，以美国为代表的体教融合主要思路是以学业发展为主，体育竞赛训练为辅，保证文化学习合格的情况下鼓励学生参与体育训练和竞赛，注重全面培养学生运动员的文化学习和体育竞赛全面发展。

1. 对学校体育教学的体教融合育人分析

体育课程教学培养目标上，注重促进学生身心全发展的教学目标，以体育和教育融合发展的育人模式，将体育课余训练作为大中小学全面育人的重要手段。中小学阶段，如美国俄亥俄州的中小学排球课中运动技能部分要求学生不仅要展示排球关键技术要领，还要能够接住排球并传回排球；身体活动部分要求学生在每次体育课中运动步数（非走路步数）必须超过1200步，这样就避免了学生体育课上不动的不良行为，为培养运动习惯做准备；运动情感部分要求学生能够完成不同高度截断球的排球运动技术，在排球教学比赛中要求每位学生还能够为队友快速准确地完成技术配合。进入大学阶段后，不同高校均有结合学校实际进行体育课程目标的设计，如哈佛大学的体育课程教学目标是要求学生的心理情感、身体健康状态、运动技能掌握和社会交往等都得到较好的发展。宾夕法尼亚州立大学开设30余种体育活动课程，旨在满足学生更多体育需求的身心健康需求，普林斯顿大学的体育课程教学目标旨在提高学生身体素质和健康水平，帮助学生改善生活质量，以促进学生与教师和员工之间的交流。

不难看出，以上都在围绕学生的参与体验感和体育活动的娱乐性上做功夫，为释放学生的学习压力、提高参与体育热情、丰富文化生活、培养终身体育意识提供了较快融入社会的支持。体育教学内容上，教师传授的体育知识内容比较广泛，体育教学内容覆盖全面，不仅仅是局限于单个运动技能的教授，更加强调实际操作类的注意事项和救护实践类知识传授，课堂上涵盖了技能展示、实践运用、小组讨论、提问等多样传授方式，更加关注的是体育课堂教学活动的效果和思维认知的培养，不以发展学生运动技能和增强体质为重点，而是以强化学生对体育知识的理解和掌握来提高实践运用能力。体育教学过程中强调过程评价，通过参与的积极性、反映运动效果的数据、感受和经验方向与数据对比、复述教师教授的知识与理论在实践中应用情况、评价学生的学习效果，对以上过程分为每节课和每个单元学生的有氧运动机能和体育素养进行量化评价。

2. 对培育大学生运动员的体教融合研究

在国外学生运动员培养体系中，对于学生运动员和普通学生在学业上的要求基本相同，对运动员强调首先是学生，其次才是运动员。如美国中小学阶段体育教育实施的是“夺标健体育人一体化”的原则，使中小学生的运动技能、健康促进、体育知识和体育行为规范等得到均衡发展，因为大多数家长关注的是通过体育运动所掌握的知识，帮助孩子们建立健康、自信、快乐。建立标准化的体育人才培养目标是美国大学竞技体育服务的一大特色，如美国大学生体育联合会（NCAA）不弱于各大联赛和奥运会，拥有完善的协会规章制度，既保障运动员接受教育的权利，又实现运动员能够接受体育和教育的全年培养，其所组织的体育竞赛在各大高校具有极高的竞赛水平和认可度。

美国招收大学生运动员条件极为严格，如斯坦福大学招收的大学生运动员文化课成绩分数不仅要达到高校统一规定录取分数线及以上，其体育运动成绩也要达到该校规定的国家级比赛水平标准（取得NCAA赛事的优异成绩），如泰格·伍兹录取的高中阶段的平均绩点（GPA）达到3.8，比A还要高。坚持全面发展原则，实现学训“双优秀”，运动员发展的毕业条件和普通大学生的要求一样高，运动员既要完成每天艰苦的训练，又要完成文化课的学习和考核。具体表现为每天训练时长不得超过4小时，每周不能超过20个小时，否则取消本季的参赛资格。大学生运动员因为训练而影响了学业成绩也会得到相应的处罚，如减少或取消奖学金发放、公开批评等。美国高校高水平运动队以NCAA竞赛体系实现体育资源整体化整合，以专职专业化的教练员配置助力专业化发展，以体育系统和教育系统的目标一致性实现系统化管理，以科学训练与备赛常赛助力科学训练质量提升。但是，在我国截至2021年年底，全国有285所大学具有招收高水平运动员资格，仅出现了清华大学高水平运动员杨倩获得2020年东京奥运会首金的个案。可以看出，我国高水平运动队经过30多年的发展，仍没有肩负起国家竞技体育发展的重任。

（四）对竞技体育人才培养的体教融合研究

1．对竞技后备体育人才培养的体教融合经验分析

从培养治理体系架构来看，英国、美国、俄罗斯实施体教融合的共性经验，在竞技体育后备人才培养的体教融合价值导向上，以基本完成从工具主义的“为国争光”“金牌第一”的理念向人本主义的所有青少年健康发展理念转变，在国家层面重视竞技体育“为国争光”的同时，还发挥了体育丰富民众休闲文化生活、健全青少年意志品格及促进经济发展上的多元属性与功能。协调普及与提高的关系，注重培养的阶段划分（乐趣阶段、训练阶段、比赛阶段及获胜阶段）与衔接，美国、英国打通了青少年体育参与和高水平运动员之间的壁垒，学校体育既重视广大青少年体育活动的参与率及其运动技能水平的提高，又厚植了精英运动员的人才基础。俄罗斯虽然仍以体育运动学校为后备人才培养为主，但制定的《运动员培养联邦标准》明确了运动与健康、初级训练、专项化训练、完善运动技能和最高运动技能五个阶段的责任分工、统一要求及规范流程的训练身体负荷、组织形式、竞赛活动等要求。

虽然英国、美国、俄罗斯3个国家对竞技体育人才培养存在一定的差异，但都有融合政府相关部门、体育社会组织、职业体育俱乐部及家庭等多元主体

参与的竞技体育后备人才培养，尤其是明确了学校体育对于体育后备人才培养中的主体性地位，这些都是共同的发展趋势。值得一提的是，英国、美国、俄罗斯都注重竞技体育后备人才培养从阶段化走上一体化的培养机制，这是打通全体青少年体育锻炼和高水平运动员培养之间断裂的关键。重视竞技体育后备人才的运动技能水平和文化素养水平的双上提升是英国、美国、俄罗斯的共性经验，英国和俄罗斯对于竞技体育后备人才培养的文化教育是以政府的相关部门为主，美国更多是以高中体育协会联盟和大学生体育联合会等社会组织为主。但不难看出，竞技体育后备人才文化教育的经验值得我们借鉴。

2. 对竞技后备体育人才培养的体教融合路径分析

美国、德国、欧盟国家、英联邦国家、俄罗斯、日本等发达国家对于竞技体育后备人才培养的路径，主要体现在青少年体育管理制度、职业生涯发展规划、体育经费来源投入、竞技后备人才培养、运动员文化素质教育等方面。竞技体育的组织管理体系方面，英国采取社会化为主体的竞技后备人才培养管理体制，采用分层分级的金字塔人才培养，由政府机构主导的全社会共同参与管理和经营的体育管理体系，体现了体育管理组织体系的多元化特点，如日本的冰雪运动构建了多层级组织网络体系，旨在建立规范、连贯、互通的冰雪后备人才培训体系，政企联合设计与推广青少年特色冰雪活动，以发展发现旱地滑行类运动员培养成为冰雪人口，还设立了冰雪专项保险等，使得日本的冰雪运动发展迅速、成效显著。竞技体育后备人才社会支持网络方面，主要体现在明确了政府在竞技体育发展中的职能与定位，被人认为在诸多国家事业中竞技体育是优先发展的事业。如日本颁布法律、制定政策、拨付资金、建设基础设施等措施，实施“全日本体制”备战2020年东京奥运会，欧盟各国政府制定指导纲要性文件，引导欧洲国家落实体教融合。

德国通过认证体育俱乐部模式，加快竞技体育后备人才成长。实施竞技体育后备人才培养体系和各个利益相关者之间的平衡关系，如NCAA将加入会员的高校或大学生体育联盟分为3个等级，各自独立设置管理机构，实行分级分类管理，按照区域区位建立大学体育联盟，比较完善地平衡和保障了高校因不同地域、不同层级而影响的利益关系。竞技体育后备人才培养的长效机制建设方面，各国都从宏观管理层面明确了长效的目标规划，主要体现在教练员队伍建设、运动训练基地建设、赛事体系完善等方面制定长期的配套性政策。日本政府就从足球运动员的规模和竞技水平、裁判员的规模、教练员执业水平、足球管理人员的规模、足球管理人员综合素质等方面，制定了长期的配套政策。制定专线支持政策贯通学训矛盾，培育竞技体育后备人才科学训练水平。

随着国际竞技体育水平的不断提高，对运动员的运动训练和文化教育也提出了新的要求，2012年欧盟出台《欧盟纲要》、2007年发布《体育白皮书》，一是要对运动员的文化教育、就业、财政支持和养老等方面给予支持，二是要求对各国运动员的专项训练时间与挤占运动员接受文化教育的时间予以说明与制止，明确了运动员专项运动训练接受文化教育时间的挤占程度。也有部分顶级大学（如德国）与体育联合会签署合作框架，允许运动员调整课程以适应体育训练，但必须把调整的文化课程给予补回，并达到文化课程的要求。这些系统化解决学训矛盾的教育助学机制，为运动员职业生涯提供了多元化的实现机制。

二、国内对体教融合相关的研究评述

（一）对体教分离、体教结合到体教融合的梳理概述

新中国成立初期，1952年中国体育代表团参加第十五届奥运会，奥运会场第一次升起五星红旗，比赛回国后，代表团团长、中华体育总会副主席荣高棠向国务院就加强体育工作提出了系列建议，时任中华体育总会主席、教育部部长马叙伦也提出了一份报告，称之为“荣马两报告”，提出“学习苏联体育发展模式”的建议（毛振明，2021）。报告内容包括成立中央人民政府体育运动委员会、集中国家优秀运动员进行封闭性训练、组建各单项的青少年训练体系及高水平国家体育赛事。同时建议在我国各省成立体育学院，修建大型体育场馆等体育事业工作（谭华，2002），这是我国体育事业进入体教分离的标志。

但在20世纪80年代，发现体教分离出现了运动员文化水平偏低、融入社会工作难、体校招生效果不佳、体校学生毕业就业难等问题。由此，1986年教育部和体育总局提出在高等院校成立高水平运动队，从队伍建设目标、招生与管理、建设规模、建设任务等方面，提出教育部门应加强与体育部门之间的合作，多种形式培养运动员，两部门实现资源共享、优势互补。1996年国家教委正式下发部分高等院校办高水平运动队的通知，提出“体教结合”的目的就是实现体工队过渡到院校化培养，在我国53所高等院校试点建设高水平运动队，形成了“混合型”“省队校办”“清华”“南体”四种体教结合模式，以上体教结合模式正式迈入历史舞台。

随着国家体育事业高速发展，我国竞技体育水平达到了一个新高度，奥运金牌数量稳居世界前列。但随之出现了重竞技体育、轻道德情操和体育精神培养不足、群众参与体育运动的热情有待再提高（我国经常参加体育锻炼人数的比例为37.2%”，光明网，2022）及金牌交换文凭等问题，没有得到很好的解决。另外，还出现了青少年体质健康水平逐年下降的窘境。在此情况下，2020年8月从国家层面体教融合正式提出，由教育部和国家体育总局下发《关于深化体教融合 促进青少年健康发展的意见》指出，“一体化设计、一体化推进”青少年文化学习和体育锻炼协调发展等精神，从加强学校工作、加强高校高水平运动队建设、完善青少年体育赛事体系、规范社会体育组织、大力培养体育教师和教练员队伍、深化体校改革等方面对体教融合给出了指导性意见，拉开了体教融合促进青少年健康发展的序幕。

（二）国内对体教融合有关的理念研究

1. 对“健康第一”引领体教融合的相关研究

从学校体育的角度，齐大路认为学校体育落实“健康第一”教育理念，存在着身体安全过度被强调、面临着思想指向被泛化、主体责任缺乏监管、人文教育价值被忽视等困境，是导致“健康第一”教育理念难以有效落实的重要障碍。从人才培养的角度，夏漫辉认为将“健康第一”的理念深入后备人才培养的全过程，是扩大后备人才培养所需资源的有效供给，另外，后备人才培养需多主体参与，多元化协同，完善后备人才培养的法律制度。以上观点多是从学校体育和体育人才培养的角度对体教融合进行分析，而体教融合主体瞄准的更是指所有青少年，不仅仅是指体育人才的培养。有较少学者从以人民为中心的角度，张雷认为体教融合是我国促进青少年健康发展的战略举措，体校与普通学校、社会和市场相互融合，是互补短板、精准培育提升青少年体育后备人才培养渠道之一。由此可以看出，如何驱动国家、社会、市场、青少年及其家长高度重视，一体化设计、一体化推进全体青少年健康成长和部分青少年业余训练相互融合，发挥体育促进健康的卓越功能赋予其塑造青少年健康成长的重要路径。

2. 对“大中小学”一体化推进体教融合的相关研究

从五育融合的视角，马卉君认为中小学体育教学与德、智、美、劳四育一体化融合，体育教育实践活动对于促进人的全面发展发挥重要作用，完善五育融合共同教学目标，打破学科壁垒，优化体育教学环境，整合体育教学内容，创新体育教学评价，汇聚德、智、体、美、劳多元主体的核心内容，以跨学科主题为主线，形成以大融合观为纽带、体育实践为手段、以五育融合核心素养为引领，将体育教学融入德、智、美、劳四育，促进学生的全面发展。从大中小学体育衔接的角度，刘媛认为做好各学段衔接应完善大中小学体育课程整体规划设计，自上而下推动小学到大学各学段升学体育考试体系，每一所学校都要承担发现、培养、推荐输送优秀体育人才的任务，打通小学、中学到大学贯通连续的障碍。另外，体育课程内容、场地资源、师资水平等资源也是推进大中小学一体化的重要保障，同时国家教育部门对地方体育系统和教育系统，应实施分段、相互衔接的学生考试考核及毕业升学要求的顶层设计、统筹与监督。陈月霞认为当前中小学生有约70%以上因睡眠不足而影响健康发展与进步，到了大学阶段，又因娱乐方式增多、注重文化素养、注重营养摄入，而忽略参加体育运动，缺少体育锻炼导致身体素质下降。可以看出，中小学体育教育与大学体育教育的有效衔接，落实国家相关政策，借助体教融合推进大中小学一体化建设是重要契机。

3. *以体教融合促进青少年健康发展的相关研究*

对运动员文化水平偏低的分析，冯建中提出在训练期间，使初中以下文化水平的运动员要进行九年义务教育，并获取初中文凭。使多数运动员在退役时达到中等教育水平，获得高中或中专文化水平。对运动员获得高中文化水平的要进行大专教育，使其获得大专毕业证书。当时实施正规化、制度化、教育化的文化教育主体多是在体育运动职业技术学院。20世纪90年代至今，为解决高水平运动员文化偏低的问题，在国家体育总局和教育部联合指导下以北京体育大学为代表办成了既有教学又有国家队的高水平大学，我国其他大学也在陆续实践，出现了对学训矛盾的分析，虞重干认为学训矛盾是运动员在培养过程中竞技体育训练与文化理论学习中因资源、精力和时间等的有限性原因而引起的运动员在文化学习和竞技训练上的冲突现象。万炳军认为文化学习和竞技训练均处在运动员青少年时期，重文化学习又影响竞技训练，重竞技训练而又影响文化学习，二者如何兼得成为体育界棘手的问题。由于文化学习偏低导致许多优秀运动员退役后安置困难、运动员综合素质偏低、竞技后备人才匮乏等问题。对青少年健康水平持续下降的分析。尹小俭认为当前青少年健康问题呈现低龄化、高频率和多发病的趋势，受到社会环境、家庭和个人生活行为方式等影响，日益复杂而多样影响因素，给促进青少年健康水平带来诸多难题。唐滢莹认为分析青少年健康水平与学业成绩（语文、数学、英语）之间的关系，体质健康水平指标有氧耐力、速度、肌肉力量以及柔韧性均与各科学业成绩（语文、数学、英语）存在显著正相关。

（三）国内对体教融合有关的方法研究

1. 对体教融合与体育教育专业人才培养的相关研究

从师范类专业认证视角，凌晨认为体育教育专业认证与培养质量是保障体育教师综合素质的重要手段，执行教师资格证书制度对于完善体育专业的质量标准，严把新增体育专业的准入门槛等方面具有重要意义，树立“以学生为中心”“质量持续改进”和“成果导向教育”的理念，结合我国体育教育发展实际，组建权威的专业认证机构，制定完善的体育专业认证标准，进行科学的体育专业认证测评，加强社会合作与国际互认工作已迫在眉睫。可见，加强对体育教育专业人才培养也是深化体教融合落实的重要保障。从一流专业建设视角，傅建认为一流体育专业建设是高等教育人才培养的重要组成部分，但当前也面临着找准专业建设的特色定位，师资队伍建设是强化专业质量体系的保障，多元发展的培养特色与特色办学，搭建科学的课程体系，结合学校特色、地域和项目特色打造“金课”，培养会术科和懂理论并重发展的新时代体育专业人才。从培养卓越体育教师角度，舒宗礼认为体育教育专业人才培养以“专业素质突出的复合型人才”为目标，从专业知识、专业情意、专业思想和专业素养四个方面培养，既可以体现培养卓越体育教师的卓越性和前瞻性，又可以体现体育教师教育的实践性和地方差异的特色性，还可以体现社会需求的导向性和专业性。

2. 对体育与教育两大系统整合的相关研究

从体育和教育系统设计的角度，许弘认为体育和教育两大系统对于体教融合的总体目标与价值是一致的，但两大部门在全民健身的目标与价值和学校体育与竞技体育上存在各有侧重、不同分工上优势与缺陷，当前教育和体育两大系统的融合在具体工作上需要明确规划和部署，共同推进赛事计划、对表对标衔接，发挥体育的育人功能，推动体育回归教育，为高水平运动队、体育传统项目学校、社会体育组织赛事等方面实现融合。从多部门协调治理的角度，王德政认为深化体教融合发展涉及面广泛，如学校体育发展和运动员后期就业保障及再教育的问题，仅依靠体育和教育两大系统略显乏力，应由体育、教育、社会保障、民政、卫生健康等多部门协同解决。可见，对以上部门没有明确任务分工和责任，体教融合可能会停留在“治标不治本”的层面，甚至会出现“反弹”的现象。为此，体教融合还受到文化、制度、政策等多维影响因素，如引导主体的政府与体教融合、落实政策的学校与体教融合、社会推力的社会与体教融合、重要支撑的家庭与体教融合、深化保障的政策与体教融合、推进助力的管理制度与体教融合、滋养观念的文化与体教融合等。

3．对体育改革与转变教育思想的相关研究

从高等教育体校改革与发展的角度，钟秉枢认为我国体校对于培养竞技体育后备人才发挥了重要作用，但也存在学生文化理论教育不足、社会功能开发不全面、教练员综合素养不够、管理体制机制不健全、科学化训练水平不高的问题，未来体校改革需转变体育教育理念、师资保障体系、科学训练理念、人才培养体系、体育赛事体系，培养的学生要文化学习和竞技训练双优，以更高要求的综合素养师资，科学高效从事运动训练工作，成立体校+青少年训练中心的思路，形成多元体校发展新格局。从中小学体育改革的角度，柳鸣毅认为体教融合是中学校体育改革的核心范畴之一，体教融合发展从提高体育课程质量、开展科学业余训练、激发社会力量参与、丰富课余体育活动和建立体育竞赛体系等维度展开，是推进地方政府和学校深化体教融合改革工作的行动策略。从普通高等院校的角度，李国华认为体育部门和教育部门的教育观念转变是促进竞技体育人才培养、高水平运动队建设、体育课程思政建设等高校体育高质量发展的关键，以“健康第一”的教育理念，消除体育和教育两部门之间的体制和思想壁垒，准确定位高校高水平运动队建设，构建体教融合的竞技体育人才培养机制。

（四）国内对体教融合有关的路径研究

1．对体教融合政策治理的相关研究

汪晓赞认为增强体质是社会主义建设初期的育人目标，基于大健康背景健康第一是改革开放后学校体育的指导思想，体教融合是开启新时代全面育人的体育促进健康之路，随着体教融合工作的推进，学校育人的体育和教育在效果评估方面缺乏系统的评价体系，体质健康评价和文化成绩评价依然处于“割裂”的状态，政策制定与政策落实执行之间缺乏有效的衔接，“自上而下”和“自下而上”还缺乏互通的监管体系，导致部分国家政策不能落到实处，青少年对体育促进健康的政策还缺乏一个良好的社会认知和支持环境。针对以上问题，彭响认为学校深化体教融合培育青少年身体素养，以游戏化教学模式创设沉浸式体育课堂情境，提高学生身体活动的参与度和控制能力，以预设性教学模式形成赛事化体育课堂氛围，提高学生参与身体活动动机和赛事信心，以深度化教学模式构建体验式学习场景，增强学生理解身体活动的知识和规则，以戏剧性教学模式培养生活化运动习惯，树立学生形成终身体育锻炼意识。刘通认为国家发布政策到各级行政区域政府政策执行中出现缓慢期、快速期和平稳期三个阶段，国家深化体教融合政策意见出台后，各省级政府结合自身情况出台了体教融合《实施方案》《若干措施》《实施意见》等政策文件，也有少数省份制定了体教融合完成任务清单（如吉林省），其主要指向是从高位推进体教融合政策，保证体教融合政策具体落实。

2. 对体教融合与全面育人的相关研究

从体教融合政策内容实施的角度，孙科认为学校体育是基础，青少年体育赛事是核心，社会组织赋能是关键，落实体教融合政策实现全面育人，需翻越三座大山，第一座大山是解决学校对学生安全的模糊责任问题，第二座大山是应试体育教育考核导致推进“体育中考”学生考试分值区间小、“满分较为突出”的问题，第三座大山是体育评价的制定与落实的问题。从新时代落实体教融合的挑战角度，汪晓赞认为新时代我国青少年体育促进健康的社会基础相对薄弱、体育评价体系尚不完善，距离现代化建设的体育人才需求还不足，在运动干预、体育评价、多方监测等方面还需要进一步加强和完善。从中国式现代化大学生体育发展角度，刘波认为中国式体育现代化的实践方向是实现体育强国建设，中国式现代化体育强国建设夯实了大学体育发展的实践基础，大学体育高质量发展是大学体育的实践要求，但当前面临着全面育人机制建设尚未完善、大学生体质健康存在下降趋势、竞技体育后备人才培养难以达到国家需求、大学体育评价体系的构建尚不科学的困境。

3. 对体教融合与后备人才培养的相关研究

从后备人才体系建设的视角，刘波认为体教融合机制失衡、模式失新、制度失灵、环境失真，是制约着体教融合和青少年体育后备人才培养的因素。对此，李爱群提出针对以上问题，认为深化体教思想融合为体育发展营造良好的环境，促进体教目标融合来破除制度壁垒，推动体教资源融合以畅通培养机制，加快体教措施融合以创新发展模式。从人才培养模式的视角，侯玺超从协同治理角度认为，青少年竞技体育后备人才培养面临着体育法律法规建设相对滞后、社会力量参与协同治理门槛高、部门平级协同督导缺少约束力、体育与教育管理部门协同度不够的难点。可以看出降低社会力量参与体育的审批门槛、探索建立第三方评估体育协同的治理机制、制定体育和教育部门协同的治理清单、健全体育和教育部门协同治理的法治程序还亟须强化。柳鸣毅认为我国体教融合发展的新指向应从促进体育后备人才培养去关注所有青少年健康成长问题，体育后备人才培养过程中对于促进青少年健康成长，仍存在体育难以缓解青少年健康成长的危机，如全阶段共同促进青少年主动健康成长、全领域共同破解健康发展的壁垒、全社会共同担当青少年健康发展、全过程共同建设“普及—精英”一体化青少年健康成长体系，是体教融合实现体育后备人才培养和促进青少年健康成长的双重目标。

三、对云南体教融合相关的研究概述

梳理相关文献发现，现有研究多是围绕“教体结合”的分析，对体教融合发展的研究较少。

从云南竞技体育发展与体教结合的角度，李国忠认为云南各高校在定向运动、竞技健美操等项目上已初见起色，储备了充足的竞技体育后备人才，在昆明、玉溪、曲靖、大理、红河等地，游泳、田径、自行车、摔跤、柔道、射击、击剑等运动项目，具有明显的优势。但高校招生高水平运动员资格少、项目布局单一且规模小、生源质量总体不高、项目布局与后备人才不匹配，是导致云南竞技体育的整体水平与发达省份存在差距的主因。吕赟认为云南高校探索培养优秀运动员与体教结合的模式，主要是直接引进退役运动员、自主招生培养运动员、体校培养运动员等模式，还是停留在高校与体育系统联合办高水平运动队，少数联合培养现役专业运动员，高校教育系统发挥的作用仅仅是负责学籍、文化课学习和发毕业文凭，体育系统全力负责训练、生活和管理，还存在管理体制、顶层定位等问题。可以看出，这种只“体”不“教”的培养模式出来的运动员多是“运动员大学生”，距离“大学生运动员”的身份转化存在明显的差距，也是典型的体教分离的形态。

从云南体育后备人才培养与体教结合的角度，张剑宇认为昆明是适宜世界足球队伍进行冬季训练的佳地，但在足球后备人才培养上还比较薄弱，尤其是云南红塔解散后，致使云南足球后备人才培养链接近断裂，在接下来的几年里，导致云南足球后备人才储备出现了断档。随着 2009 年云南校园足球开展，云南足球后备人才培养体系才得以慢慢恢复，也在尝试整合体育系统和教育系统的资源，小学阶段由教育系统负责培养，体育系统负责专门训练的体教结合模式，但这种模式导致了体育人才输送渠道不畅通，出现了人才培养体系整体结构不完整、影响了青训队伍的完整性的问题，另外由于在基础网点教练员执教水平不高，导致后续人才选才的质量以及培养的持续性有断裂。总的来说，虽然出现这些问题，足球竞技体育人才培养体系运行还较好，但相对于国外及发达省份优秀的人才培养体系还存在差距。张正全玉溪体育运动学校为例，从教体结合的角度分析云南竞技体育人才培养模式，体教结合为云南培养了一大批优秀的竞技体育人才，但在观念、体制和实践上存在难以融合的鸿沟。如重视竞技体育、轻视文化课学习，文化课学习有着说起来重要、做起来次要、备战期间可以不要的现象，导致重视竞技体育的奖品和成绩，忽略了运动员全面发展的重要性。“体教结合”模式已经难以满足新时代云南体育工作的发展需求。

从云南学校体育与体教融合发展的角度，舒盛芳分析了昆明是把青少年体校的少数运动项目归属普通中学，青少年运动员在普通中学接受文化学习和管理，日常的运动训练由编制归属于体校教练员来负责完成，学生的比赛费用和训练经费由体校负责，这种由业余体校和学校共建的模式是体育系统和教育系统的融合发展的初始阶段。随着云南体育中考改革的推进与深化，关注的不仅仅是竞技体育运动员，而是培养具有体育核心素养和文化知识学习能力的全面发展人才。聂真新认为云南实践体育中考100分制，是新时代由“体教结合”迈上“体育融合”的新阶段，也是教育领域对学生体质健康的重视与关注，体现出身体健康与文化学习同等重要的新人才选拔机制的教育理念，以锻炼、教学、竞赛协调推进体教融合，将竞技体育和学校体育融合发展，是实现云南体教融合发展的关切点。高校大学体质健康也成为重要的关注对象。体育中考改革是云南实施体教融合的重要内容。但也不难看出体育中考也面临着中学学校重视程度不一、成功典型经验推广难、体育场地设施不均衡差异人、体育教师队伍建设不足的困境。王宗平从大学生体测不合格不能毕业的角度，创建了运动技能+体质健康的体育教学模式，将田径跑类运动项目融入每次体育课中，这种做法与日本实施以田径为教学内容的融入各类体育运动项目相似，还建立了“50%运动技能+40%体质测试+10%平时成绩”的体育课程评价体系，为大学生体质健康促进起到了较好的实践效果。云南学校体育高水平队伍建设是体教融合发展不可忽略的领域，高校高水平运动队建设事关培养出文化成绩和运动技能合一的高水平运动员。目前仅有5所高校招收高水平运动员，云南师范大学招收足球、排球、网球、游泳和田径5个项目的高水平运动员，昆明理工大学招收足球和排球2个方向的高水平运动员，云南大学招收足球和田径2个项目的高水平运动员，云南农业大学招收武术、篮球、足球3个方向的高水平运动员，云南财经大学招收篮球和网球2个方向的高水平运动员。总的来看，云南省高校高水平运动队招收资格的数量较少，云南建立在读、在校、在训的小学、初中、高中到大学的一体化培养还未形成。

四、研究评述

新时代体教融合发展是对“教体结合”的全面升华与革新。宏观层面：体教融合是体育与教育两个系统的融合发展，共同培育青少年德智体美劳全面发展（孙国友，2016）。日本经验表明，《体育振兴基本计划》对推动终身体育、竞技体育与学校体育的联动提供了宏观的制度保障。

微观层面：体教融合强调竞技水平提高的同时不能忽略文化学习，青少年运动员培养回归国民教育体系是“新举国体制”的发展态势。

美国经验表明，学校整合竞技体育、体育教育、休闲体育等资源，是培育社会公民和未来精英的重要载体。

本质层面：表现为教育系统和体育系统存在目标体系不同、竞赛体系及人才培养体系不兼容等问题。也可以看出，世界体育强国的竞技体育后备人才培养体系，多以顶层设计，国家层面制定政策导向，通过自上而下推进实施，以形成适合本国的体教融合模式。世界发达国家在体教融合探索中，注重运动员全面培养的目标导向，落实竞技人才培养与文化课学习全面培养机制。并随着竞技体育后备人才培养方式所出现的问题予以修正和解决。无论是美国、欧盟、还是亚洲国家的日本，都是在本国制定的制度下，按照竞技体育后备人才成长规律，实施培养过程中首要思考的是“全面、全人”的培养，体育是被作为育人的手段，而非追求竞技成绩（金牌）的短期“效应”。

对此，在探索云南特色体教融合发展模式时，世界体育强国的成功经验值得借鉴。明确“学生运动员”而非“运动员学生”的身份，从教育体系与竞技体育培养体系的利益分歧、相互诉求、融合困境与出路等方面深入调研，试图建立“一条龙”培养的“在校、在读、在训”三在模式，文化课程学习和运动训练学习同等重要，系统完整接受小学、中学、大学的教育学习，发挥个人的运动潜能，发挥创造出最好的运动成绩。但体教融合是牵动云南教育体制改革和中国体育体制的战略性问题，二者又绝非简单的调和或叠加。因此，本研究拟从分析新时代体教融合发展的内涵出发，调研云南体教融合发展的现状与困境，提出适合新时代云南体教融合发展的新理念、新方法和新路径。研究助力云南体教融合发展。

第三节　体教融合的核心概念

新时代体教融合发展是体育事业和教育事业发展的重要议题，其愿景是双轮驱动青少年文化学习和体育锻炼协调发展，将国民教育体系作为培养高水平运动员的重要阵地。体教融合发展的核心范畴主要包括三个方面：

1. 微观层面

体教融合的“体”是指运动训练，“教”是指文化学习。认为运动员的专业训练和文化学习同等重要，运动员个体既要接受专业训练又要接受文化学习（杨桦，2021）。

2. 中观层面

体教融合的“体”是竞技体育，“教”是各级各类的学校，认为竞技体育作为教育的重要内容与手段，与教育也有着密不可分的联系，把竞技体育纳入教育体系，使之充分融合，不仅可以提升竞技人才的文化理论水平，还可以为取得竞技成绩提供基础保障。

3. 宏观层面

体教融合的“体”是各级体育管理部门，“教”是各级教育管理部门，强调以体育管理部门和教育管理部门为共同导向，坚持以人为本培养全面发展的竞技体育人才。新时代体教融合的目标是促进所有青少年健康发展，运动员、体育学生只是其中的一分子，以“享受乐趣、增强体质、健全人格、锤炼意志”为导向，发挥学校体育对提升竞技体育水平的作用，让所有青少年都能参与适合自己的体育竞赛，使青少年文化学习和体育锻炼协调发展。

可以看出，体教融合是对新时代体育事业发展的再审视，目的在于全面提高青少年身体素质，为竞技体育提供优秀的充足后备体育人才，促进青少年体育锻炼和文化学习全面发展，更高质量地促进体育人才的再就业。

第四节　研究目的和意义

一、研究目的

一是着眼于教育行政部门抓学校体育、体育行政部门抓竞技体育的分离现状，分析各自的利益藩篱与相互诉求，可以明晰导致云南“体教分离”的根本原因。考察体育专业院校及小学、中学、大学人才培养单位的创新举措与基层经验，分析体教融合的教育生成机制，能够合理实现以学校体育工作为顶层设计，形成体教融合发展的竞技体育人才培养体系。

二是把体教融合作为破除云南“体教结合”的体制障碍，创新新时代体育人才培养模式，要树立教育部门和体育部门全面融合的大教育融合观。从发展环境、工作机制、培养模式、竞赛体系等方面进行改革创新，探索体教融合的有效路径，是开创新时代学校体育工作的新局面，培养学生成为德智体美劳全面发展的社会主义建设者和接班人。

二、研究意义

（一）理论意义

体教融合已列为我国体育教育事业的重大政治任务。剖析云南体教融合在教育思想、教育目标、教育资源、教育措施等方面的融合问题，探索行之有效的云南体教融合发展路径，是对云南实践体教融合发展的学术回应，体现出较高的学术价值。

（二）实践意义

党中央、国务院审议通过《关于深化体教融合 促进青少年健康发展的意见》指出，“推动青少年文化学习和体育锻炼协调发展”，“加强学校体育工作”，“完善青少年体育赛事体系”。《云南省人民政府办公厅关于强化学校体育促进学生身心健康全面发展的实施意见》指出，“把强化学校体育工作作为我省深化教育领域综合改革的突破口……培养德智体美全面发展的社会主义合格建设者和接班人。”因此，立足体教融合发展的现状与困境，构建新时代云南体教融合发展的图景，对加快云南体教融合发展具有重要的应用价值。

第五节 研究对象与方法

一、研究对象

以新时代云南体教融合发展的理念、方法及路径为研究对象。

二、研究方法

（一）文献研究法

通过阅读国内外相关文献、资料，进行分析、归纳、评价。首先，对收集到的文献和资料进行筛选和整理，根据研究目标和问题进行初步的筛选，选取与核心内涵与外延相关的文献进行深入阅读。其次，对所选文献进行系统的分析和归纳，提取其中的核心观点、理论框架、实证研究结果等，对文献中的关键内容进行梳理和总结。最后，对文献中的观点和研究进行评价和比较，分析其优点、局限性和相互之间的差异，形成对于体教融合发展的核心内涵与外延的评价和认识。

（二）实地考察法

明确以融合困境与出路为主线。首先，选择昆明、玉溪、楚雄等地，具有代表性的体育专业院校，小学、中学、大学等实践单位作为研究对象。了解体教融合的政策导向、创新举措、改革思路以及具有代表性的基层经验。其次，深入实践单位，进行实地观察和访谈，记录相关的情况、经验和观点。最后，观察包括学校体育课程设置、教学活动、学生参与情况等，访谈校领导、教师、学生和家长等。

（三）专家访谈法

首先，制定访谈提纲，明确需要与专家交流的重点和关注的方向，制订访谈提纲，访谈省内知名体育专家、教育系统和体育系统管理及研究人员，进行对体教融合现状、利益分歧与相互诉求的问题与意见深入交流。其次，访谈采用半结构化和结构化的方式，与选定的专家进行面对面交流及远程交流，根据访谈提纲进行交流，并适时根据专家的回答进行深入探讨和追问。最后，整合不同专家的观点和意见，形成对于体教融合发展的多角度认识和见解。

（四）问卷调查法

首先，分类制定问卷《新时代云南体教融合发展的现状、问题及建议》对教育系统、体育系统及小学、中学、大学进行调查。其次，采用分层抽样等方法确定调查对象，确定调查样本的范围和数量，包括云南教育系统、体育系统及小学、中学、大学的相关人员和学生。最后，运用统计软件SPSS和Excel等工具对数据进行统计分析，以获取对于体教融合发展的客观了解。并对当前云南实践体教融合发展的现状做进一步深入调查，并进行分析和总结。

第六节　研究思路与内容

一、研究思路

（1）积极借鉴国内外已有研究成果，对体教融合发展的基本问题进行理论探讨，发展具有云南特色的体教融合理论体系，以2020年4月27日，党中央、国务院审议通过的《关于深化体教融合—促进青少年健康发展的意见》，探索云南急需体教融合发展的路径。

（2）深入教育系统与体育系统，以小学、中学、大学实践单位为考察对象，谋划新时代云南实践体教融合发展的图景，分析云南体教融合发展的现状与困境，确定新时代云南体教融合发展的内涵、理念、方法及路径。

（3）以“学校体育工作”为顶层设计的相关政策保障，重在以党中央、国务院审议通过与体教融合的相关政策，打造具有云南特色的学校体育工作为顶层设计的体教融合发展路径。

二、研究内容

本研究围绕“新时代云南体教融合发展的理念、方法及路径”这一中心问题，以较为系统的实证探索和扎实的调研相结合，分析云南体教融合的现状与困境，对其理念、方法和路径进行综合性研究。制定研究框架如下。

（一）新时代体教融合发展的内涵

研究出发点。从历史角度，分析一脉相承、人为割裂及时代呼唤的全面性；从管理角度，分析一体化设计及一体化推进的整体性；从哲学角度，分析身心一元、全人教育及终身教育的育人性；从法律角度，分析学校体育自治法权取得的战略性。

（二）云南体教融合发展的现状与困境

研究关注点。着眼于体教融合在观念上、体制上、实践上依然存在的障碍；致力于体教融合密切相关的教育思想融合、教育目标融合、教育资源融合、教育措施融合等方面深入调研；实践于培养德智体美劳全面发展的社会主义建设者和接班人。

（三）新时代云南体教融合发展的理念

研究支撑点。突出教育部门和体育部门的全面融合理念；树立“健康第一”的重要性；小学、初中、高中到大学的一体化培养的科学性；教育和体育部门与家庭、学校、社会的协同性；以学校体育工作为顶层设计的前瞻性。

（四）新时代云南体教融合发展的方法

研究衔接点。转变教育观念，体育回归大教育观；转变管理机制，建构体教融合发展的学校体育运行机制；融合教育资源，搭建德智体美劳全面发展的体教融合校园体育竞赛体系；转变人才培养模式，建立以学校体育为顶层设计的“准省队”竞技体系。

（五）新时代云南体教融合发展的路径

研究落脚点。推动体教融合“名牌大学为龙头牵引”与小学、中学、大学名校之间的协同进程，保障体教融合名牌赛事向学生运动员全面开放的对接条件，把握体教融合青训体系回归教育体系的实现机遇，提升体教融合体育竞赛育人体系的关联水平，优化体教融合体育课程新模式的支持环境。

第二章　新时代云南体教融合发展的现状与困境

第一节　新时代云南体教融合发展的现状

一、云南深化体教融合发展的基本形式

自云南省推进体教融合实践以来，以云南省教育厅和云南省体育局两大管理为主体，协同各州市教体部门和各级各类体育协会发展出了“教融于体”“体教共融”“体融于教”“特殊融合”四种体教融合模式。

（一）“体融于教”的模式

“体融于教”的模式说明教育系统中有体育系统的参与，也是体育回归教育系统的真正体现，教育系统也需要融合体育系统提供的专业优势资源，积极服务于教育系统高水平运动队、学校体育专业队、体育特色学校的训练竞赛工作，以提高教育系统的竞赛质量和水平。体育系统主动参与服务到教育系统的这种模式也是符合学生成长规律的。一是让从事竞技体育的运动员有学上、有书读，接受文化学习；二是让广大青少年在应对文化学习和高考外，还有机会参与体育运动和赛事，促进学生德智体美劳全面发展。如，云南省昆明海埂体育训练基地（中心）与昆明市五华区教育体育局等部门以及昆一中西山学校、度假区实验学校等合作，安排专业教练员、运动员到学校推广运动项目。积极搭建与国家集训队、省级专业运动队等队伍的交流平台，使学校中具备体育特长的学生可以接触和接受专业化的训练，“铺开选材面”和“针对性训练”两手抓，吸引并培育更多体育后备人才。

为积极贯彻体育总局、教育部《关于印发深化体教融合 促进青少年健康发展意见的通知》（体发〔2020〕1 号）文件；《昆明市教育局、昆明市发展和改革委员会、昆明市财政局、昆明市文化广播电视体育局关于加快校园足球发展的

意见》（昆教体〔2015〕8号）文件的相关指导思想，昆明市第三中学与昆明誉腾足球俱乐部有限公司共同开展校园足球特色学校相关训练、比赛等合作。双方遵循“公平诚信、相互尊重、优势互补、互动双赢”的原则，协商一致，达成合作协议。促进昆明市校园足球持续健康发展，提高昆明市第三中学的校园足球水平。双方设置合作方式及保障，为推进昆明市第三中学校园足球运动水平的提升，昆明市第三中学向昆明誉腾足球俱乐部有限公司购买派遣专业足球教练团队参与组织昆明市第三中学足球队课后及周末或寒暑假的有偿足球训练活动，誉腾足球俱乐按照昆明市第三中学需求提供为校队专业化水平提升的相关指导服务。昆明市第三中学全程负责该合作的管理工作，对誉腾足球俱乐部在足球教学工作中遇到的困难和问题给予协调解决，并监督誉腾足球俱乐部在学校的训练、比赛工作，并给参训、参赛队员购买保险，训练场地和训练装备都由昆明市第三中学负责提供。誉腾足球俱乐部的主要责任是积极配合昆明市第三中学进行足球相关活动、提升训练质量，从而提高学生身体素质、足球技术、技能、比赛等方面能力，并保证参赛、参训队员在训练比赛期间的人身安全，并支持昆明市第三中学开展校园足球相关活动。

具体表现为：

（1）竞技体育方面，以补齐体育领域的教育短板为出发点，为学校体育运动队“科学训练”提供竞技体育技术支撑、搭建云南青少年体育俱乐部、学校运动队、各级各类体校、高等院校联办等方式，构建开放式、竞争式、合作式的青少年体育后备人才体系，将三级训练体系转变为网状合作体系。云南省体育局联合教育体育局为普通学校的体育运动队提供体育训练场馆、专业教练员团队的指导与合作，主要围绕精准选才、系统训练、参与竞赛和队伍管理策略等方面予以专业指导。体育系统为云南普通学校搭建青少年竞技体育赛事平台，云南省体育局联合各级各类协会开展各单项的U系列体育赛事，为云南省创设更高级竞技体育赛事的发展做好了服务。

（2）青少年体育方面，主要围绕发挥奥运冠军榜样的力量，讲好体育故事，传播优秀体育文化，弘扬顽强拼搏、追求卓越的体育精神等方面出发，为云南省各级各类学校的青少年“广泛参与”体育运动提供专业指导、宣讲与服务。云南省体育局发挥体系内奥运冠军、优秀运动员的资源优势，通过校园体育文化宣传、各类体育文化节、体育文化周，开展“奥运冠军进校园”体育文化系统活动，“优秀运动员”为青少年传授专业技能展示课，“专业教练员”进校园培训、组织开展中长跑、竞走项目冬夏令营等，这对激发云南学子参与体育运动，储备更多竞技体育后备人才，营造校园体育运动的参与氛围，提高全省学生体育参与度，促进全省青少年体质健康有着积极贡献。

存在问题：

（1）资金保障。受财政拨款和学校资金影响，每年下拨的经费不能完全应对整个校园足球活动及校队训练、比赛的需求。

（2）学业压力。初中、高中阶段进入学习较为紧张的阶段，学习压力过大严重影响训练、比赛的效果，经常出现因为学习需要不能来参加训练和比赛的情况发生。学生家长传统注重学习的意识比较强，只要参训队员成绩有稍微下降就会要求学生不再参加训练。

（3）校园足球文化建设。受学习压力和誉腾足球俱乐部教练员人数等限制，学校并没能开展班级联赛活动，没能让更多学生感受到足球运动的魅力，足球运动氛围未达到预期效果，对学校体育的文化建设作用不够。

（4）体教融合度不够。文化课教师不太支持学生参加足球队的训练、比赛，因为会花费太多时间精力在足球上，他们更愿意学生专心学习。学校体育负责部门和文化课教师沟通交流不够，双方没有能形成很好的互补、协调，没有能做到真正意义上的体教融合，体育并没有完全融入教育中。

（二）“教融于体”的模式

“教融于体”的模式是体育系统中有教育系统的支持，说明教育系统和体育系统是两个紧密联系的系统，长期以来，云南教育系统为云南体育系统提供的优质教育资源是多方面的、多层次的，可以帮助体育系统的教师和学生更好地开展教学和学习工作，加强体育教育的发展和进步，促进学生的德智体美劳全面发展。

一是云南省体育工作大队与昆明市呈贡区教育体育局合作，联合万溪冲小学、昆明市体育中学等周边学校，以插班集中排课、节假日集中上课等方式，组织运动员进行文化学习。大队还将运动员文化教育培训经费纳入预算，组织运动员参加职业技能证书考试培训、其他职业技能培训、下乡支教实习等，切实把运动员保障工作落到实处。

二是云南民族大学研究生向篮球俱乐部提供运动医疗服务。合作方式是由云南民族大学体育学院向学校教授的体育学专业研究生，利用课余时间向“我的篮球俱乐部（云南）有限责任公司”提供运动解剖学、运动生理学、运动医务监督、体育保健学和体育康复学等知识和专业指导。并聘请学院的研究生到该俱乐下属云南领航象三人篮球俱乐部担任队医。合作优点是把运动医学的专业知识应用到实践中，为运动队的伤病诊治提供专业保障和帮助。运动队能得到专业的运动相关知识指导、运动伤害治疗及预防，对提高运动队的运动表现和运动成绩有很大帮助。教师在服务运动队的过程中积累实践经验，通过实践总结，丰富教学内容和手段，能有效提高教学质量。学生通过实践，获得更强的实践能力，并学会灵活运用所学知识服务于工作，增强工作能力和丰富工作经验，为将来就业奠定基础。创造就业机会，让更多的学生能找到合适的就业岗位。

具体表现为：

（1）教育系统为体育系统提供优质的教育资源。体育课程资源方面，教育系统为体育系统提供丰富的体育教材、教案、教学视频等体育课程资源。师资培训资源方面，教育系统为体育系统提供教师培训课程、专业技能教育指导服务、研讨会、讲座等师资培训资源。教育科技资源方面，教育系统为体育系统提供在线体育课程教育平台、体育教育APP、虚拟体育实验室等教育科技资源。学科建设资源方面，教育系统为体育系统提供学术会议、学科论坛、教学研究等学科建设与交流资源。教育政策资源方面，教育系统为体育系统提供教育法规、政策文件、指导意见等教育政策资源。

（2）教育系统为体育系统提供多方面的支持和科研服务，为云南体育事业的发展提供强有力的支持。体育教育研究方面，教育系统为体育系统提供体育教育的目标、内容、方法、评价等研究服务，对体育教育提供科学的理论支持和实践指导。体育科学研究方面，教育系统为体育系统提供运动生理学、运动心理学、运动训练学、运动营养学等体育科学研究服务，对体育系统的科学研究提供科学的理论支持和实践指导。体育技术研究方面，教育系统为体育系统提供运动技术、竞赛规则、器材等体育技术研究服务，对体育技术提供科学的理论支持和实践指导。体育产业研究方面，教育系统为体育系统提供体育市场、体育品牌、体育赛事等体育产业研究服务，对体育产业进行研究提供科学的理论支持和实践指导。云南高等院校、体育院校拥有先进的运动人体科学实验仪器、高新科研实验室、专业的实验科研人员，通过有关研究、训练设计及实验提出的科学对策，也正在服务于云南竞技体育发展。

（3）云南体育系统广泛吸纳云南教育系统专家教授。通过专家交流、借调、互动等方式进行合作，提升体育系统政务水平，共同推进云南省体育事业的发展。云南省体育局通过组织专家座谈会、学术交流会、研讨会等形式，邀请云南教育系统的专家学者就体育教育、体育科学等方面进行讲座、演讲、学术报告等活动，帮助云南省体育系统的工作人员了解最新的学术研究成果和理论成果，提升工作人员的专业素养和能力。云南省体育局与云南教育系统的一些研究机构和高等学校签订了合作协议，通过借调的方式引进相关领域的专家学者参与到云南省体育事业的管理和研究工作中。云南省体育局定期与云南教育系统的相关机构和高等学校进行联系和互动，了解学校的教学和科研情况，探讨合作的机会和方式。

这种模式存在的问题：

因为是兼职，教师不能完全定时参加培训指导工作，学生都不能全身心的投入，不能在时间上全面保障运动队的训练和比赛，外出比赛太多，学校请消假程序烦琐，也会影响教学工作和学生的学业。

（三）“体教共融”的模式

“体教共融”其实是指体教融合的模式，也就是就说体育系统与教育系统有深度合作，体教融合是指体育系统和教育系统之间，竭力互补共融、融合发展，发挥各自系统优势资源，形成相互渗透、相互促进、相互融合的格局，在体教融合的过程中，体育系统和教育系统之间不再是简单的并列关系，而是通过相互合作、相互支持、相互促进，实现竞技体育和青少年体育共同发展。这是一种真正实现体育育人功能最为理想的发展方式，体育系统和教育系统联合协作相关部门，在同抓共管、共同施策竞技体育发展和青少年体育发展的目标上。这种模式可以保证竞技体育和青少年健康促进齐头并进，既可以降低运动员“头脑简单”，又可以防止青少年“弱不禁风”的尴尬境况，这也是保障体育强国战略和健康中国战略目标实现的塔基建设。当前，云南省以“竞赛平台”和“运动项目”连接体育和教育两个系统，是云南省体教融合模式中根植性最为明显的主要形式。如，云南省武术协会打破不同部门在赛事中的工作壁垒，联手云南省学生体育协会，共同举办云南省中小学武术操锦标赛，并在云南省教育厅的大力支持下利用省传统武术套路锦标赛为学生创造条件，出台政策挂钩中考，率先在云南省所有单项运动协会所举办的比赛中做出加分设计，提升了学生的参赛热情。

昆明市足球代表队建设。为认真贯彻落实《国务院办公厅关于印发中国足球改革发展总体方案的通知》(国办发〔2015〕11号)和《云南省人民政府办公厅 关于印发云南省足球改革发展实施方案的通知》(云政办发〔2016〕3号)精神，深化昆明体育管理体制改革，振兴足球事业，经昆明市政府同意印发《昆明市足球改革发展实施方案》。方案中明确了昆明市校园足球的发展方向、建设目标和具体实施办法。

昆明市U系列代表队建设。(1)调整改革昆明市足球协会。明确定位和职能。撤销昆明市足球管理中心，市足球管理中心人员分流按照《昆明市足球协会调整改革方案》相关规定执行。按照政社分开、权责明确、依法合理的原则调整组建昆明市足球协会，昆明市足球协会不设行政级别，与昆明市文化广播电视体育局脱钩。昆明市足球协会作为具有公益性和广泛代表性、专业性、权威性的昆明市足球运动领域的社团法人，是代表昆明市参加国家足球组织的唯一合法机构，主要负责团结联系全市足球力量，推广足球运动，培养足球人才，制定相关行业规范，建立完善区域性赛制体系。其领导机构主要由市体育行政部门代表、市教育部门代表、各县(市)区足球协会代表、职业足球机构代表、知名足球人士、社会人士和专家代表等组成。(2)市足球代表队建设。因昆明市足球协会的撤销，原足协官员及教练编入昆明市体育运动学校，其工作之一继续负责培养青少年足球后备人才，并组队代表昆明市参加全国各级足球比赛。在此背景下，昆明市体育运动学校作为国家教育部门和昆明市足协作为社会体育组织共同组建昆明市U系列足球代表队，形成了体教共融的良好局面。昆明市U系列足球代表队由昆明市体育运动学校和昆明市足协共同出资组建，运动员的保险、装备、训练、比赛产生的费用都由两方共同负责，通过选拔出来的参训队员所有费用免费。小学阶段队员在所在原学校学习，按照足协安排到昆明市足球训练基地训练；中学阶段队员根据市足协和昆明市的中学签署协议，进行三集中培养即“集中学习”“集中生活”“集中训练”。

为保障昆明市足球代表队更好地培养出优秀人才，在昆明市政府、市教体局、市文化广电体育局、市青少年校园足球领导小组办公室、昆明市体育运动学校、市足协等部门形成联席会议，联席会议下设办公室在市文化广电体育局，负责处理日常事务，办公室主任由市文化广电体育局分管足球工作的负责人担任，日常工作由昆明市足球协会承担。联席会议设联络员，由各成员单位相关处室负责人担任。联席会议各成员单位要按照职责分工，研究昆明市足球改革发展有关问题，及时向联席会议办公室提出需讨论的议题，按照要求参加联席会议，认真落实联席会议确定的工作任务和议定事项，及时处理足球改革发展工作中需要跨部门协调解决的问题，互通信息、互相配合、相互支持、形成合力，共同推进全市足球改革发展工作。

具体表现为：

（1）打通云南竞技体育后备人才输送渠道，共建共享一条龙人才培养体系。云南省体育局与教育系统的各部门、社会体育组织等合作，初步建立起了一套较为完整的竞技体育人才选拔机制，如通过体育特长生招生、校园足球、体育单招、校园篮球、校园田径等赛事或项目，选拔和培养优质运动员继续接受更专业的培训与教育。一是云南竞技体育后备人才输送渠道：选拔机制是通过科学、公正、公平的各级比赛、选拔赛、训练营等形式，挖掘和选拔出具有潜力的后备人才。基础训练是在选拔出后备人才后，对其进行包括体能、技术、战术等方面的训练，为后续的专业化训练打下坚实的基础。专业化训练体系主要包括专业教练团队、训练设施、训练计划等，为后备人才提供更加系统、科学、专业的训练。经验积累是通过参加各级比赛，让后备人才积累更多的比赛经验，提高比赛水平和心理素质。人才输送是将后备人才输送到各级代表队、职业俱乐部等高水平训练和比赛平台，让体育后备人才得到更好的锻炼和发展机会。这些都为云南竞技体育人才的“蓄水池”事业提供服务。二是共建共享一条龙体育人才培养体系：多元化人才培养渠道是通过学校、社会、俱乐部等多种形式，让更多的人才有机会接受专业化的培养和训练。资源整合是通过政府、学校、社会、企业等各方资源，共同为体育人才培养提供资源支持，包括场馆设施、教练团队、资金等方面的支持。但对于从基础教育到高等教育的完整、连续、多层次的人才培养评价体系还存在不足。人才培养保障机制是通过人才培养基金、人才培养保险等，为体育人才的培养和发展提供保障。

（2）云南体育系统与教育系统各级各类学校签署训练基地共建协议。云南省体育局通过与体育文化浓厚、基础设施完善的基础教育学校“挂牌”并签订共建协议，共同推进校园体育后备人才培养方式，在一定程度上促进了体教融合的科学性。训练基地方面，云南省体育系统与教育系统的各级各类学校共同建立训练基地，学校的体育场馆、体育训练中心、专业体育学校等，为竞技体育后备人才提供训练场地和设施。共享教练资源方面，云南省体育局和教育厅共同组织培训和选拔优秀的体育教练员，为竞技体育后备人才提供专业的教练指导，共享训练基地的体育设施、教学设备、教练员等资源，优化资源配置，提高教育教学质量和训练效果。人才输送机制方面，云南省体育系统与教育系统通过共同组织培训班、训练营、比赛等活动，将优秀的竞技体育后备人才输送到省级、国家级的训练中心和国家队，体育系统和教育系统实现共同培养目标。奖励机制方面，对在竞技体育比赛中表现优异的后备人才或基地进行奖励，如评选优秀训练基地、优秀教练员、优秀运动员等，提供了一定的奖励和荣誉。

存在问题：

（1）资金保障不足。现在资金主要来源于政府补贴，现有在训的队员接近 300 人，因为是全免费培训，训练场地、教练员工资、装备、比赛差旅费等都需要费用，导致梯队的正常训练和比赛开支严重不足。资金不足也没有办法聘请更高水平的教练，也没有办法聘请专业团队对教练、队员、家长进行更加专业的相关培训。租金不足也没有办法购买更好、更先进的训练器材设备，这些因素严重影响人才培养的质量。

（2）小学阶段学籍管理制度。因小学阶段学籍管理制度要求，培训队员不能进行三集中的培养，队员从运动水平培养、安全、生活学习管理都不能得到保障。

（3）学校内足球基础水平过低。因现在学校多数重视文化成绩的培养，体育运动不太重视，大部分时间用于文化成绩学习，加之学校内高水平足球教练员较少，难以培养有一定能力的足球后备人才，导致市队选材困难。

（4）初高中学习压力过大。到中学和高中阶段学习压力变大，在学校和家长对学习要求的压力下，队员被迫在训练和学习之间做选择，导致一些有潜质的足球后备人才流失。

（5）政策落实度差。国家、省、市关于足球改革方案已经有很多，导致很多时候出现有政策无法落实到位的情况发生。

（6）体教融合执行难度大。国家已对体教融合下发很多相关文件，可是在执行起来难度较大，相互之间配合不够默契，乃至出现各自为政的情况发生，难以真正的融合。

（7）在编在岗专业教练员严重不足。因为编制等问题，在编的专业教练员严重缺乏，又受到资金、政策等相关限制，外聘教练也难以聘请。

（8）家长层面问题。家长因传统重学习的观念影响，在小升初，初升高的时候部分家长会因为想选择更好的学校放弃足球训练。部分家长因为缺少专业学习带孩子不科学私自训练，导致人才培养的局限性。

（四）“特殊融合”的模式

这种模式通常是指特殊体育与教育融合形式。云南形成了以高等院校教育体系和体育专业、体育学科的多重属性为优质资源的特殊体育融合模式。以全日制普通高等学校为代表的主要集中在云南高等院校和体育职业院校两类，这两类隶属于教育系统部门，既有学校建设的体育院系，又有培养体育专业和体育学科建设的院校。体育专业方面，以体育教育、运动训练、社会体育指导与管理、民族传统体育为培养核心。体育学科建设方面，培养体育学硕士研究生的主要有体育教育训练学、体育人文社会学、民族传统体育学、运动人体科学四个学科。

少数高等学校结合教育资源的优势，以培养和适应体育事业发展的体育专业人才为重点，成立了以“体育项目字号”为特殊融合的学院，昆明理工大学的李永波羽毛球国际学院、国际艺术体操学院，云南师范大学的足球学院，云南师范大学商学院足球学院，云南民族大学瑜伽学院，另外也基本实现了云南各单项体育协会挂靠高等学校，这种特殊融合的模式为云南省体育事业的发展做好了坚实的基础。体育系统相关体育科研平台与国家体育总局合作关联，体育系统专业学科的办学特色与优势为云南省体教融合的实践做出了贡献。如，云南省北教场体育基地积极推进体育项目进校园，与昆明市五华区先锋小学共建射击、射箭、乒乓球项目省级专业（退役）运动员训练实习实验点。一方面，实验点打通了学校学生参与专业竞技训练的壁垒，推动射击、射箭、乒乓球项目在青少年学生中的普及推广；另一方面，实验点的建立为运动员搭建训练和教学的实践平台，切实提高运动员面向学校的执教能力，积累训练教学实战经验，提高其求职竞争力和社会适应能力，为运动员退役后的二次就业打下坚实基础。

云南省09足球女队楚雄共建梯队：

（1）提出共建目标。为深入贯彻落实《云南省足球改革发展实施方案》文件精神，促进云南省足球事业进一步发展。在云南省体育局的领导下，按照全省统一布局，云南省足球协会和楚雄市教育体育局楚雄市北浦中学、楚雄市足球协会友好协商，按照“优势互补，合作共赢，整合资源，真正落实体教融合”的原则，云南省足协和楚雄市教育体育局共建云南省09年龄段女子足球梯队，促进云南省足球持续健康发展，培养出更多云南省优秀足球运动员。

（2）球队建设。2022年，云南省09—10年龄段女子精英足球队，在云南省足球协会、楚雄市人民政府、教体局的正确领导，在北浦中学的密切配合及楚雄市足球协会全体的共同努力下，以“科学选才，打牢基础，系统训练，稳步提高”为指导方针，以全面提高09—10年龄段女子精英足球队员运动水平为出发点，自2022年4月1日起在云南省各地州开展选拔，并于8月13日完成选拔集训。通过近4个月的精心筛选、比对、测试，教练团队从600多名参选人员中遴选出48名优秀队员，最终从48名队员大名单中，择优录取了25名精英队员完成了云南省09—10年龄段女子精英足球梯队组建。

（3）落实后勤保障方面。为保障云南省09—10年龄段女子精英足球队能更好地培养后备人才，在云南省足球协会、楚雄市人民政府、教体局的商议下形成工作领导小组，由楚雄市北浦中学党总支副书记校长任云南省09女队楚雄共建梯队领队，并负责队伍在北浦中学教育教学和后勤保障工作；楚雄市足球协会党支部书记负责队伍训练及教练员团队管理协调工作。资金保障由云南省足协和楚雄市政府1∶1投入。经过多方协调努力，最终入选的25名队员由楚雄市教育体育局与北浦中学协调，全部进入北浦中学就读，并提供单独宿舍、食堂，解决了学员就读、食宿的问题。云南省09—10年龄段女子精英足球队的成功组建，既是体教融合的显著形式，也是云南省青少年女子足球新的探索，也是楚雄青少年男子足球“05模式”成功的延续，孕育了未来楚雄市青少年足球发展的希望，也为国家足球战略培养、输送人才提供了有力保障。不久的将来，在省足球协会、州市各级人民政府、教体局的正确带领、指导、关心下，大批思想品德好、文化素质高、运动技能强的女子足球少年将在此实现自己的“足球梦”。

具体表现形式为：

（1）通过专业体育资源的利用，培育更多高水平运动人才，并尝试打通优质裁判员、教练员培训体系。训练基地方面，在学校、社区或专业体育场馆等场所建立训练基地，为学生和社区居民提供专业的体育训练和比赛机会。同时，可以邀请专业运动员、教练员和裁判员来讲授课程，提高学生和社区居民的专业水平。教练资源方面，以建立专业教练员库，将优秀的教练员资源共享给不同的训练基地和学校，提高教练员的专业水平和教学质量。另外，部分学校实现了承办教练员和裁判员培训，开通三级裁判员选拔考核的通道，为扩充优秀体育人才储备提供了基础。人才培养方面，通过与专业体育俱乐部、学校和社区合作，为优秀的运动员提供更多的比赛机会和培训机会，同时为他们提供更好的升学和就业机会。但对于国家体育系统给予学校授予运动员等级的资质，除了云南体育系统和教育系统举办的高水平赛事外，通过学校各类体育竞赛成绩运动员等级证书还基本没有体现。奖励机制方面，设立奖学金、奖金和荣誉称号等奖励机制，激励优秀的运动员、教练员和裁判员，同时提高专业水平和教学质量。

（2）通过专业教育资源，培养基层岗位体育专业人才。如云南高等学校开设的体育教育、运动训练、社会体育指导与管理、民族传统体育等专业门类，和体育教育训练学、体育人文社会学、民族传统体育学、运动人体科学等学科的体育硕士研究生培养，除制订体育专业和体育学科人才培养方案以外，通过开展各种形式的培训班、研讨会、讲座等活动，邀请专业教练员、裁判员等高水平人才到基层进行指导和培训，提高基层体育工作者的实战能力。以体育人才储备库，对人才进行分类管理，根据不同的需求和岗位，进行有针对性的培养和选拔。如选拔优秀的体育专业毕业生、招募志愿者等，建立基层体育人才储备库。云南省教育系统对基层体育设施的投入，建设更多的运动场馆、健身房等设施，为基层体育工作者提供更好的工作条件和培训环境。云南省教育系统和体育系统对基层体育组织的支持和引导，加强基层体育组织之间的交流和合作，共同推动基层体育事业的发展。云南省通过开展各种形式的体育文化活动，如体育比赛、文艺演出等，营造浓厚的体育文化氛围，激发基层体育工作者的工作热情和创造力。为基层中小学校提供了丰富的专业体育教师，培养出了众多基层体育教师骨干及学员，这保证了云南省基础教育质量并提升了云南学生的体育素养。

存在问题：

（1）资金配比严重不足。按照省足协对球队 1：1 的资金配比方案，每年由省足协与地方财政各拨付一半以保障球队正常运行，但自球队组建以来使用的资金均是省足协给付的部分，地方政府未按政策执行，球队生活、训练、比赛举步维艰。

（2）队伍综合实力落后。通过 2023 年 5 月 4 日－12 日参加的全国第二届青超联赛，从三个赛区、八个组别、48 支队伍的排名情况对比，充分看到云南三支 09 年龄段队伍与全国足球发达地区队伍的巨大差距。在本次第一阶段三个赛区的比赛中，取得云南三支队伍中最好成绩的曲靖宜步体育女足，排名已位列全国 16 以后，按照省足协对云南 09 女足参加 2025 年全运会达到前 10 的目标要求，云南队伍现在至少要争取排名在全国前 12 名。

（3）队伍组建时间严重滞后。参加本次比赛进入全国 16 强的队伍组建及统一集中训练时间基本在三年以上，而云南 09 女足组建时间不足一年，导致球队在竞技水平、团队配合、大赛经验、心理素质、资金保障、重视程度等方面均望尘莫及。

（4）领队、教练员团队综合能力亟待加强。参加本次比赛的全国发达地区领队均赋有资深的带队管理经验，能够精准地协调球队大小相关事宜，其主教练持有中国足协B级以上教练员证书的比例较高，且累积了多年带队参加全国各类比赛的丰富经验，具备优良的专业技术技能及临场指挥应变能力。而云南省教练团队从业务能力、带队经验等诸多方面都与之相差甚远。

（5）学训矛盾难以调和，队员文化课学习压力过大，对心理、训练、比赛的影响不容忽视。

（6）全社会对女足的认可度和关注度不高，地方政府对女足人才储备和输送、运动品牌推广和普及远远不够。

二、云南深化体教融合发展的实践效果

（一）学校体育工作实践的分析

1. 学生参与体育锻炼实践的目标定位

增强体质方面。由表2-1得知，调查云南省大中小学生（1861人，占比83.5%）参与体育锻炼的多样化实践目的，有1554人认为参与体育锻炼实践是以增强体质为目的，从而减少生病的风险。也有不少学生明确就是喜欢参与体育活动，希望在体育锻炼中掌握更多体育运动技能。这反映了学生对体育锻炼对身体健康的积极认知和重视，说明云南省学校体育教育工作取得了显著的成绩，表明学生们已经认识到体育锻炼对于身体健康的重要性，并且愿意积极参与其中。学校体育教育在引导学生们养成良好的健康习惯、传递健康生活理念、培养身体素质和提高学生健康意识方面起到了积极的作用。

可以看出，学校是青少年体育开展的重要载体。如，玉溪市以竞技体育提升的“基础+特色”发展模式，在抓好学校体育基础教育的同时，推广传统特色项目。500余所学校配齐配强体育教师，开齐开足体育课。各学校以阳光体育、大课间活动、校内课后服务体育类社团等为载体，推广武术、陀螺、太极拳等中华传统体育项目，开展竹竿打跳、武术操、烟盒舞、舞龙舞狮、腰鼓等社团活动，20余万名学生跑出教室，在各运动场所动起来、跳起来、跑起来，校园里充满了朝气和活力，把“健康第一”的教育理念贯彻到学校，落实到学生身上。

表 2-1　学生参与体育锻炼的目的一览表

选项（多选题）	小计	比例	
A. 增强体质，不生病	1554		83.5%
B. 体育测试能够达标	1251		67.22%
C. 喜欢，就是愿意参与	841		45.19%
D. 能够掌握更多的技能	813		43.69%
E. 认识新的朋友可以一起玩	605		32.51%
F. 没目的，父母想让我参与	50		2.69%
G. 参加比赛	270		14.51%
H. 其他	365		19.61%
本题有效填写人次	1861		

体育测试达标方面。也有多数学生认为参与体育锻炼是为了达标体育测试（见表 2-1，1251 人，占比 67.22%），这虽然取决于个人的态度和方式。但也不乏看出，学生通过有目的性的锻炼提高体能水平，以提高耐力、力量、速度和灵活性等体能素质，从而在体育测试中表现更好，以此体验到自己的进步和成就感，这培养了他们养成良好的锻炼习惯和健康的生活方式。这与 2022 年 1 月云南省政府下发《关于全面加强和改进新时代学校体育工作的行动方案》中指出的实施学校体育改革行动，开齐开足体育课程、保障学生体育锻炼时间密切相关。如，玉溪市教育体育局提供的监测数据显示，近年来全市学生参加年度体质健康水平测试达标率在 98% 以上；2021 年全市国家学生体质健康优良率达 55.65%，比 2020 年提高 14 个百分点。不过，某些学生可能过度关注达标体育测试，为了达标，也可能会陷入不健康的竞争心态，将体育锻炼仅仅视为追求成绩而非身体健康的手段，这可能是新发展阶段学校体育工作出现的新问题。

参与体育竞赛方面。还有一部分学生明确表示他们喜欢参与体育活动（见表 2-1，270 人，占比 14.51%），并希望在体育锻炼中掌握更多的体育运动技能，并有机会参加体育比赛。这反映了学生们对体育锻炼的多重目的和动机。这说明学生除了关注身体健康和体质增强外，还希望通过体育活动获得更多的技能和挑战，以及参与竞赛的机会。这种态度和动机对学生的发展非常有益。通过掌握更多的体育运动技能，学生可以增强自己的运动能力，培养协调性、灵活性和技术技能。参加体育比赛可以为他们提供锻炼和展示自己的机会，同时培养竞争意识、团队合作和应对压力的能力。因此，学校和教育者可以根据学生的兴趣和需求，提供更多的体育锻炼项目和机会，满足学生的多样化需求。这样可以激发学生的学习热情，提高他们的参与度和积极性，从而进一步促进他们的身心健康和全面发展。

总之，学生们对参与体育锻炼有着多样化的实践目的，包括增强体质、减少生病风险、掌握更多的体育运动技能以及参加体育比赛。这表明他们对体育活动的积极态度和期望，并展示了云南省学校体育教育工作在满足学生需求和推动他们全面发展方面的积极成果。

2. 云南深化体教融合对普通学生带来的变化

激发竞争意识方面。调查云南省大中小学生 1861 人（见图 2-1），完全能 25.63%，能 62.44%，二者累计达 88.07%。明确表示体教融合对于学生激发了竞争意识。在云南省的大中小学生中，有 88.07% 的学生明确表示体教融合激发了他们的竞争意识。这表明云南深化体教融合对普通学生带来了一些变化。可以看出，体教融合可以提供更多的竞技和体育活动机会促进学生积极参与竞争，激发学生参与体育比赛、运动训练等的兴趣。这种参与竞争的经历可以培养学生的竞争意识，让他们学会努力奋斗、争取成功。体教融合的活动通常需要学生进行团队合作，这对于培养团队合作与合理竞争的意识和相互支持、协作的能力具有重要意义。同时，通过比赛和运动训练，学生也能够学会与他人进行公平的竞争，理解合理竞争的概念，不仅追求个人成绩，也注重集体荣誉。原因是参与体教融合的活动，学生需要不断提高自己的体能水平和技能，还能增强学生的自信心与自我管理能力，这对于培养他们的自信心和自我管理能力至关重要。学生通过竞争中的成功和挑战，逐渐认识到自己的潜力和能力，从而更有动力追求进步和超越。

发现有 11.93% 的处在不确定、不太能和完全不能的区间内，对于这部分学生来说，认为体教融合可能没有产生显著的影响或者他们对竞争意识的需求不强烈。每个学生对于竞争意识的需求和体验都有所不同，如，个体差异与兴趣偏好。有些学生可能更注重合作和自我发展，而不太强调与他人的竞争。这可能与他们的个性特点、兴趣爱好以及对竞争的认知有关。学校的教育环境以及教学方法也可能影响学生对竞争意识的认知和态度，如，教育环境与教学方法。如果学校重点强调合作、共同成长等价值观，可能会降低学生对竞争的关注和需求。学生的家庭背景和教养方式也会对他们的竞争意识产生影响，如，家庭背景与教养方式。如果学生在家庭中没有接触到积极的竞争文化或者家长对竞争不重视，可能会减弱学生对竞争的关注度。需要强调的是，这一调查结果仅代表被调查学生中的一部分观点，具体的影响因素可能更为复杂。

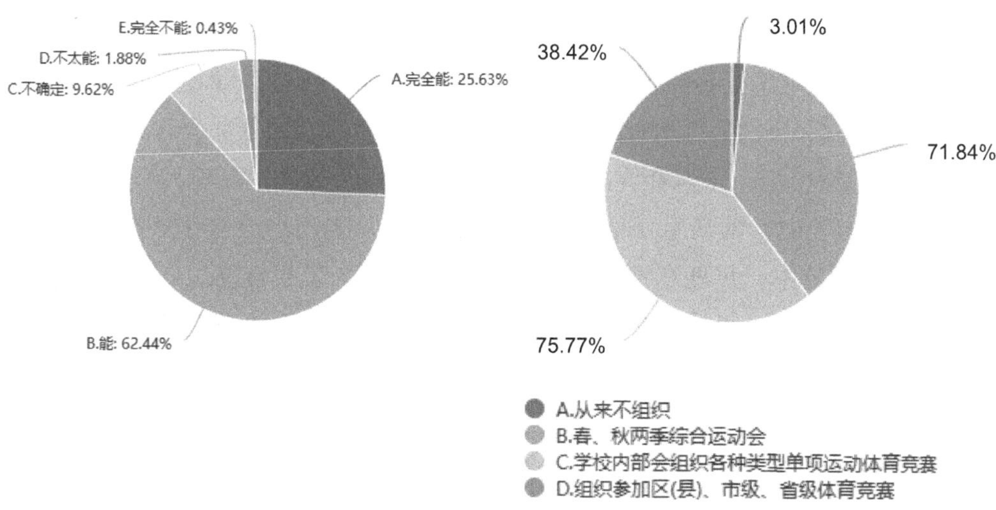

图 2-1　普通学生认为校园体育活动能否激发竞争意识及每年组织体育竞赛的情况图

学校每年组织体育竞赛方面。调查云南省大中小学生 1861 人（见图 2-1），学校内部会组织各种类型单项运动体育竞赛 75.77%，春、秋两季综合运动会 71.84%，组织参加区（县）、市级、省级体育竞赛 38.42%，二者累计达 96.99%，说明云南省的大中小学学校在体教融合方面采取了一系列举措，其中包括每年组织各种类型的单项运动竞赛，春、秋两季的综合运动会以及参加区（县）、市级、省级体育竞赛。在体教融合进程中，如，玉溪市以促进学生全面发展、培养体育后备人才为目标，健全体教融合育人机制。全市建立了由市、县（市、区）党委、政府统一领导，教体、编办、财政等部门齐抓共管的青少年体育工作联动机制，先后出台《深化体教融合全面加强和改进青少年学生体育工作实施方案》等文件，明确细化体教融合目标、要求和实施路径。同时，结合“双减”“双升”和“双增”工作，将学生体育纳入教育教学质量总体评价体系，一体化设计、一体化推进体教融合工作。学校组织各种类型的单项运动竞赛，提供更多的竞技参赛机会，为学生提供了多样化的竞技机会。这样的举措可以促使学生参与不同的体育项目，从而激发他们的竞争意识和积极性。春、秋两季的综合运动会通常是学校范围内的大型活动，需要学生进行团队协作和集体努力，是培养团队协作与集体荣誉感重要阵地。通过参与团队比赛和为学校争取荣誉，学生可以培养合作精神、团队意识以及对集体荣誉的重视。参加区（县）、市级、省级体育竞赛可以让学生与其他学校的优秀选手进行比拼，为提升学生的竞争水平与自信心提供了更多平台。这样的竞争经历有助于培养学生的自信心，让他们认识到自己的潜力并追求更高的目标。不过，具体的影响还可能因学校和学生个体的差异而有所不同。此外，学校组织体育竞赛只是体教融合的一部分，其他因素如教学内容、课程安排、教师指导等也会对学生的竞争意识产生影响。

也发现有 3.01% 的学生（见图 2–1）认为学校从来不组织体育竞赛，这表明在一小部分学校中，可能存在组织体育竞赛不足或缺乏的情况。一些学校可能因为学校资源有限，无法组织大规模的体育竞赛活动。可能缺乏场地设施、专业的体育教师、经费等。不同学校可能存在不同的教育政策和实施方针。这种落实教育政策差异的情况，可能是有些学校将重点放在学习成绩上，而对体育竞赛的组织和重视程度较低。一些学生可能对体育竞赛活动的兴趣不高，导致学生参与意愿下降，或者他们可能面临其他学业或个人原因，导致对参与体育竞赛的兴趣和需求较低。不过，对于那些从未参与过体育竞赛的学生，可能需要进一步了解他们的需求和关注点，以制订更有针对性的体育活动计划，以激发他们的兴趣和竞争意识。

3. 云南深化体教融合对普通学生是否需要文化知识和教育来融合引导

文化知识引导方面。调查云南省大中小学生 1861 人（见图 2–2），完全需要 28.69%，需要 53.09%，二者累计为 81.78%，这意味着这一部分学生们认为在体教融合的过程中，文化知识的引导对他们的学习和发展至关重要。说明体教融合不仅仅关注体育方面的技能和能力，还强调学生的综合素质发展。文化知识的引导可以帮助学生更好地理解体育活动的背景和意义，增强对体育文化的认知和理解。体教融合强调将体育与多学科知识相结合，可以通过体育活动来提升学科学习效果。文化知识的引导可以帮助学生在体育活动中更好地应用和融入学科知识，促进学科综合发展。体教融合旨在培养学生的文化意识和情感态度，使其在体育活动中能够理解和尊重不同文化的差异。文化知识的引导可以帮助学生更好地理解不同文化的背景和特点，也可能增强跨文化交流与合作的能力。云南深化体教融合的实施，可以了解学生对文化知识引导的需求，以便帮助制订更具体和有效的教育方案，以提升学生的学习体验和发展效果。

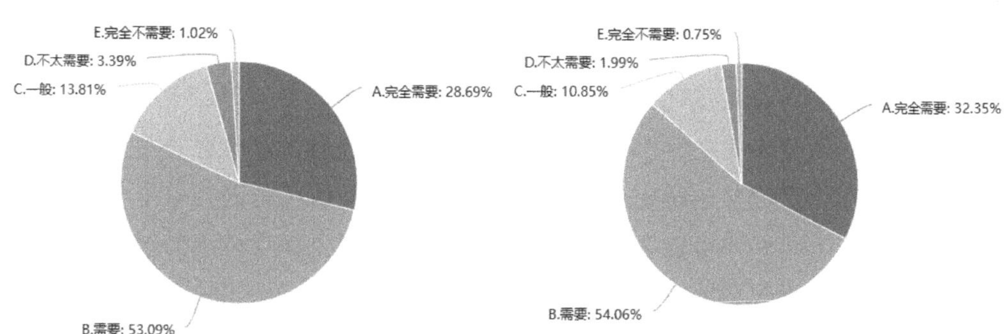

图 2-2　普通学生认为体育是否需要文化知识和教育来融合引导的认识图

也发现有 18.22% 的学生（见图 2-2）给出的答案处在一般、不太需要和完全不需要之间，这表明在一部分学生中，对于体教融合所需的文化知识引导的需求程度相对较低。每个学生对于文化知识的需求和兴趣偏好都有所不同。有些学生可能更注重体育技能和能力的发展，对于文化知识的关注较少。学校在体教融合的实施中，教学方法和课程设置可能对学生对文化知识引导的需求产生影响。如果教学方法偏重于体育技能的训练而忽视了文化知识的引导，学生可能对其需求较低。一些学生可能没有意识到文化知识在体教融合中的重要性，或者对于如何将文化知识应用于体育活动中缺乏认知。这可能导致他们对文化知识引导的需求程度较低。总之，对于那些对文化知识引导需求程度较低的学生，可能需要进行更具体和针对性的教育措施，以提高他们对文化知识在体教融合中的认知和重视程度。

教育融合引导方面。调查云南省大中小学生 1861 人（见图 2-2），完全需要 32.35%，需要 54.06%，二者累计为 86.41%，这表明学生们普遍认为在体教融合的过程中，教育融合的引导对他们的学习和发展至关重要。说明体教融合强调将体育与学科知识相结合，通过体育活动来提升学科学习效果。教育融合的引导可以帮助学生将体育与其他学科的知识相融合，促进学科综合发展。教育融合的引导可以帮助学生在体育活动中培养各方面的综合素养，如创造力、批判性思维、解决问题的能力等。这有助于学生在综合素质发展方面取得全面的成长。教育融合的引导可以根据学生的个体差异和学习需求，提供个性化的学习支持。通过了解学生的特点和兴趣，教育融合可以针对性地设计教学活动，激发学生的学习兴趣和动力。了解学生对教育融合引导的需求可以帮助学校和教育机构更好地制订教育政策和教学计划，以提升学生的学习体验和综合素质发展。

也发现有13.59%的学生（见图2-2）给出的答案处在一般、不太需要和完全不需要之间，这表明在一部分学生中，对于教育融合在体教融合中的重要性和必要性存在一定程度的疑虑或认知差异。出现这种情况是因为每个学生对于教育融合的需求和认知可能存在差异。有些学生可能更喜欢传统的学科分科教学模式，对于教育融合的重要性持怀疑态度。学校教学方法和体系的差异可能影响学生对于教育融合的看法。如果学校的教学方法偏重于传统的学科分科教学，而缺乏体教融合和跨学科的教学模式，学生可能对教育融合的需求程度较低。部分学生可能对于教育融合的概念和实际运用不够清晰，导致他们对其重要性的认知不足。需要强调的是，对于那些对教育融合引导需求程度较低的学生，可能需要更多的宣传和教育，以提高他们对教育融合的认知和理解，让他们认识到教育融合对于深化体教融合的重要性。

4. 云南深化体教融合对体育学生带来的变化

从体教融合增强了我的学习意识、提高学习成绩、提高训练成绩、丰富校园内生活等方面，通过540人调查得知：

丰富校园生活的雷达矩阵值为3.92，平均得分排名第1位（见图2-3）。这表明体育学生普遍认为深化体教融合在丰富校园生活方面发挥了积极的作用。体育学生通过深化体教融合，获得了更多多元化的活动选择，丰富了校园生活。这可能包括各种类型的体育运动、比赛、训练和表演等，为学生提供了更广阔的发展平台。深化体教融合促进了学生之间的社交互动，增加了交流和合作的机会。体育活动往往需要学生团队合作，这培养了学生之间的合作精神和团队意识，增进了彼此之间的友谊和社交关系。体育活动对学生的身心健康有益，通过深化体教融合，学生得以更多地参与体育运动和活动，提高了身体素质和健康水平。良好的身心健康有助于提升学生的整体生活质量和校园体验。深化体教融合为体育学生提供了展示和发展自己才能的平台。学生可以通过参与各类体育活动，展示自己的技能、天赋和潜力，提升自信心和自我价值感。需要注意的是，可能会因学校的体教融合政策、教育环境和学生个体差异而有所不同。不过，深化体教融合在丰富校园生活方面的积极影响是值得肯定的，可以继续推动和支持体教融合的发展，以进一步提升学生的学习体验和全面发展。

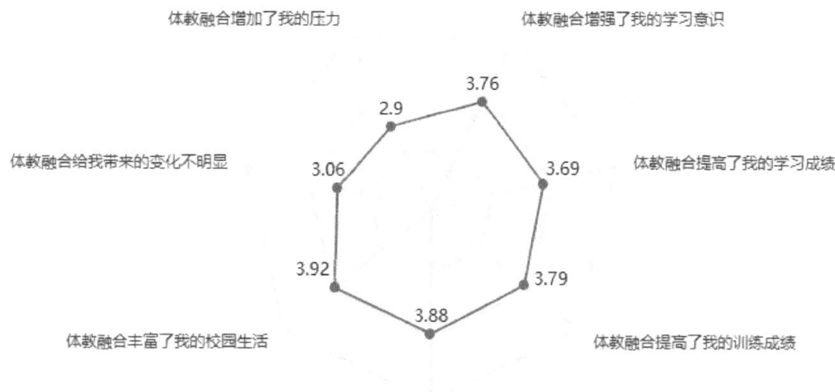

图 2–3　云南深化体教融合对体育学生个体带来的变化雷达矩阵图

促进学生全面发展的雷达矩阵值为 3.88，平均得分排名第 2 位（见图 2–3）。这表明体育学生普遍认为深化体教融合在促进他们的全面发展方面发挥了积极的作用。深化体教融合为体育学生提供了发展综合素质的机会。通过参与体育活动，学生能够培养体魄、技能和心理素质等多方面的能力，提高其全面发展的水平。体教融合的实践促使体育学生与其他学科进行跨学科的学习和交叉融合。通过将体育与学科知识结合，学生能够综合运用不同学科的知识和技能，培养跨学科的思维和能力。深化体教融合鼓励学生参与团队活动和竞争，培养了学生的领导能力和合作精神。通过团队合作、分工合作和协作竞争等形式，学生能够在体育活动中锻炼领导才能和团队协作能力。深化体教融合提供了丰富多样的体育活动选择，让体育学生有机会发展和追求自己的个人兴趣爱好。这种个性化的学习和发展方式有助于激发学生的学习动力和自我实现。总之，体育学生普遍认为深化体教融合对促进他们的全面发展有正面的影响，这为进一步推动和支持体教融合的发展提供了积极的反馈。

提高训练成绩的雷达矩阵值为 3.79，平均得分排名第 3 位（见图 2–3）。这表明体育学生普遍认为深化体教融合在提高他们的训练成绩方面具有一定的积极影响。说明体教融合可以带来新的训练方法和策略，帮助体育学生提高他们的训练成绩。通过将体育与学科知识结合，可以开发出更科学、有效的训练方法，提高学生的训练效果和成绩。深化体教融合的训练活动不仅关注技能的提升，还注重学生的综合素质培养。这包括身体素质、心理素质、协调能力等方面的提高，这些综合素质的提升也有助于提高训练成绩。深化体教融合可以创造更加积极的竞技氛围，激发学生的竞争意识和动力。学生在竞技中相互促进、切磋提高，这对于他们的训练成绩有积极的影响。深化体教融合为体育学生提供了展示和发展个人才能的机会。通过参与各类体育活动和竞赛，学生能够发现和发展自己的优势和潜力，进一步提高他们的训练成绩。

增强学习意识的雷达矩阵值为3.76，平均得分排名第4位（见图2–3）。说明体教融合对学生的学习意识有所增强。体教融合的教育模式将体育活动与学校教育紧密结合，可以为学生提供更多学习的机会和刺激，从而促进学习意识的提升。通过参与体育活动，可以有效缓解学习中的压力和紧张情绪，让学生在锻炼中得到身心的放松，使他们更加专注和投入学习中。体教融合中的体育活动需要学生集中注意力，专注于运动技巧和协调性的发展。这种专注和注意力的培养能够在学习中产生积极的转化，使学生更加专注于课堂上的学习内容。体教融合提供了多样化的体育活动和挑战，激发学生参与学习的兴趣和热情。学生在体育锻炼中体验到自己的成就和进步，这种积极的体验可以转化为学习动力和积极性，促使他们更加积极主动地参与学习。体教融合要求学生合理安排时间，平衡学习和体育活动，这促使学生培养自律和时间管理的能力，学会有效地安排学习时间，提高学习效率。体教融合的教育模式为学生提供了丰富多样的学习体验，从而增强了学习意识。通过体育活动的参与，学生可以发展出更积极主动的学习态度，并将体育锻炼中的学习经验应用到课堂学习中，提高学习的效果和成果。

增加了自我压力的雷达矩阵值为2.9，1—5程度依次加深，平均得分排名第7位（见图2–3）。这表明体育学生普遍认为深化体教融合在增加他们的自我压力方面的影响相对较低。走访发现，体教融合的实施可能引起一定程度上的竞争压力。学生可能需要面对来自其他学生的竞争，以及对自身表现和成绩的期望。这种竞争压力可能对一部分体育学生增加了自我压力。深化体教融合要求学生在体育活动中投入更多的时间和精力，可能导致学生在学业和体育之间需要进行平衡。这种平衡的压力可能会增加学生的自我压力感。也有一些体育学生可能对自己有较高的期望和追求，他们可能感受到来自内部的压力，希望在体育方面取得更好的成绩。这种自我期望和压力可能会影响学生的自我压力感。不过，体育学生普遍认为深化体教融合在增加他们的自我压力方面的影响相对较低，这可能是因为在综合考量下，体教融合的积极影响超过了自我压力的感受。然而，学校和教育者应当密切关注学生的心理健康，确保他们能够平衡好学业与体育的压力，提供适当的支持和指导。

5. 云南深化体教融合对普通学校带来的变化

从体教融合推动了学校与外界合作、文化课学时与训练紧密度、提高训练/学习效率、教练员对文化学习重视程度等方面，通过540人调查得知：

提高训练/学习效率方面的雷达矩阵值为3.72，平均得分排名第1位（见图2-4）。这表明学校普遍认为深化体教融合对提高训练和学习效率具有显著的积极影响。认为，深化体教融合可以促进学校内部的教育资源整合和优化利用。通过将体育与学科知识相结合，学校能够整合各个学科的资源，为学生提供更丰富、多样的学习和训练机会，从而提高学生的学习和训练效率。体教融合鼓励创新的教学方法和策略，使学生在学习和训练过程中更加主动和积极参与。通过结合体育元素和活动，教师可以设计更具吸引力和互动性的教学内容，激发学生的学习兴趣和动力，提高他们的学习效率。深化体教融合可以激发学生的学习动力，提高他们的学习效率。通过体育活动的参与和竞争，学生能够培养自律、毅力和团队合作等品质，这些品质对于学生在学习中的表现和效果有积极的影响。体教融合注重学生的身心健康发展，这对于提高学生的学习效率具有积极的影响。通过参与体育活动，学生可以放松身心，增强学习的专注力和持久力，从而提高学习效率和成绩。如，云南省2020年10月28日出台了《云南省初中学生体育考试方案》全国首先实施了体育100分制度，其考试时间覆盖了初中三年涉及了足、蓝、排三大球及其他传统的体育考试科目，这为学校参与体育工作带来了动力。综合来看，学校普遍认为深化体教融合对提高训练和学习效率有显著的积极影响，这为继续推动和支持体教融合的发展提供了正面的反馈。

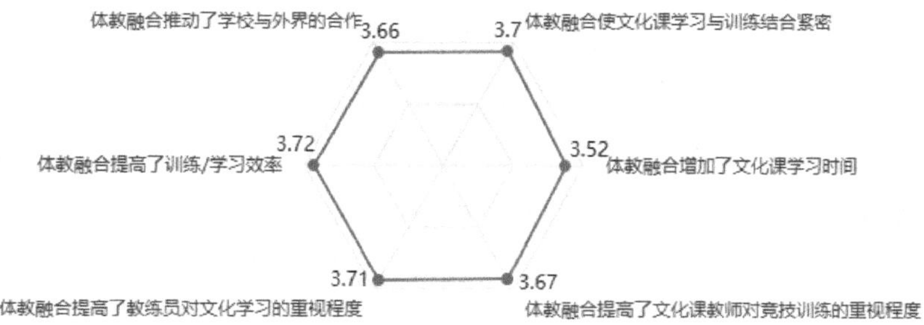

图2-4 云南深化体教融合对学校带来的变化雷达矩阵图

教练员对文化学习重视程度方面的雷达矩阵值为3.71，平均得分排名第2位（见图2–4）。这表明教练员在体教融合中对文化学习的重视程度较高。也反映出，深化体教融合要求教练员不仅具备专业的体育训练知识和技能，还需要关注学生的文化学习。教练员可能接受了相应的培训和指导，提升了他们的专业素养，使他们能够更好地理解和重视学生的文化学习。体教融合的目标之一是培养学生的全面素质，其中包括对文化学习的重视。教练员在体育训练过程中注重学生的文化学习，帮助他们了解和体验不同的文化背景、价值观和传统，从而培养学生的综合素质。教练员在体育训练中担任着榜样和引导的角色。他们通过自身的言传身教，向学生传递对文化学习的重视。教练员的态度和行为对学生的影响较大，他们的重视程度能够激发学生对文化学习的兴趣和重视。如，云南省"十四五"体育发展规划明确对校园体育提出了具体的要求："协同教育部门组织学校体育课和课余训练，帮助学生普遍掌握1—2项运动技能。说明教练员在体教融合中对文化学习的重视程度较高，这有助于学生全面发展和培养综合素质。这种重视程度的表现可能会促进学生对文化学习的兴趣和参与度，并为他们提供更广阔的学习和发展机会。

推动了学校与外界合作方面的雷达矩阵值为3.66，平均得分排名第5位（见图2–4）。这表明体教融合对学校与外界合作的推动程度较高，但在平均得分排名中位于第5位。可以看出，体教融合鼓励学校与外界建立广泛的合作伙伴关系，包括其他学校、社区机构、体育协会等。这有助于学校扩大合作伙伴的网络，与更多的外部机构合作开展体育项目和活动。体教融合的推动促使学校与外界进行资源共享和互惠互利的合作。学校可以借助外界合作伙伴的资源和专业知识来支持体育教育的发展，同时学校也能为外界提供相应的资源和支持。体教融合强调学生的全面发展，需要提供多样化的学习机会。与外界合作可以为学生提供更广阔的学习机会，例如参加联赛、交流活动、专业培训等，从而丰富学生的学习经验。通过与外界的合作，学校能够将体教融合的理念传递给更广泛的社会群体，增强社会对学校的认同感和支持度。这也有助于推动学校与外界的合作关系，为体育教育的发展提供更多的支持和机会。如，按照"一校一品""一校多品"模式，加快体育传统特色学校建设。鼓励高校建设高水平运动队。不过，虽然体教融合对学校与外界合作的推动程度较高，但在平均得分排名中位于第5位，可能还有一些方面需要进一步加强和改进，以提高学校与外界的合作效果和成果。

6. 深化体教融合对云南体校带来的变化

从体教融合使父母对学生在学校更放心、拉近体校与普通学校距离、外界对体育学生误解、外界对运动员误解方面，通过540人调查得知：

父母对学生在学校更放心的雷达矩阵值为3.72，平均得分排名第1位（见图2–5）。这表明体教融合在提高父母对学生在学校的信任和放心程度方面取得了显著的效果。体教融合注重学生的全面发展，不仅关注体育技能的培养，也注重学生的学业成绩、品德修养等方面。这使得父母能够看到学校在培养学生综合素质方面的努力和成果，从而提高了他们对学校的信任感。深化体教融合需要学校在管理和教育方面做出相应的改进和提升。通过加强管理机制、优化教育资源配置以及提高教师专业素质等措施，学校能够提供更好的教育环境和教育质量，进而增强了父母对学校的信心。体教融合的实施促进了学校与家长之间的沟通和合作。学校可以通过定期家长会议、家长参观日等方式，向家长介绍学校的体教融合政策和实施情况，倾听家长的意见和建议，并与家长共同制订学生的教育计划。这种积极的互动能够增加家长对学校的信任和放心感。以上说明，体教融合在提高父母对学生在学校的信任和放心程度方面取得了显著的成效，这对学校和家长之间的良好合作和共同发展非常重要。

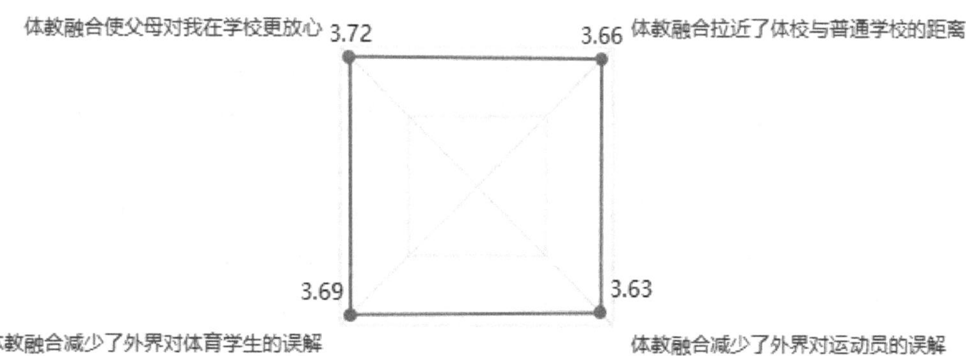

图2–5　云南深化体教融合对体校带来的变化雷达矩阵图

外界对体育学生误解的雷达矩阵值为3.69，平均得分排名第2位（见图2–5）。这表明体教融合在改变外界对体育学生的误解方面取得了一定的效果。体教融合提升体育学生的形象，将体育与学业相结合，使体育学生不仅具备优秀的体育技能，还有良好的学习成绩和素质品质。这有助于改变外界对体育学生的刻板印象和误解，使人们更加认识到体育学生的多方面才华和能力。学校可能通过各种宣传渠道，如校园公告、社交媒体、学校网站等，积极宣传和推广体教融合的理念和成果。通过向外界介绍体教融合的实践和体育学生的优秀表现，可以减少对体育学生的误解，树立积极的形象。体教融合鼓励体育学生积极参与社会活动和公益事业，通过体育项目的展示和参与社区服务等方式，让外界能够更多地接触和了解体育学生的真实情况。这种参与可以打破外界对体育学生的误解，增进彼此之间的理解和认同。学校可以通过教育和引导的方式，向外界传递体育学生的真实情况和成就。例如，举办学生展示活动、邀请外界人士参观体育课程等，让外界亲身感受到体育学生在综合素质方面的优秀表现，从而减少对他们的误解。可以看出，这有助于促进体育学生得到更多的认可和支持，以及建立更加公正和全面的评价体系。

拉近体校与普通学校距离的雷达矩阵值为3.66，平均得分排名第3位（见图2–5）。这表明体教融合在促进体校与普通学校之间的联系和互动方面取得了一定的成效。体教融合鼓励体校与普通学校之间进行资源共享和合作。通过共同举办体育比赛、交流活动以及共享教练员和设备等资源，体校与普通学校之间的距离被拉近，促进了彼此之间的互动和合作。体教融合鼓励体校和普通学校之间的师生交流和互学。体校的学生可以参加普通学校的学习活动，与普通学生一起上课、学习知识，促进了学生之间的交流和互相学习。这种交流有助于加深体校和普通学校之间的了解和接触，拉近彼此的距离。体教融合的实施促使体校和普通学校对教育理念进行转变。传统上，体校和普通学校可能有不同的教育理念和教学方式，但体教融合鼓励两者之间的借鉴和交流，推动了教育理念的融合和统一，从而拉近了体校与普通学校之间的距离。通过深化体教融合，体校在社会中的认可度得到提高。体校所培养的学生在综合素质和体育能力方面表现出色，这使得普通学校和社会对体校的价值和贡献有更深入的认识，进而拉近了体校与普通学校之间的距离。不过，这与2020年云南省政府发布《关于加快建设体育强省的实施意见》指出，提升云南高校体育人才培养质量，推进云南体育大学筹建工作，还道长路远。体教融合在拉近体校与普通学校之间的距离方面虽取得了一定的成效，这有助于实现资源共享、交流互学和教育理念融合，但自提出筹办云南体育大学，到现在由于硬件设施、占地面积、教学设施都有明确规定；再加之硕博点数量、招生数量、师资力量等方面与普通高校依然存在很大的差距。

外界对运动员误解的雷达矩阵值为3.63，平均得分排名第4位（见图2–5）。深化体教融合可以通过积极的宣传和传媒报道来消除外界对运动员的误解。体校和相关机构可以通过媒体渠道向外界传递运动员的真实情况和努力，以改变对运动员的刻板印象和误解。体教融合注重培养运动员的全面素质，包括运动技能、学业和道德品质等方面。通过提供专业化的培训和辅导，体校帮助运动员成长为全面发展的个体，使他们能够应对各种挑战和压力。这样的培训和辅导有助于改变外界对运动员的误解，让人们认识到运动员的努力和付出。体校可能通过公开的比赛和展示活动，让外界能够近距离观察和了解运动员的真实表现。这些活动提供了一个平台，让外界看到运动员的实力和努力，消除了部分对运动员的误解。体教融合鼓励运动员积极参与社会活动和公益事业，让他们能够更好地融入社会。通过参与社会活动，运动员与社会大众接触和互动，使人们更加了解运动员的个人品质和社会责任感，从而减少对他们的误解。另外，还应畅通优秀退役运动员、教练员进入学校从事体育教学、训练的渠道，推动在大中小学学校设立教练员岗位和学校代表队。

（二）青少年体育赛事发展的分析

1. 资源投入与体育设施建设方面

云南省在青少年体育赛事发展中的资源投入情况，包括资金、场馆、设备等方面的支持和建设情况。

学校体育场地设施建设方面。10年来，云南省体育设施得到明显改善。建成健身步道6200公里，社会足球场地1800多块，各地室外健身器材配置达7万余件。3188块公共体育场地、182个公共体育场馆、61个全民健身中心、118个体育公园投入使用，行政村和社区体育基础设施覆盖率达95.4%以上，25个边境县（市）和民族地区有条件的自然村实现体育设施全覆盖。人均体育场地面积从1.23平方米提升到2.31平方米。每周参加1次以上体育锻炼人数超2200万人，国民体质测定合格率由89.1%提升到90.8%。全民健身与全民健康深度融合成为全民共识，人民群众幸福指数不断提高。同时，各级各类体育社会组织、俱乐部发展迅速，组织体系日益成熟，赛事活动广泛开展。

现代化体育基础设施方面。《云南省“十四五”体育发展规划》指出，构建系统完备、高效实用、智能绿色、安全可靠的现代化体育基础设施体系，结合公园、绿地、河道、湖泊的建设和整治改造，系统布局全民健身“15分钟健身圈”、体育社区、“大健康”步道。推进全民健身中心、体育公园、公共体育场、社会足球场、健身步道、户外运动公共服务设施、乡镇级专项运动场地、群众滑冰场建设，提升人均体育场地面积。开展云南省以“七彩云南全民健身工程”为抓手，持续推进实施全民健身国家战略，公共体育设施条件得到大幅改善。“十二五”至“十三五”，人均体育场地面积从1.23平方米提升到1.85平方米。全省县、乡、村三级体育场（馆）覆盖率分别从65.8%、60.5%和71.4%提升到100%、75.73%和95.35%。建成步行、骑行和登山等各类健身步道3110公里、室外健身器材14035套，冰雪场地建成9个、在建1个，实施社会足球场地建设项目1684个，任务完成率达111.27%，超额完成国家社会足球场地设施建设工作指导目标。在“十三五”期间，云南高原体育训练基地群初步形成，昆明形成以海埂基地为核心的呈贡、松茂、北教场、体工大队基地群；泸西高原足球训练基地以足球训练比赛为主的作用已逐步显现；曲靖打造的以会泽水上基地、市文化体育公园为主要内容的基地建设已投入使用，全省范围内的体育基地群可为足球、击剑、游泳、攀岩、高尔夫等24个项目提供训练场地。

2. 赛事组织与管理方面

云南省青少年体育赛事的组织与管理机制，包括赛事的策划、组织、推广和评估等方面。

赛事活动方面。虽然云南省青少年体育运动会和云南省中学生运动会已合并为云南省青少年（学生）运动会，为教育部门和体育部门从赛事端起了一个良好的开端，但是目前省内赛事主要集中于各体育行业协会，而由于2019年开始实施的“行业协会脱钩政策”各行业协会目前已是商业化运营，其赛事的商业化运营及组织就需要体育部门作为中间环节衔接各教育部门及各单项运动协会，在丰富学生赛事活动的同时，适当开放教育系统赛事的市场化运营，提升赛事的自我造血功能。

竞技成绩方面。党的十八大以来，云南竞技体育争金夺牌实力快速提升，实现了为国争光、为省添彩的目标要求。10年间，云南省体育健儿共获得76个世界冠军、563个全国冠军。2016年里约奥运会上，云南省5人入选中国代表团，蔡泽林摘得云南首枚奥运田径项目银牌。2018年雅加达亚运会，云南22人入选中国体育代表团，获3金2银4铜，取得参赛人数、参赛项目的新突破。2021年第三十二届奥运会，云南省运动员9人入选中国代表团，刘浩勇夺2枚银牌，其中皮划艇静水男子1000米银牌也是中国男子单人皮划艇历史上的首枚奥运奖牌。此届奥运会，云南省列省市贡献榜第 19 位，为中国体育军团贡献了云南力量。第十四届全国运动会，云南 267 名运动员参加 21 个大项 137 个小项的竞技比赛决赛，获 7 金 9 银 8 铜、44 项次第四名至第八名，创下自第六届全运会以来的最好战绩。在冰雪运动领域，开展跨界跨项选才成效显著。云南省成立云南短道速滑集训队，并首次组团参加第十四届全国冬运会，获得 4 金 3 银 2 铜，完成了首次参赛、夺牌、夺金的突破。另外，昆明、腾冲等地冰雪场馆设施初具规模，腾冲成功承办首次在长江以南举办的全国冰球锦标赛。云南竞技体育正在向着更高的目标前进。

2021 年在西安举行的第十四届全国运动会上，云南代表团取得了第 18 名的成绩，位列全国中下游，传统优势项目，优势不明显，弱势项目，差距较大，与排名上游的省份存在较大差距，除了高原海拔影响运动项目开展的客观因素以外，主要原因在于云南缺乏优秀的人才资源，即教练员资源，虽然云南省制定了“畅通优秀退役运动员、教练员进入学校从事体育教学、训练的渠道”等政策，有效地保证了省内体育人才的流通，但是云南属于人才引进缺乏优势地区，其原因有：（1）产业落后发展机会少，云南一直以来都是边疆落后地区，其经济发展水平较低，同时由于近年来地产行业在整个云南经济活动中的过度发展，造成了经济发展的不平衡状态，体育产业的发展也受其影响，发展缓慢；（2）一直以来云南的人才引进政策都与全国大部分地区相似，但与发达地区相比，明显不足。

青少年运动员与文化教育方面。《云南省深化体教融合　促进青少年健康发展的实施意见》推动了体教融合工作步入快车道，体校培养竞技体育后备人才主阵地作用更加突出，学校体育工作稳步发展，青少年体育组织发展势头迅猛，青少年后备人才体系建设初具规模。全省青少年运动员注册人数从 2012 年的 6642 人增加到 2022 年的 31084 人，增长 367.99%，覆盖项目更加多元化。云南省连续 10 年在年度省级青少年竞赛中持续开展初中阶段适龄运动员赛前文化测试。体校培养竞技体育后备人才主阵地作用更加突出，学校体育工作稳步发展，青少年体育组织发展势头迅猛，青少年后备人才体系建设初具规模。共创建青少年体育俱乐部 117 个、各级各类业余体校 94 所，在训运动员 20398 人、教练员 1222 人、文化教师 443 人，每年优选不少于 90 名运动员输送到省级运动队。

3. 参与度与影响力方面

云南省青少年体育赛事的参与度和影响力，包括参赛人数、参赛学校和俱乐部的数量、媒体关注度等指标。

青少年参与体育活动方面。连续举办五届云南省阳光体育大会，开展“奔跑吧·少年”儿童青少年主题健身活动，活动累计覆盖 102.5 万人次。青少年竞赛体系逐步完善，成功举办了三届省运会、一届城运会、一届青运会，每年与省教育厅共同举办省级青少年U系列锦标赛 35 项次以上，16 个州（市）队伍 1.3 万余名青少年运动员参赛。全省青少年足球工作取得新进展，每年举办各类青少年比赛超过 4000 场，参赛球队超过 500 支，并制定印发了《云南省足球中长期发展规划（2016—2050 年）》指出，每万人拥有足球场地 1.3 块，建成社区“15 分钟健身圈”，实现县级“两个一”、乡镇（街道）和行政村（社区）公共健身设施全覆盖。如，玉溪市充分发挥中考“体育 100 分”的引导作用，拓展延伸赛事年龄、组别设置，将青少年和学生体育赛事进行全面融合，把原先每年举办 3—5 项比赛项目扩充至每年不少于 8 个项目。在全年科学布局，逐步构建起具有玉溪特色、覆盖 8—22 岁年龄段、小学至大学各个教育阶段的“三赛一会”赛事体系。青少年体育赛事的广泛开展，激发了学生日常参与体育锻炼的兴趣，提高了体育竞技水平，有力地促进了青少年体质健康水平提升。

推动优势项目普及发展方面。除 15 分钟健身圈、各县（市、区）体育场馆、各校体育场馆外，各类体育场馆在保障各级各类比赛和训练的同时逐步将对外开放，提高赛后资源利用率。如，玉溪在全市范围内大力推行教练员、体育教师“互融互派、双向流动”机制，探索“学校+俱乐部”模式，尝试购买社会体育服务，目前已构建起了幼儿园、小学、初中、高中（中职）各教育阶段的青少年体育后备人才培养体系。充分发挥传统优势项目，如，从网球、射击等运动为例，充分发挥体校、学校、社会力量等青少年体育训练网点的阵地作用，在推动优势项目普及发展的同时，不断壮大青少年体育后备人才队伍。网球项目由玉溪圆点网球俱乐部到玉溪一中、玉溪实验中学开展校内训练并组织学生参加各类网球比赛，玉溪体缔网球俱乐部到玉溪一小、玉溪聂耳小学等开展课后体育服务；玉溪体校射击教练定期到红塔区的 3 所学校开展专项训练服务；射箭项目采取与俱乐部合作的模式，由俱乐部配备 2 名专业教练员，学校配备 1 名体育教师，每周到红塔区的 5 所学校开展社团活动。广泛组织开展健步走、自行车、游泳、广场舞、广播操、健身气功、气排球、武术等常态化的全民健身示范活动，实现“月月有活动，人人能参与”。形成了以“一带一路七彩云南”系列国际品牌赛事。每年举办县级及以上全民健身赛事和活动次数超过 1400

场，年均超过2000万人次参与健身活动。全省经常参加体育锻炼人数比例从31.5%上升到36.01%；国民体质测定合格率由89.1%提升到89.8%；每千人公益社会体育指导员数从0.5人大幅增加到1.31人。射弩、陀螺、民族武术、民族赛马，以及龙舟、摔跤等民族传统体育项目形成特色和优势。

4. 学校体育人才培养方面

云南省出台《关于进一步加强运动员文化教育和运动员保障工作的实施意见》，从运动员文化教育、参赛激励、优秀运动员就学、退役运动员就业帮扶、职业培训等方面给予政策优待。加强与省体育局的沟通汇报，鼓励优秀苗子到省级运动队深造训练等，着力破解运动员文化教育和运动员保障等方面的实际问题，尽力为运动员解决后顾之忧，激发内生动力，贯通体教融合人才通道。在青少年体育和学校体育工作探索创新中，如，玉溪市在全省率先开展市级青少年体育后备人才基地认定和体育传统特色学校创建，出台了相应配套文件和评估办法。截至目前，认定市级青少年体育后备人才基地9个，创建市级体育传统特色学校216所，设田径、游泳、足球、篮球等20余个项目，实施后备人才培养工程。在传统特色学校全面推行体育自主招生政策，要求各阶段学校每年安排3%的招生计划，专项用于体育自主招生，目前已有10所普通高中、7所初中开展体育自主招生考试，860名学生报名，144人被录取。越来越多的学校、家长、学生更加重视体育锻炼，增强学生体质，掌握运动技能。另外，全面提高“三大球”竞技水平。该市共有国家校园足球特色学校112所，足球、篮球、排球项目的传统特色学校153所，各中小学开设足球、篮球、排球社团课，发现体育苗子，聘请优秀教练员、退役运动员和具有体育特长的专业人士进行训练，通过每年定期组织参加各级青少年比赛，提升“三大球”竞技水平。

5. 学校体育竞赛平台建设方面

“十三五”时期，全省青少年体育工作得到扎实推进，全省共创建青少年体育俱乐部117个，其中国家级56个，省级51个，市县级10个；传统体育项目学校187所，其中国家级30所，省级54所，市级65所，县级38所；国家青少年户外体育活动营地5个。年均组织田径、自行车等项目省级青少年年度竞赛39项次，参与人数3000余人。青少年足球工作取得新进展，形成了5家精英青训中心、9家优才青训中心和15家幼苗青训中心的三级足球培训体系；创建国家级青少年校园足球特色学校785所，国家级青少年校园足球试点县4个。组队参加全国第二届青年运动会，获得27金、15银、22铜的成绩，较上届6

金5银6铜的成绩有了大幅提升，荣获体育道德风尚奖，实现了比赛成绩和精神文明双丰收。另外，在全国首推初中学生学业水平体育科目考试改革，分值由50分提高至100分。省级青少年体育竞赛项目稳步增加，青少年竞技水平明显提高，为体教融合试点工作打下良好基础。如，玉溪市还将青少年学生体育赛事高度融合，建立并坚持每年以足球、篮球、排球联赛为引领，由田径、游泳等多个单项赛事共同组成的“三赛一会”青少年竞赛制度，形成市、县、校上下联动且形式多样的全市青少年学生体育竞赛体系。在云南省第十六届运动会青少年组比赛中，玉溪市代表队荣登金牌榜第一，展现了玉溪市体教融合工作的成果。怒江州依靠有限的体育和教育资源，开办多个体育特长班，举办青少年体育赛事，助力当地青少年健康成长，并通过体育帮助青少年走出大山开阔眼界。赛事方面，福贡县在政策推动下，形成了青少年班级、年级、校级、县级四级联赛。与专业性赛事不同，福贡的体育比赛更多地面向普通学生，为学生们搭建了展示自我的平台。西双版纳州教育体育局与华橄国际文化体育发展（北京）有限公司合作，共同在西双版纳州推广普及校园橄榄球运动并尝试组建高水平橄榄球运动队。2021年1月，在云南省体育局、西双版纳州教育体育局和云南省海埂运动训练中心三方共同努力下，云南省橄榄球队在西双版纳组建。曲靖市结合文化教育和曲靖市体训中心的优势，把体教融合作为推动青少年体育发展的突破口，采取“道德修养高、文化素质高、运动水平高”的“三优型运动员”人才培养方式。针对具备较高运动天赋、竞技能力突出的学生打造优秀运动员培养方案，其他学生则根据其运动能力、文化成绩分别制订以高校体育特长生为目标和以体育类职高、大专为目标的培养方案，培养出一批优秀青少年体育人才。腾冲市教育体育局与腾冲启迪双创冰雪小镇运营管理有限公司共同签署了《冰雪进校园战略合作协议》，并授予当地4所学校为“腾冲冰雪项目特色学校”。2022年7月，经过严格选拔，一支由50名同学组成的民族中学冰雪运动校队诞生，这是腾冲市第一支校园冰雪运动队伍，标志着冰雪运动进校园活动的推进工作迈上了新台阶。

在云南省近年来的体教融合实践中，很多边远地区的孩子通过体育走出大山，开拓了自己的眼界。临沧市教育体育局转变思想，着力培养新时代“体育+文化+道德”的三高型全面发展的高水平运动员，打造“佤山竞技”品牌，推动体教融合。“背篓少年”王发成功出圈，在网球赛场取得优异成绩，同时也刷屏全国各大媒体平台，点燃了无数少年通过体育走出大山的梦想。沧源佤山足球小将们走出大山参加比赛，在两个年龄组的比赛中斩获佳绩。楚雄市以“足球”为切入点，认真贯彻落实各级关于足球改革的政策措施，在体教融合上积极探索，通过狠抓管理机制建设，深入推动协会改革，积极统筹用好各类社会资源，依托校点布局发挥自身资源优势，构建了较为完整的青少年训练梯队，实现了以足球为龙头的青少年体育高质量发展。会泽县从“打开局面、补足短板、资源整合”三个方面进行融合创新，提出“在小学建基地、在中学促融合”的一条龙发展思路。据统计，2021 年至 2022 年，会泽县中长跑、竞走特色基地共培养 42 人成为会泽体校的竞走体育后备人才，占总招新人数的 61.7%，为会泽县竞走后备人才提供了优质稳定的来源。2021 年 8 月，芒市采取体教融合的方式，在市民族中学开办少体校体育班，按照“一年打好基础、两年走入正轨、三年建立品牌”的目标，将少体校办成机制健全、教学优质、训练规范、成绩凸显的体教融合发展品牌学校。

（三）高水平运动队建设的分析

云南省作为中国的一个省份，拥有得天独厚的自然条件和丰富的体育资源。近年来，教育部公布了《2018 年有资格举办高水平运动队的高等学校名单及运动项目》，共计 279 所、28 个项目。云南省招收项目总数为 7 项，高校数量为 5 所。云南省高水平运动队的建设虽然取得了一定的进展。但在 28 个项目中，仅有 7 个项目，占比 25%，获批高校都集中在昆明，各地州市尚未有高校具有高水平运动队招收资格。

对云南省与全国高校招收高水平运动项目的数量进行比较和分析。从数据中可以看出，云南省在一些传统项目如足球、田径、篮球和排球方面有一定的高水平运动项目，但在其他项目上的数量较少（见表 2–2）。足球项目：全国共有 153 个高校招收足球高水平运动项目，而云南省有 4 个高校招收该项目，分别是云南师范大学、昆明理工大学、云南大学和云南农业大学。虽然云南省在足球项目上有一定的基础，但与全国范围相比仍然较少。田径项目：全国有 147 个高校招收田径高水平运动项目，而云南省有 2 个高校招收该项目，分别是云南师范大学和云南大学。田径作为奥运会的主要项目之一，在全国范围内受到高校的重视，但云南省的数量相对较少。篮球项目：全国有 115 个高校招收篮球高水平运动项目，而云南省有 2 个高校招收该项目，分别是云南农业大学和云南财经大学。篮球在全国范围内备受关注，云南省在此项目上也有一定的投入。排球项目：全国有62个高校招收排球高水平运动项目，而云南省有2个高校招收该项目，分别是云南师范大学和昆明理工大学。排球是一项受欢迎的团体运动，在全国范围内有一定的影响力。除了上述项目，云南省在其他一些项目上没有高水平运动项目的招收计划，包括乒乓球、健美操、羽毛球、跆拳道、冰雪项目等21个项目。

表2-2　云南省与全国高校招收高水平运动项目的数量比

序号	全国项目	数量	云南项目	数量	高校名称
1	足球	153	足球	4	云南师范大学、昆明理工大学、云南大学、云南农业大学
2	田径	147	田径	2	云南师范大学、云南大学
3	篮球	115	篮球	2	云南农业大学、云南财经大学
4	排球	62	排球	2	云南师范大学、昆明理工大学
5	游泳	49	游泳	1	云南师范大学
6	乒乓球	47	无	0	无
7	健美操	39	无	0	无
8	武术	39	武术	1	云南农业大学
9	网球	37	网球	2	云南师范大学、云南财经大学
10	羽毛球	30	无	0	无
11	跆拳道	12	无	0	无
12	冰雪	11	无	0	无
13	击剑	9	无	0	无
14	龙舟	9	无	0	无
15	射击	7	无	0	无
16	棒球	6	无	0	无
17	定向越野	6	无	0	无
18	棋牌	4	无	0	无
19	手球	4	无	0	无
20	橄榄球	3	无	0	无
21	垒球	3	无	0	无

续表

序号	全国项目	数量	云南项目	数量	高校名称
22	攀岩	3	无	0	无
23	柔道	3	无	0	无
24	女子足球	2	无	0	无
25	室内排球	1	无	0	无
26	沙滩排球	1	无	0	无
27	赛艇	1	无	0	无
28	摔跤	1	无	0	无

综合来看，虽然云南省在一些传统项目上有一定的高水平运动队伍和培养计划，但在其他项目上还存在较大的发展空间。云南省可以通过加强对多样化项目的关注和投入，建立更完善的人才培养机制，吸引更多优秀的运动员加入，推动全省高水平运动队的综合发展。同时，加强与其他高水平运动队、学校和体育机构的合作与交流，借鉴其成功经验和先进模式，围绕基础设施建设、人才培养和管理体制等方面对云南省高水平运动队建设，是云南省提升各项目高水平运动队建设的重要途径。

1. 基础设施建设是高水平运动队发展的重要保障

优质的基础设施可以为运动员提供良好的训练和比赛环境，提高他们的竞技水平和综合能力。运动场馆方面，高水平运动队需要具备专业的训练和比赛场地。现代化的体育馆、游泳馆、田径场等设施能够满足不同项目的训练需求，并提供安全、舒适的环境，有利于运动员的技术提高并达到训练效果的最大化。训练设施方面，高水平运动队需要配备先进的训练设施，如体能训练室、康复中心、科技辅助训练设备等。这些设施能够帮助运动员进行全面、系统的训练，提高身体素质和运动能力。球场和赛道方面，对于球类项目和田径项目，拥有高标准的球场和赛道是至关重要的。良好的球场和赛道条件能够提供准确的反馈和稳定的比赛环境，有助于运动员的技战术训练和比赛表现。运动生活设施方面，高水平运动队的运动员通常需要长时间集中训练，因此需要有良好的生活设施来保障他们的日常生活和休息。宿舍、餐厅、娱乐设施等的建设可以提供良好的居住条件，增加运动员的归属感和满足感。地理环境优势的利用方面，云南省拥有得天独厚的自然条件，如高海拔、丰富的自然资源等。运动队可以利用这些地理环境优势，开展高原训练、登山训练等特色训练项目，提高运动员的身体素质和适应能力。

2. 人才培养是高水平运动队建设的核心

一个优秀的运动队离不开有潜力、有天赋的优秀运动员和专业的教练团队。发掘和选拔潜在人才方面，人才培养的第一步是发现和选拔具有潜力的运动员。云南省通过组织各级各类的体育比赛和选拔活动，广泛发现和选拔有天赋的青少年运动员。这种基层选拔体系的建立有助于培养出更多的后备人才，为高水平运动队提供持续的人才储备。专业训练和科学指导方面，一旦发现有潜力的运动员，就需要对他们进行专业的训练和科学的指导。云南省加强了对运动员的专业训练，聘请了一批高水平的教练和专家，为运动员提供系统、科学的训练方案和指导。通过专业化的训练和指导，运动员的技术和能力得到提升，为高水平比赛做好准备。国内外合作与交流方面，人才培养需要借鉴国内外的先进经验和技术。云南省积极开展国际交流与合作，邀请国内外的优秀教练和专家来云南省进行指导和培训，同时派遣本地的教练和运动员到国内外进行学习和交流。这种国内外合作与交流有助于拓宽运动员的视野，提高他们的技术水平和竞技能力。全面素质培养方面，高水平运动队的运动员不仅需要在专业技能上有所突破，还需要具备良好的身体素质、心理素质和团队协作能力。云南省注重对运动员的全面素质培养，通过开展体育教育和培训，帮助运动员在身体、心理和团队等方面得到全面发展，提高综合能力和适应能力。建立健康竞争机制方面，人才培养需要建立健康的竞争机制，激发运动员的积极性和创造力。云南省建立了岗位责任制和绩效考核机制，运动员之间的竞争促进了个人能力的提升和团队整体水平的提高。同时，适当的竞争还能够培养运动员的拼搏精神和团队意识。

3. 管理体制是高水平运动队建设的重要保障

一个高水平的运动队需要科学、规范的管理体制来保障运动员的训练和比赛，以及整个团队的协调运作。组织架构与职责分工方面，一个高水平运动队需要建立清晰的组织架构，明确各级管理人员和教练员的职责和权责。通过合理的职责分工，确保每个人员都能够在自己的岗位上充分发挥作用，协同合作，推动运动队的发展。管理规章制度方面，建立科学、规范的管理规章制度是高水平运动队管理的基础。管理规章制度可以确保运动队内部的运行秩序和纪律，规范各个环节的工作流程，提高工作效率和管理水平。运动员管理方面，高水平运动队需要对运动员进行全方位的管理，包括日常训练、比赛安排、伤病防护、心理辅导等。管理体制应该提供科学的训练计划和个性化的管理服务，关注运动员的身心健康，提供必要的支持和保障。教练团队管理方面，优秀的教练团队是高水平运动队成功的重要因素。管理体制应该提供对教练员的聘任、培养和评价机制，确保教练员具备专业素养和领导能力，能够为运动员提供优质的指导和培养。绩效考核与激励机制方面，建立科学的绩效考核和激励机制是管理体制的重要组成部分。通过明确的绩效考核标准和激励措施，激发管理人员、教练员和运动员的工作热情，提高整个团队的凝聚力和执行力。合作与交流方面，高水平运动队的管理体制需要与社会各界建立良好的合作与交流关系。与政府部门、体育协会、企业等建立合作关系，获取更多的资源支持和专业指导，促进管理体制的优化和运动队的发展。

4. 存在的问题

一是项目覆盖范围有限。相比全国范围，云南省招收高水平运动项目的数量较少。在表 2–2 的数据中，有许多项目在云南省没有高水平运动项目的招收资格，包括乒乓球、健美操、羽毛球、跆拳道等 21 个运动项目。这限制了云南省在多样化体育项目上的发展和竞争力。存在资源分配不均。云南省可能在体育资源的分配上面临一定的不均衡情况。一些传统项目如足球、田径、篮球和排球可能得到更多的关注和投入，而其他项目的资源和机会相对较少。缺乏专业人才和教练。高水平运动项目需要专业的教练和专业人才的支持和指导。如果缺乏相关的专业人才，就很难建立起相应项目的高水平运动队伍。培养体系不完善。在某些项目上，可能缺乏系统和完善的培养体系，无法提供足够的机会和支持给有潜力的运动员。这可能导致这些项目的发展受到限制。

二是专业化水平相对较低。教练员素质有待提高，高水平运动队的教练员是培养运动员的关键角色，他们的专业素质直接影响着运动员的训练质量和成绩表现。首先，云南省在教练员的选拔、培训和评价机制方面仍有待进一步完善，一些教练员的专业知识和技术水平有待提高。科学训练体系有所欠缺，高水平运动队需要建立科学、系统的训练体系，以确保运动员的训练能够达到最佳效果。其次，云南省的一些高水平运动队在训练体系的建立和运用方面还有所欠缺，缺乏科学化、个性化的训练计划和方法。技术支持和科研力量不足，高水平运动队的发展需要有强大的技术支持和科研力量。这包括运动科学、运动医学、运动营养等方面的专业支持和研究成果的应用。再次，云南省在这些领域的科研力量和专业技术支持相对较弱，无法满足高水平运动队的需求。最后，国内外交流合作有限，高水平运动队需要与国内外的优秀团队进行交流合作，借鉴他们的经验和先进的训练方法。然而，云南省在国内外交流合作方面的机会和平台相对有限，这影响了高水平运动队的专业化水平的提升。

三是经验和管理不足。经验不足，相较于一些体育强省，云南省在高水平运动队建设方面的经验相对较少。缺乏充分的积累和沉淀，可能导致一些决策和管理上的不确定性和风险。管理体制不完善，云南省在高水平运动队的管理体制方面仍有待完善。管理体制涉及组织架构、人员配置、决策机制等方面，如果体制不合理或不科学，会影响到运动队的运行效率和管理质量。运营模式不够灵活，在高水平运动队的运营模式上，云南省可能存在创新和灵活性不足的问题。灵活的运营模式可以更好地适应不同项目和运动队的需求，提高整体运营效果。人才培养和选拔机制待改进，云南省在高水平运动队人才的培养和选拔机制方面仍有待改进。在人才培养过程中，可能缺乏科学的评估和选拔标准，导致优秀人才的流失或错失培养机会。组织管理能力有限，云南省在高水平运动队的组织管理能力方面可能存在一定的不足。这包括资源调配、团队协作、赛事组织等方面的能力，需要进一步加强和提升。

四是资金和资源有限。资金来源有限，云南省相对于一些经济发达地区来说，整体经济实力较弱，财政收入和体育预算相对有限。这导致高水平运动队在设备采购、教练员待遇、运动员奖励等方面的投入不足，限制了队伍建设和运动员发展。资源分配不均衡，有限的资金和资源在云南省内部分配不均衡，导致一些项目和运动队得到更多的支持和关注，而其他项目和运动队则面临资金和资源的匮乏。赞助商和商业开发有限，云南省相对较少的商业机会和赞助商资源，限制了高水平运动队的商业开发和赞助收入的增加。与一些体育强省相比，云南省在体育产业发展和商业拓展方面还有一定的差距。

五是人才培养机制仍需完善。人才培养体系不完善，云南省在人才培养体系的建立上还存在不足，缺乏科学的培养计划、系统的技术培训和个性化的发展规划。高水平教练和专业人才匮乏，云南省在高水平教练和专业人才的引进和培养方面仍面临困难，导致一些高水平运动队缺乏专业的指导和支持。科学评估和选拔机制不健全，云南省的运动员选拔机制和评估标准可能存在不足，缺乏科学性和客观性，可能导致一些优秀的运动员被错过或选拔不准确。

六是体育文化推广不足。缺乏宣传和推广渠道，云南省在体育文化推广方面缺乏有效的宣传和推广渠道，导致很多体育赛事、活动和成果无法得到广泛的传播和关注。公众参与度不高，云南省的体育文化推广缺乏广泛的公众参与，大多数人对体育赛事和文化活动的关注度相对较低，缺乏对体育的深入了解和热爱。缺乏专业的文化活动策划和管理团队，云南省在体育文化推广方面缺乏专业的策划和管理团队，无法有效地组织和推动体育文化活动的开展。缺乏持续性和系统性的推广计划，云南省的体育文化推广缺乏长期的规划和系统性的推广计划，导致推广活动的持续性和影响力有限。

（四）体教融合对中小学体育促进的分析

1. 中小学体育课带来的变化

调查云南省中小学教师 101 人（见图 2-6），发现 77.23% 的教师认为云南体教融合对中小学体育课带来的变化之一是大课间（课间操）内容丰富、组织形式多样化。这意味着在课间操的时间里，学校提供了更多种类和丰富多样的体育活动。传统的课间操可能只是简单的体操动作，而现在可能包括更多的元素，如舞蹈、武术、健身操等。学校可能组织各种形式的体育活动，以激发学生的兴趣，并提供更多选择和机会参与体育运动。这样的变化有助于丰富学生的课余生活，促进他们的身体健康和全面发展。

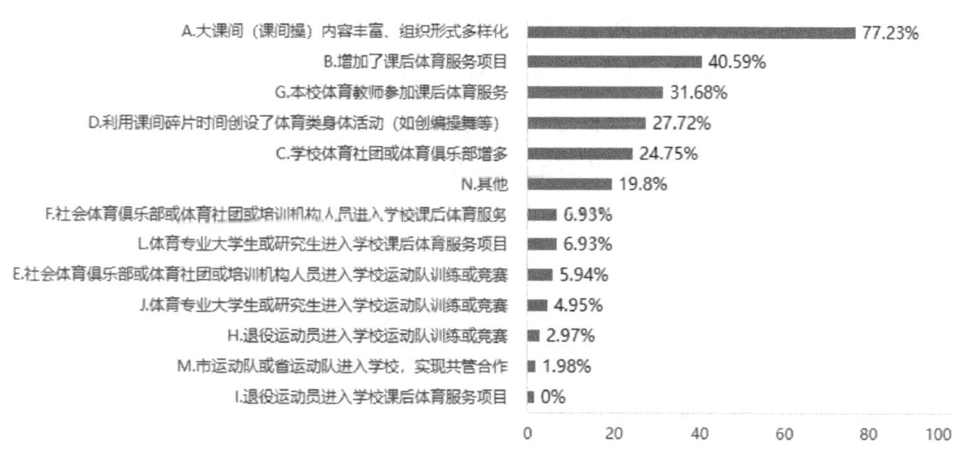

图 2-6 体教融合对中小学体育课带来的变化

40.59% 的教师认为云南体教融合对中小学体育课带来的变化是增加了课后体育服务项目。这意味着学校在课程结束后提供了更多的体育活动和服务，供学生选择参与。这些课后体育服务项目可以包括各种体育俱乐部、兴趣小组或培训班，涵盖不同的运动项目，如足球、篮球、游泳、乒乓球等。通过增加课后体育服务项目，学校为学生提供了更多发展自身体育兴趣和技能的机会，同时也能够满足学生多样化的需求。这样的变化有助于提高学生对体育的参与度和积极性，促进他们的体育素养和身体健康发展。

31.68%的教师认为云南体教融合对中小学体育课带来的变化是本校体育教师参加课后体育服务。这意味着学校的体育教师积极参与到课后体育活动中，为学生提供指导和支持。他们可以担任课后体育俱乐部的指导老师或负责组织和管理相关的体育活动。本校体育教师的参与可以提供专业的指导，确保学生在课后体育活动中获得正确的指导和训练。同时，这也增加了学生与体育教师之间的互动和交流机会，有助于建立良好的师生关系，激发学生对体育的兴趣和热爱。本校体育教师参与课后体育服务的变化可以进一步提升学生的体育水平和综合素质发展。

27.72%的教师认为云南体教融合对中小学体育课带来的变化是利用课间碎片时间创设了体育类身体活动，例如创编操、舞等。这意味着学校在课间碎片时间（如上课前、下课后、午休等）安排了体育类身体活动，以充分利用这些时间段。创编操、舞是一种结合音乐和舞蹈动作的体育活动，学生可以在短时间内进行创作和表演。这样的活动可以帮助学生放松身心，增强体能，同时也促进了团队合作和创造力的发展。通过利用课间碎片时间创设体育类身体活动，学校提供了更多机会让学生积极参与体育运动，增进健康和活力。这样的变化有助于丰富学生的课余生活，提高他们的身体素质和创造力。

24.75%的教师认为云南体教融合对中小学体育课带来的变化是学校体育社团或体育俱乐部增多。这意味着学校在体育教育方面增加了更多的社团或俱乐部供学生选择参与。这些体育社团或俱乐部可以涵盖不同的运动项目，如足球、篮球、羽毛球、乒乓球、田径等，以及其他体育兴趣爱好，如健身、舞蹈等。通过加强学校体育社团或俱乐部的建设，学校为学生提供了更多发展体育兴趣和技能的机会，同时也提供了一个积极、健康和有益的课余活动平台。这样的变化有助于学生更好地发展体育特长、锻炼身体，并培养团队协作和领导能力。

5.94%的教师认为云南体教融合对中小学体育课带来的变化是有社会体育俱乐部或体育社团或培训机构人员进入学校的运动队训练或竞赛。这意味着学校与社会体育组织合作，提供更专业的训练和竞赛机会。6.93%的教师认为云南体教融合对中小学体育课带来的变化是有社会体育俱乐部或体育社团或培训机构人员进入学校提供课后体育服务。这意味着学校与社会体育组织合作，提供更多样化的课后体育活动。2.97%的教师表示云南体教融合对中小学体育课带来的变化是有退役运动员进入学校的运动队训练或竞赛。这意味着学校借助退役运动员的专业知识和经验，提升学生的训练水平。是指在调查中被认为没有退役运动员进入学校提供课后体育服务。4.95%的教师认为云南体教融合对中小学体育课带来的变化是有体育专业大学生或研究生进入学校的运动队训练或竞赛。这意味着学校邀请体育专业学生为运动队提供指导和支持。6.93%的教师认为云南体教融合对中小学体育课带来的变化是有体育专业大学生或研究生进入学校提供课后体育服务项目。这意味着学校邀请体育专业学生为课后体育活动提供指导和支持。1.98%的教师认为云南体教融合对中小学体育课带来的变化是市运动队或省运动队进入学校，实现共管合作。这意味着学校与市或省的运动队进行合作，共同管理和组织体育活动。

2. 中小学体育运动代表队的建设情况

调查云南省中小学教师101人（见图2-7），发现篮球代表队建设情况，占比71.29%，说明篮球代表队的建设情况相对较好。这表明篮球在云南体教融合下的中小学体育课程中扮演着重要的角色，并且在学生中享有较高的受欢迎程度。篮球代表队的建设为学生提供了参与篮球运动的机会，有助于学生发展篮球技能、培养团队合作精神和竞技意识。此外，篮球作为一项全面发展体育项目，也能够提高学生的体能水平和综合素质。

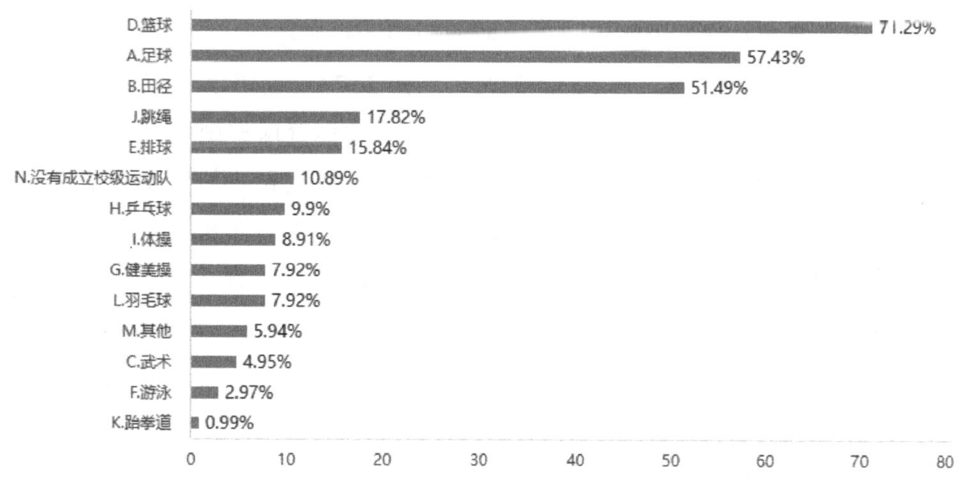

图2-7　云南体教融合对中小学体育运动代表队的建设情况

足球代表队建设情况，占比57.43%，说明足球代表队的建设情况相对较好。这也表明足球在云南体教融合下的中小学体育课程中受到了广泛的关注和支持，也在学生中具有较高的受欢迎程度。足球代表队的建设为学生提供了参与足球运动的机会，有助于学生培养足球技能、团队合作精神和竞技意识。通过足球代表队的建设，学校可以组织足球比赛、训练和培训活动，为学生提供更多与足球相关的体验和学习机会。这有助于激发学生对足球的兴趣，培养足球人才，以及促进学生的身心健康发展。足球作为一项全面发展的团体运动，可以提高学生的体能水平、技术水平和战术意识，同时也培养学生的团队协作、沟通和领导能力。足球代表队的建设情况良好，为学生提供了广阔的足球发展平台，使他们能够全面参与，享受足球运动的乐趣，并在足球领域展现自己的才能。

田径代表队建设情况，占比51.49%，说明田径代表队的建设情况较好。这表明田径在云南体教融合下的中小学体育课程中受到了广泛的关注和支持，也在学生中具有较高的受欢迎程度。田径代表队的建设为学生提供了参与田径运动的机会，有助于学生培养田径技能、竞技意识和团队合作精神。学校组织的田径比赛、训练和培训活动，为学生提供更多与田径相关的体验和学习机会。田径运动可以涵盖多个项目，包括短跑、长跑、跳远、跳高、投掷等，可以全面提高学生的体能水平、速度、力量和耐力。田径代表队的建设不仅有助于学生发展个人的田径特长，还能够培养学生的竞争意识、毅力和团队精神。同时，田径也是一项基础性的体育项目，能够为学生打下健康、全面发展的体育基础。田径代表队的建设情况良好，为学生提供了参与田径运动的机会，促进了学生的身心健康发展，并培养了他们的竞技能力和团队合作精神。

跳绳代表队建设情况，占比17.82%（见图2-7），说明跳绳代表队的建设情况较好。这表明跳绳在云南体教融合下的中小学体育课程中受到了一定的关注和支持，也在学生中具有一定的受欢迎程度。跳绳代表队的建设为学生提供了参与跳绳运动的机会，有助于学生培养跳绳技能、协调性和耐力。跳绳作为一项简单且全面发展的体育项目，可以帮助学生提高心肺功能、协调性、灵活性和耐力。通过跳绳代表队的建设，学校可以组织跳绳比赛、训练和表演活动，为学生提供更多与跳绳相关的体验和学习机会。跳绳代表队的建设不仅有助于学生发展跳绳特长，还能够培养学生的团队合作精神、竞技意识和创新能力。此外，跳绳是一项相对简便的运动项目，可以在有限的场地和设备条件下进行，适合学生在课间或课后进行锻炼。跳绳代表队的建设情况较好，为学生提供了参与跳绳运动的机会，促进了学生的身心健康发展，并培养了他们的协调性和团队合作精神。

有 11 所学校没有成立校级运动队。这可能意味着这些学校在云南体教融合下的中小学体育课程中，目前还没有组织和建设校级的专门运动队。没有成立校级运动队可能是由于各种因素所致，例如学校资源有限、对体育项目的关注度较低、缺乏专业的体育教师或运动指导员等。此外，学校也可能将重点放在其他的体育活动或项目上，而没有组织校级运动队。尽管这些学校没有成立校级运动队，但他们仍然可以通过其他方式来推动学生参与体育运动，例如课堂上的体育课、课间活动、社团或俱乐部的活动、参加校际比赛等。这些活动仍然可以为学生们提供锻炼身体、培养团队合作精神和竞技意识的机会。如果学校希望加强体育运动的建设，可以考虑增加体育资源投入、培训更多的体育教师或运动指导员，以及与社会体育俱乐部、培训机构或当地体育组织合作，共同推动校级运动队的建设。这样可以为学生提供更多参与体育运动的机会，促进他们的身心健康发展。

总体来说，即便云南通过体教融合对中小学体育运动代表队取得了一定的成绩，也不难看出，缺乏多样化的项目建设：从提供的数据可以看出，足球、篮球和田径等传统项目的代表队建设相对较好，而其他项目如武术、游泳、健美操等的代表队建设相对较弱。这表明云南体教融合在项目多样性方面存在不足，没有给予一些非传统项目足够的关注和支持。不平衡的代表队建设：从数据中可以看出，某些项目的代表队建设较为薄弱，参与人数相对较少。例如游泳、乒乓球、体操和跳绳的参与人数较少，占比相对较低。这可能意味着在这些项目上，学校和教育部门没有给予足够的支持和资源投入，导致代表队建设不足。学校水平的差异：根据数据，有 11 所学校没有成立校级运动队。这显示了在学校水平上，代表队建设存在差异。一些学校可能缺乏足够的资源、教练和支持，导致无法成立校级运动队。这可能与学校的地理位置、经济条件、人力资源等因素有关。缺乏专业指导和培训：代表队建设需要专业的指导和培训，而缺乏专业教练和指导员会限制代表队的发展。如果学校缺乏足够的体育教师和专业人员来指导和培训学生，代表队建设可能受到影响。云南体教融合对中小学体育运动代表队建设存在不足之处。这包括项目多样性不足、代表队建设不平衡、学校水平的差异以及缺乏专业指导和培训等问题。为了改善这些不足，需要加强对非传统项目的关注和支持，平衡代表队建设，提供更多的资源和培训机会，并加强学校之间的合作与交流，以促进中小学体育运动代表队的全面发展。

3. 中小学体育教师兼职专项的情况

调查云南省中小学教师101人（见图2-8），发现篮球是教师从事体育运动专项中比例最高的，达到80.2%，这表明在云南体教融合中，教师在篮球运动方面的专业素养较高，可能有更多的教师具备篮球运动的指导和培训能力。也可能是篮球的普及度高，篮球是一项全球广泛普及的体育项目，不仅在国际范围内受到广泛关注，而且在国内也备受青睐。篮球运动在中小学校园中普遍存在，学生对篮球的兴趣和参与度较高，因此学校需要更多具备篮球专业知识和技能的教师来指导和教授篮球运动。篮球资源和设施的支持，篮球运动在学校和社区中通常有较好的场地设施和资源支持，例如室内和室外篮球场、篮球设备等。这为教师从事篮球运动专项提供了相对便利的条件，使得更多教师愿意投身于篮球教学和指导。学生需求和社会关注，篮球在中国社会中享有较高的声誉和关注度。许多学生和家长认为篮球运动对身体健康和全面发展具有积极的影响。学校和教育部门可能根据学生的需求和社会关注度，将篮球列为重点发展的体育项目，因此需要更多的篮球专业教师来满足需求。篮球在教师从事体育运动专项中具有最高比例的原因可能是篮球的普及度高，有较好的资源和设施支持，满足学生需求和社会关注，并且部分教师个人对篮球具有浓厚的兴趣和专业素养。

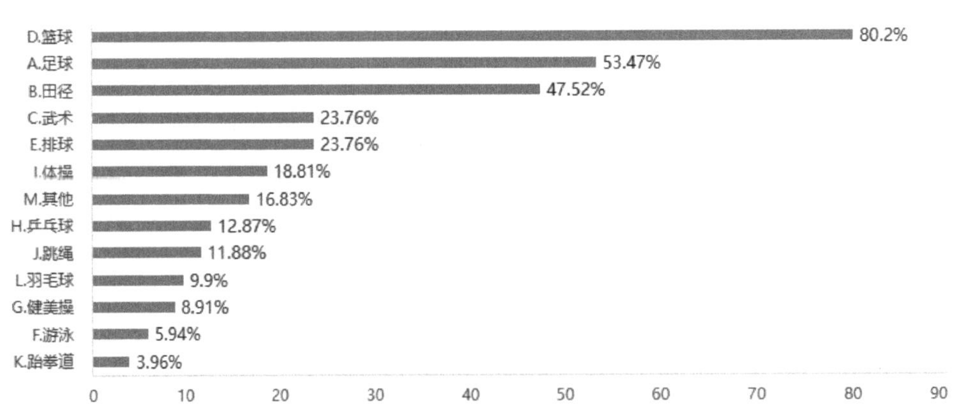

图2-8 体教融合对中小学体育教师兼职专项的情况

足球和田径是教师从事体育运动专项中的另外两个高比例项目，分别为53.47%和47.52%（见图2-8），这说明在云南体教融合中，教师对足球和田径项目有较高的关注和投入，可能有更多的教师从事足球和田径的教学和指导工作。可能是学生兴趣和需求，足球和田径都是受学生广泛喜爱的体育运动项目。足球作为全球最受欢迎的运动之一，在中国也备受青睐。田径作为一项基础性的体育项目，涵盖了跑步、跳远、投掷等多个项目，对学生的身体素质和技能综合要求较高。学校为了满足学生的需求，需要更多足球和田径方面的教师来进行指导和教学。根据教育政策和发展方向，足球和田径在中国的教育政策和体育发展规划中被提出为重点发展的项目。政府和教育部门积极推动足球和田径在学校中的普及和发展，鼓励教师参与相关的培训和教学工作，以提高学生的运动技能和身体素质。学校资源和设施支持：足球和田径都需要相应的场地和设施来进行训练和比赛。一些学校可能具备足球场地、田径跑道和相关设备，为教师从事足球和田径运动专项提供了相对良好的条件和支持。足球和田径在教师从事体育运动专项中具有高比例的原因主要包括学生的兴趣和需求、教育政策和发展方向的影响、学校资源和设施支持，以及教师个人兴趣和专业素养。这些因素共同促使足球和田径成为教师从事体育运动专项中的热门选择。

武术、排球、游泳和健美操等项目的教师从事体育运动专项的比例较低，分别在24%以下（见图2-8），这可能意味着在这些项目上，教师的专业素养和投入相对较少，缺乏足够的教学和指导资源。学生需求和兴趣相对较低：与足球、田径等传统体育项目相比，武术、排球、游泳和健美操等项目在学生中的需求和兴趣可能相对较低。学生对这些项目的了解和参与度可能较低，导致学校在安排教师从事相关专项时的需求也相对较少。专业知识和技能要求较高：武术、排球、游泳和健美操等项目可能对教师的专业知识和技能要求较高。教师需要具备深入的专业知识和技术水平，以能够有效指导学生进行相应的训练和指导。这可能需要教师进行更高水平的专业培训和提升，而这方面的机会和资源可能有限，从而导致从事这些项目的教师比例较低。学校资源和设施限制：武术、排球、游泳和健美操等项目可能需要特定的场地、设施和器材来进行训练和指导。然而，学校可能在这些方面的资源和设施上存在限制，无法满足教师从事这些项目的需求。教育政策和发展方向的影响：在教育政策和体育发展规划中，足球、田径等项目通常被重点关注和推动，而对于武术、排球、游泳和健美操等项目的支持和发展可能相对较少。这可能导致学校在招聘和培养教师时更多地倾向于选择足球和田径等热门项目的专业教师。武术、排球、游泳和健美操等项目的体育教师比例较低可能是学生需求和兴趣较低、专业知识和技能要求较高、学校资源和设施限制以及教育政策和发展方向的影响等因素综合作用的结果。

其他项目（包括乒乓球、体操、跳绳、跆拳道、羽毛球等）的教师从事体育运动专项比例在3%到20%之间（见图2-8），这表明在这些项目上，教师的专业素养和投入程度有所差异。如学校资源和设施限制：这些项目可能需要特定的场地、设施和器材来进行训练和指导。然而，学校在这些方面的资源和设施可能有限，无法满足教师从事这些项目的需求。由于资源的限制，学校可能只能安排少数教师从事这些项目的指导工作。教师培训和素养方面的影响：从事乒乓球、体操、跳绳、跆拳道、羽毛球等项目需要具备相应的专业知识和技能。然而，教师在这些项目的培训和专业素养方面可能存在限制。教师可能缺乏相关的培训机会或者资源有限，导致从事这些项目的教师比例较低。教育政策和发展方向的影响：在教育政策和体育发展规划中，可能更多地关注和推动足球、田径等热门项目的发展。这可能导致学校在招聘和培养教师时更多地倾向于选择这些热门项目的专业教师，而对于其他项目的支持和发展相对较少。（乒乓球、体操、跳绳、跆拳道、羽毛球等）的体育教师比例仅在10%到20%之间可能是学校资源和设施限制、教师培训和素养方面的限制，以及教育政策和发展方向的影响等因素综合作用的结果。

云南体教融合对中小学体育教师从事体育运动专项的情况存在一定的差异。篮球、足球和田径是教师从事的主要项目，而其他项目的教师从事比例较低。为了提高全面的体育教学质量，需要进一步关注和支持教师在各个项目上的专业发展，提供更多的培训机会和资源支持，以促进中小学体育教师在不同项目上的专业素养和能力提升。

4. 体育传统特色学校建设特色运动项目情况

据统计，云南省现有体育传统学校187所，其中国家级30所、省级54所、地市级65所、县级38所；现有全国青少年校园足球特色学校近800所、篮球特色学校131所、网球特色学校52所，遴选了1000多所“省级体育特色学校”。云南省将在此基础之上继续以“一校一品”“一校多品”的学校体育模式，结合云南实际，整合体育系统的体育传统项目学校和教育系统的体育特色学校，由省教育厅、省体育局统一标准和鼓励政策，联合评定、共同打造“云南省体育传统特色学校”。

足球是体教融合中体育传统特色学校建设的重点项目，占比达到63.37%（见图2-9）。这可能是因为足球在中国的普及程度较高，受到学生和社会的广泛关注和喜爱，学校在足球方面投入较多的资源和支持。田径项目在体教融合中占比为27.72%，仍然具有一定的建设特色。田径是一项基础性运动项目，培养学生的体能和协调能力，也有一定的传统和历史基础，因此在特色学校中仍然受到重视。武术项目占比为12.87%，在特色学校中有一定的建设情况。武术作为中国传统体育项目之一，具有悠久的历史和文化传承，对培养学生的身体素质和武德有一定的教育意义。篮球是体教融合中特色学校建设的另一个重点项目，占比达到59.41%。篮球作为全球范围内受欢迎的运动项目之一，在中国也有广泛的基础和参与度。学校在篮球方面加强建设，旨在提供更多机会和资源让学生参与和发展篮球运动。但其他项目如排球、游泳、健美操、乒乓球、体操、跳绳、跆拳道、羽毛球等在特色学校的建设中占比较低，这可能是由于学校在资源、设施、师资、学生需求等方面的限制所致。此外，还有一部分学校选择其他项目进行特色建设，占比为25.74%。这可能是因为学校根据地区特色、学生需求或其他因素选择了与当地文化、特长或资源相匹配的项目进行建设。

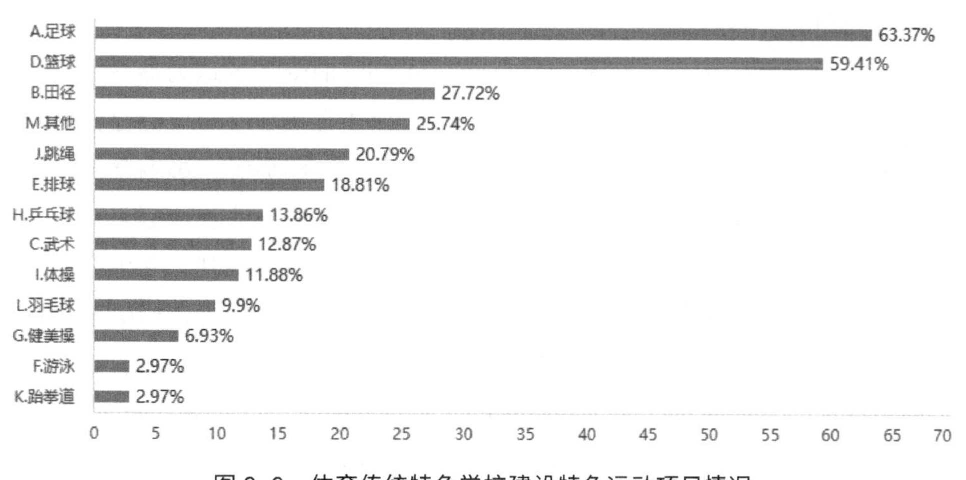

图2-9　体育传统特色学校建设特色运动项目情况

云南初中考体育100分制度，以足球、篮球、排球为基础结合其他传统体育技能考试的模式有效地为项目的基础人群数量提供了保证。《关于公示第一批普通高中体育自主招生改革试点学校名单的通知》，打通体育特长生升入普通高中的通道。随着云南省学生体育协会的成立及合并后的云南省青少年（学生）运动会，为青少年体育赛事进行了融合性探索。高校方面，云南省体育局还积极探索女篮、攀岩、橄榄球、射击、射箭等项目与高校联办共建省队模式，并在深化全省体校改革进程中。在“一校一品”及“一校多品”方面，云南省以现有资源为基础遴选了1000所整合体育系统的体育传统项目学校和教育系统的体育特色学校，由省教育厅、省体育局统一标准和鼓励政策，联合评定、共同打造“云南省体育传统特色学校”系统。

综上所述，体教融合对体育传统特色学校建设特色运动项目的情况显示出足球、篮球等受到更多的关注和投入，而其他项目的建设相对较少。这可能与项目的普及度、学生需求、历史传统、资源限制等因素有关。学校在建设特色运动项目时需要综合考虑学生需求、社会关注度、传统特色以及资源投入等方面的因素，以实现全面发展和多样化的体育教育目标。

5. 中小学校开展体教融合工作的影响因素

据云南省体育局对外公布信息可知截止2019年年底全省范围内拥有体育场地设施超过11万个，其中教育系统的占比超过50%，其中学校场地设施是教育系统的主要持有者，因此，开展校园体育工作具有得天独厚的优势，同时也是资源合理利用的必然选择。

但通过调查数据显示（见图2-10），有74.26%的受访者认为器材不足是影响体教融合工作的因素之一，这表明学校在进行体育运动时，可能存在器材供应不足的问题，这会限制学生进行多样化的体育活动和训练，影响学生参与体育运动的质量和效果。71.29%的受访者认为场地不足是一个影响因素，这意味着学校的体育场地不足以满足学生进行体育活动的需求，限制了学生进行体育活动的空间和条件，限制了体育课程的开展和学生的体育锻炼，影响学生的体育锻炼和训练。70.3%的受访者认为经费短缺是一个影响因素，这表明学校在进行体教融合工作时，可能由于缺乏足够的经费而无法充分投入体育设施建设、器材采购和教师培训等方面。从而限制了学校在体育设施建设、器材采购、教师培训等方面的投入，影响体育教学和体育活动的质量和水平。58.42%的受访者认为教师不足是一个影响因素，这意味着学校在体教融合工作中可能面临教师资源不足的挑战，缺乏足够的专业体育教师来开展体育课程和指导学生的体育运动，原因是教师不足会影响学校体育课程的开展和教学质量，限制学生在体育运动方面的指导和培养。

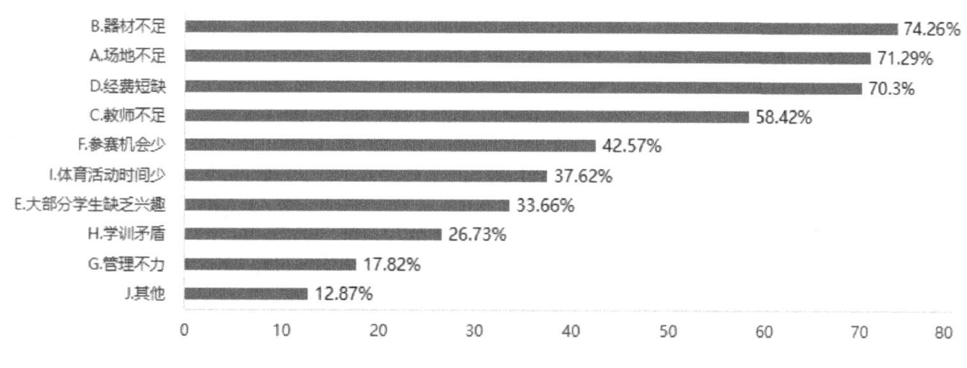

图 2-10　中小学校开展体教融合工作的影响因素

其实在体教融合开展的过程中，参赛机会的缺乏可能会降低学生对体育运动的兴趣和积极性。缺乏参赛机会会限制学生锻炼和展示自己的机会，影响他们对体育运动的投入和热情。学校体育活动时间的不足也会影响体教融合工作。时间不足会限制学校进行体育活动和训练的机会，影响学生参与体育运动的时间和频率。学生对体育运动缺乏兴趣也是一个影响因素。学生的兴趣是参与体育运动的重要动力，缺乏兴趣会导致学生对体育活动的积极性降低。学校教学与训练之间的矛盾也可能影响体教融合工作。学校在追求学术成绩的同时，可能会忽视体育教育和体育训练的重要性，导致体育教学和训练的不足。体教融合工作的管理不力也是一个影响因素。缺乏有效的管理和组织机制会影响体教融合工作的顺利开展和运作。

综上所述，从数据分析可以看出，在云南中小学开展体教融合工作中，器材不足、场地不足、经费短缺和教师不足是主要的影响因素。这些问题需要通过增加投入、改善资源配置、加强师资培养和提供更好的经费支持等措施来解决，以推动体教融合工作的顺利开展。解决这些问题需要加强资源投入、提升教师专业素养、改善学校管理和加强与社会资源的合作等措施。

第二节　新时代云南体教融合发展的问题

一、体教融合地方治理的困境

体教融合不只是体育部门、教育部门和学校简单的主体共同实施，更是形成全社会“共同责任、协同效应”的多元化资源、多元主体的共同实施和促进青少年健康成长的共同责任制。体教融合的多元化资源需要整合各方面的资源，包括政府、社会组织、家庭和社区等，才能为学生提供全面的体育教育服务。仅仅依靠体育部门、教育部门和学校的资源是有限的，无法满足学生多样化的需求。体教融合的共同责任不仅是学校的责任，也是家庭、社区和社会的责任。学校可以提供专业的体育教学和设施，但家庭和社区也应该积极参与，营造良好的体育氛围和提供支持。政府和社会组织也应承担起促进体育教育的责任，提供政策支持和资源投入。体教融合的协同效应满足不同主体的合作和协同可以实现资源的最优配置和效益的最大化。政府可以提供政策支持和指导，社会组织可以提供专业的培训和服务，学校可以提供教学和实践场所，家庭可以提供支持和鼓励，这些主体共同协作，形成协同效应，推动体教融合工作的有效实施。体教融合助力青少年健康成长的目标是促进青少年的健康成长和全面发展。这需要多个领域的合作，包括教育、体育、健康、文化等，不仅仅是体育部门和教育部门的工作。全社会共同参与，可以提供更广泛的支持和保障，为青少年提供更好的体育教育环境和机会。因此，体教融合应该是全社会的共同责任，通过多元化、多主体的实施过程和共同责任制，促进青少年的健康成长和全面发展。据研究发现，云南省与上海市、广东省、北京市体教融合实践进展及域外（日本、美国、欧洲国家、澳大利亚）学校体育实行的政府、社会、市场、家庭、社区为一体的青少年体育发展相比，云南省体教融合工作主要以学校为主，以“政府—学校—社会”的三维实践主体，政府与社会的参与不多，市场、家庭等主体基本未参与，导致云南省体教融合处于孤立的状态。调研云南省管理者 / 教练员 / 教师共 122 人，分析如下。

地方体育人才培养方式的转变，雷达矩阵值为 3.97（见图 2-11）。可以认为云南体教融合在加快地方体育人才培养方式的转变方面存在一定的潜力和积极性，但仍面临一些挑战和改进的空间。体教融合的实施可以为地方体育人才培养方式的转变提供有力支持。通过将学校教育与竞技体育相结合，强调素质教育和全面发展，可以培养出更全面、综合素质更高的体育人才。体教融合还可以促进学校与社会体育机构、俱乐部等的合作，为学生提供更多样化的培养路径和机会，拓宽其视野和经验。然而，雷达矩阵值 3.97 也表明存在一些潜在的问题和限制。可能在传统教育观念的束缚、体育教师队伍的不足、缺乏政府的支持和引导等问题上存在一些因素阻碍了体教融合在加快地方体育人才培养方式转变方面的效果。为了进一步加快地方体育人才培养方式的转变，需要综合考虑各方面因素并采取相应措施。这可能包括加强对体教融合理念和实施模式的宣传和培训，提升体育教师的专业水平和教学能力；增加对体育教育的投入和支持，包括政策、资金和资源的引导；加强学校与社会体育机构、俱乐部等的合作，建立起完善的体育人才培养体系。虽然云南体教融合在加快地方体育人才培养方式转变方面具有一定潜力，但仍需要克服一些挑战和限制。进一步完善政策支持、加强师资队伍建设、促进学校与社会合作等措施。

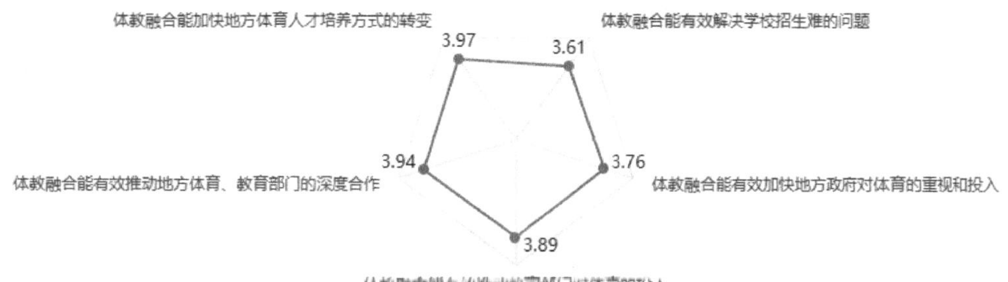

图 2-11　体教融合对地方治理的雷达矩阵图

有效推动地方体育、教育部门的深度合作，雷达矩阵值为 3.94（见图 2-11）。可以看出，体教融合在云南实施中还存在一些挑战，尚未能有效推动地方体育和教育部门的深度合作。这意味着在实际推行体教融合的过程中，可能存在一些障碍和问题，限制了两个部门之间的合作和协同效应。如，观念和认知差异导致体育和教育部门可能对体教融合的理念、目标和实施方式存在不同的理解和认知，导致合作困难。缺乏协调机制导致缺乏明确的协调机制和沟通渠道，使得体育和教育部门之间的合作无法顺畅进行，信息交流和资源共享不充分。资源分配不均导致可能存在资源分配不均的情况，体育和教育部门在资源利用和投入方面的差异，也可能影响了深度合作的实现。

对于解决学校招生难的问题，雷达矩阵值为3.61（见图2–11）。可以得出结论体教融合在云南实施中对解决学校招生难问题的效果有限。这意味着在实际推行体教融合的过程中，可能存在一些挑战和限制，不能完全依靠体教融合来解决，还需要综合考虑其他因素，如提升学校的品牌形象和知名度。通过在体育领域取得优异成绩和表现，学校可以提高其在社会上的声誉和知名度，从而吸引更多学生和家长选择该校。然而，体教融合仅仅是解决学校招生难的一种手段，还需要综合考虑其他因素。例如学校的教学质量、教育资源、学校文化氛围等都是家长和学生选择学校的重要因素。除了体育方面的特色，学校还需要在教学质量、师资力量、课程设置、教育设施等方面提供综合优势，以吸引更多学生和家长选择该校。此外，政府还需要加强对学校招生政策和机制的引导和规范，确保学校招生公平和透明，避免出现不正当竞争和择校焦虑等问题。加强师资培养、提升器材和场地建设、激发学生兴趣和参与度、加强宣传和推广以及拓展合作与资源共享等措施，促进学校招生工作的顺利进行。

二、体教融合思想融合的难点

普通学校开展体教融合的共赢认识，雷达矩阵值为3.86（见图2–12）。推断普通学校对体教融合的共赢认识相对较高。这表明普通学校意识到体教融合对学校和学生的益处，并愿意积极推动和参与体教融合工作。但访谈过程中了解到，还缺乏深入理解，尽管普通学校对体教融合有一定的认识，但对于其全面意义和实施方式可能仍存在一些模糊或不完全理解的地方。实施上也存在困难，普通学校在实施体教融合时可能面临一些挑战和困难，例如师资力量不足、场地设施不够完善、资源配置不均衡等问题，这可能限制了共赢效果的充分实现。教育环境也会有一定影响，一些普通学校可能受到教育政策、课程体系和评估制度等方面的影响，导致体教融合的推行受到一定的制约。

文化学习与竞技训练本身难以协同，雷达矩阵值在思想融合中表现最低为3.26（见图2–12）。说明文化学习和竞技训练在目标上存在差异。文化学习强调个体的全面发展、人文素养和审美情趣培养，而竞技训练则注重运动技能的专业化、竞争能力的提升和成绩的突出。这两个领域的目标不完全一致，可能会导致资源和时间的分配上的冲突。训练时间安排方面，文化学习和竞技训练所需的时间安排存在冲突。竞技训练需要大量的训练时间和精力投入，而文化学习也需要学生参与各种课堂学习、文化活动等。在时间安排上很难做到兼顾两者，可能会导致学生在选择上面临困难。体育教师专业背景方面，文化学习和竞技训练往往需要不同专业背景的教师进行教学和指导。文化学习可能需要艺术、人文等领域的专业教师，而竞技训练可能需要体育、运动训练等专业教师。学校资源有限，教师的配备可能无法满足两个领域的需求，造成协同困难。

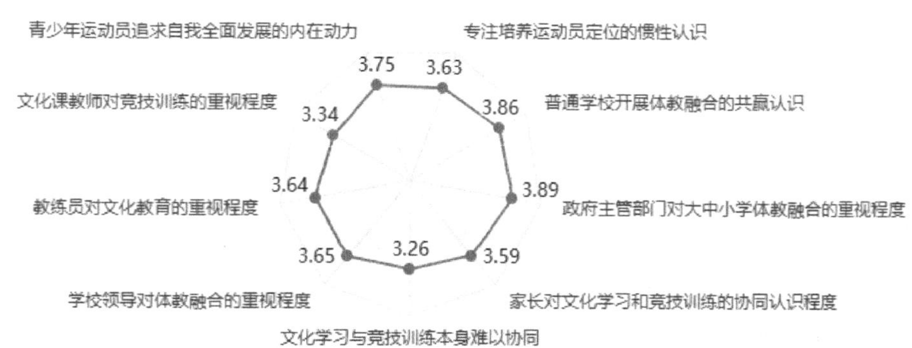

图 2–12 体教融合思想融合的雷达矩阵图

三、体教融合的目标相对模糊

目标是对实践过程中想要达到的预期标准或目的，对组织过程具有指明方向、激励凝聚、决策标准和考核依据等不同实践活动来反映。云南省体育局、云南省教育厅下发的《云南省深化体教融合 促进青少年健康发展的实施意见》（云体发〔2022〕1 号）的精神旨在推动云南省青少年体育事业发展，学校体育工作方面，重视以开齐开足体育课、丰富课余训练、普及运动技能、建设学校代表队和培育青少年训练教练员为目标。青少年体育赛事体系方面，着力于以健全青少年体育赛事管理机制、整合青少年和学生体育赛事、学生体育协会和体育社团建设为目标。围绕打造“一校一品”“一校多品”的学校体育模式，以创新高水平运动员的人才培养机制为目标的体育与教育融合发展理念。结合《云南省深化体教融合 促进青少年健康发展的实施意见》和云南省体教融合的实践效果来看，学校体育工作多以“加快或推动”为主，对于青少年体育开展工作只是“蜻蜓点水”的层面。由于实践主体对于体教融合的目标定位模糊，导致参与体教融合的实践主体各自价值体现和目标追求出现了目标不准，造成“非共同目标导向”的决策行为，原因有以下几点。

云南体育和教育政府部门支持体教融合的整体规划和招生升学政策的问题，

雷达矩阵值为3.78（见图2-13）。这意味着在云南省体育和教育政府部门的整体规划和招生升学政策方面，存在一些改进的空间。主要表现为整合资源方面，加强教育和体育部门之间的合作与协调，形成整体规划和政策文件，明确体教融合的目标和措施。同时，整合资源，为体教融合提供必要的资金、设施和人力支持。完善政策方面，制定更加明确和具体的政策文件，涵盖体教融合的各个层面，包括课程设置、教师培训、体育设施建设、体育特长生选拔和招生政策等，确保政策的连续性和可操作性。加强监督与评估方面，建立健全的监督机制，加强对体教融合政策的执行和效果的评估。通过定期的评估和反馈，发现问题和不足之处，并及时进行改进和调整。提高社会参与度方面，鼓励社会组织、企业和家长等各方参与体教融合的推进和支持。建立多元化的合作机制，形成政府、学校、家庭和社会的良好互动格局。

云南普通学校参与体校体教融合的支持制度问题，雷达矩阵值为3.57（见图2-13）。这一值也表明在普通学校参与体校体教融合的支持制度方面还尚未完全协同。为此，政府部门应制定明确的政策文件，明确普通学校参与体校体教融合的目标、原则和实施细则。这些政策应涵盖课程设置、师资培训、体育设施建设、资源分配等方面。为普通学校的教师提供与体育教学和体教融合相关的专业培训。培训内容可包括体育教学方法、运动训练技能、健康教育知识等。通过提高教师的专业水平，能够更好地实施体校体教融合。政府部门应加大对普通学校体育设施和器材的投入，确保学校拥有适当的体育场馆和器材。

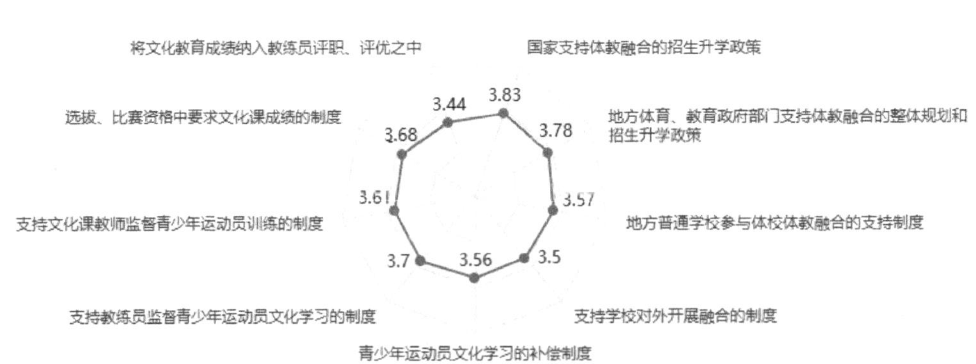

图2-13　体体教融合目标融合的雷达矩阵图

此外，还需要提供足够的体育教材、教具和辅助设施，支持体育教学和体育活动的开展。建立奖励机制，激励普通学校积极参与体校体教融合工作。这可以包括对在体育教学和体育活动中取得优异成绩的学校、教师和学生给予表彰和奖励。鼓励普通学校与体育学校、专业体育俱乐部等体育机构开展合作与交流。通过与专业机构的合作，普通学校可以借鉴专业的体育教学方法和管理经验，提升体校体教融合的水平。

四、体教融合的资源能动性较弱

体育资源能动性指的是在体育领域中，相关主体（如学校、机构、组织等）在获取、配置和利用体育资源时的主动性和灵活性。它强调在面对不同的体育需求和变化时，能够灵活地调配和利用体育资源，以实现最佳效果和最大化资源的利用价值。获取能动性是指在获取体育资源方面的主动性和积极性。这包括寻找和争取适合的场地、设施、器材、资金和人才等体育资源的能力。体育主体可以通过合作、合同、申请等方式获取所需的资源。配置能动性是指在面对不同的体育需求时，能够灵活地对体育资源进行配置和分配的能力。这涉及合理分配场地、设施、器材和人力资源，以满足不同体育项目、训练和比赛的需求。利用能动性是指能够主动地利用体育资源，将其转化为有益的体育活动和成果的能力。这包括通过合理组织和规划，充分利用场地、设施和器材，开展体育课程、训练和比赛等活动，以实现预期的体育效果和目标。调整能动性是指在面对体育环境和需求的变化时，能够灵活地调整和变革体育资源的配置和利用方式的能力。这包括根据市场需求、社会变化和技术进步等因素，调整体育资源的布局、使用方式和管理模式。

地方体育培训机构力量的完善与投入程度不够，雷达矩阵值仅为3.61（见图2-14）。原因是体育资源分配不均，体育培训机构在资源方面可能存在有限性和分配不均的问题。有限的场地、设施和专业教练等资源可能主要用于培养竞技体育选手，导致对体教融合的投入程度不够。缺乏相关知识和理念，体育培训机构的专业教练和管理人员可能缺乏关于体教融合的充分了解和认知。他们可能更加熟悉竞技体育训练和比赛的模式，对于如何与学校教育进行融合可能存在一定的认知障碍。市场需求的影响，体育培训机构在一定程度上受到市场需求的影响。如果家长和学生更加关注竞技体育训练和成绩，体育培训机构可能会更多地满足这一需求，而对体教融合的投入程度相对较低。政策支持的不足：体育培训机构对体教融合的投入程度也可能受到政策支持的影响。如果相关政策文件和措施对体教融合的支持力度不够明确或不足以激励体育培训机构的参与和投入，他们可能对体教融合的重视程度较低。

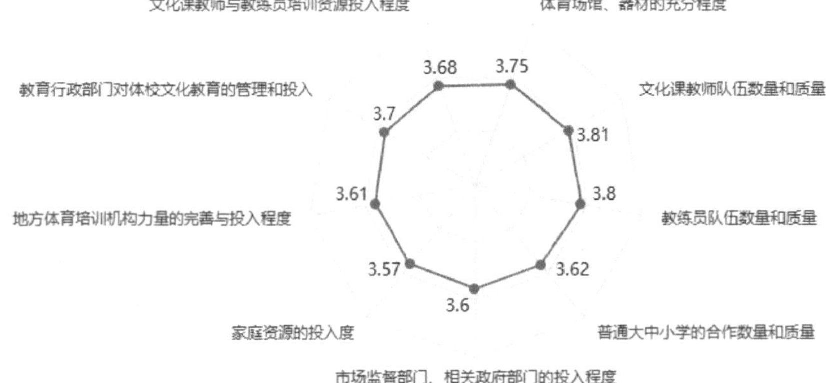

图 2-14　体教融合资源融合制约因素的雷达矩阵图

家庭资源对体教融合的投入度不足，雷达矩阵值仅为3.57（见图2-14）。原因是教育观念和认知差异，家庭的教育观念和认知对体教融合的投入度产生重要影响。如果家庭普遍重视传统学科的学习和成绩，对体育教育的重要性认知不足，就可能导致对体教融合的投入度不够。知识和能力缺乏，一些家庭可能缺乏有关体教融合的相关知识和能力，无法充分理解和参与到体教融合的实践中。缺乏对体育教育的指导和支持，可能导致对体教融合的投入度不足。时间和精力分配，家庭面临各种生活压力和忙碌的日程安排，导致时间和精力有限。在这种情况下，家庭可能更关注学术学习和其他事务，对体育教育和体教融合的投入度相对较低。资源限制，一些家庭可能面临经济、场地和设施等资源的限制，无法提供充足的体育教育资源和环境。这可能影响他们对体教融合的投入度，限制孩子在体育教育方面的发展。缺乏支持和引导，如果家庭缺乏来自学校和社区的支持和引导，缺乏相关的培训和交流机会，就可能无法了解和参与到体教融合的实践中，导致投入度不足。

普通大中小学相互合作数量不多且质量也不高，雷达矩阵值仅为3.62（见图2-14）。原因是缺乏合作机制和平台，在推动体教融合方面，缺乏建立有效的合作机制和平台，使得学校之间的合作难以展开和深入。缺乏有效的沟通和协调机制，可能导致合作数量不多且质量不高。各学校间竞争导向，学校间可能存在一定的竞争关系，特别是在学生招生和升学方面，这可能导致学校更加注重自身的利益和竞争力，而忽视了与其他学校的合作和共享资源的重要性。教育评价机制的影响，教育评价机制可能主要关注学生的学术成绩，而对体育教育的合作与发展给予较少的关注和奖励。这可能使学校在资源配置和发展规划中更加偏重学术方面，而对体育教育的合作和发展投入较少。师资力量和专业培训不足，一些学校可能缺乏足够的体育教师和专业人员，限制了他们在体教融合方面的合作和发展。此外，缺乏相关的专业培训和交流机会，也影响了学校之间合作的质量。资源分配不均，一些学校在场地、设施和经费等方面存在资源不足的情况，难以支持体教融合的合作项目。这可能导致学校之间的合作数量受限，同时影响了合作质量。

五、体教融合的措施创新性不足

措施创新是指在解决问题或实现目标的过程中，采用新颖、独特和具有创造性的方法和方式。强调对传统做法的改进和突破，通过引入新的思维、理念、技术、方法或策略，以达到更好的效果和成果。云南省体育事业经过多年实践的体教融合已见成效，形成了以“中考体育 100 分制”为主的融合体系，这对云南省青少年在学校体育和竞技体育两个方面给予了持续化发展的力量。然而，根据前文数据所得，有 67.22% 的学生认为是为了体育测试达标，仅有 14.51% 的学生认为参与体育活动是为了参与体育竞赛。认为在丰富校园生活、提高训练/学习效率等方面的雷达矩阵值没有一项超过了 4。对中小学体育课带来的变化、中小学体育运动代表队的建设情况方面的认同率也没有达到优秀值。与体教融合发展形势较好的上海、广州、北京相比差异较为明显，说明问题较为突出、矛盾有升级的趋势、执行有异化情况等困难尚未破解。

支持学生不同教育阶段参与一次校级、一次市级、一次省级体育竞赛的经历体现不明显，雷达矩阵值仅为 3.75（见图 2–15）。说明多层次的竞赛机会缺乏，学校和教育部门应提供多层次的竞赛机会，包括校级、市级和省级竞赛。这将给学生提供更广阔的舞台，让他们在不同层次的竞赛中获得经历和锻炼机会。选拔和选拔标准不明确，参与市级、省级等高级别竞赛通常需要通过校级选拔或资格赛。如果选拔过程不透明或选拔标准不明确，可能导致学生对竞赛机会的获得感和公平性产生质疑，减少他们对竞赛的积极性和参与度。学校和家长的重视程度不高，如果学校和家长对体育竞赛的重视程度不够，可能会影响竞赛机会的提供和支持。学校可能更关注学术成绩，家长也可能更关注学术竞赛，导致对体育竞赛的经历体现不明显。赛事组织和推广不足，体育竞赛的组织和推广对于学生的参与和经历体现至关重要。如果赛事组织不规范、推广力度不足，学生可能对参与竞赛的意义和价值感到模糊，减少其参与的积极性。

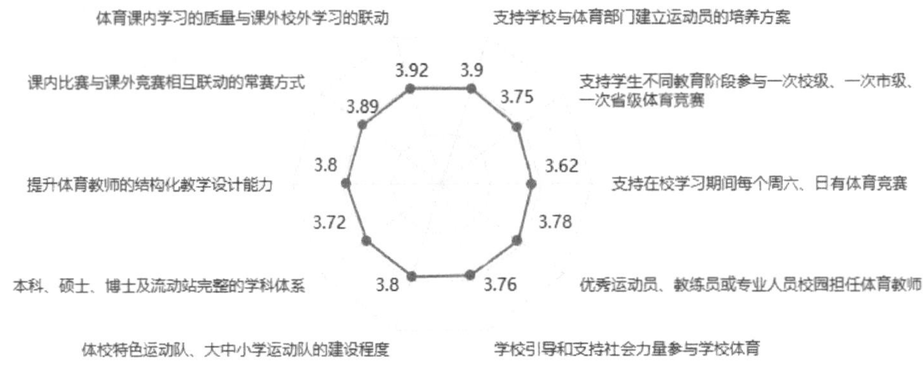

图 2-15　体教融合措施创新性的雷达矩阵图

云南体育本科、硕士、博士及流动站的学科体系不完整，雷达矩阵值仅为3.72（见图 2-15）。说明学科建设投入不足，体育本科、硕士、博士及流动站的学科建设需要充足的投入，包括师资、教学设施、科研经费等方面。如果投入不足，学科的发展和完善将受到限制。人才培养与市场需求的匹配度低，学科体系的建设应该与市场需求相匹配，以培养符合社会和行业发展需要的人才。如果学科设置与市场需求不匹配，学生就可能面临就业困难，也会影响学科的发展。学科间协同不足，体育学科涵盖广泛，涉及运动科学、教育学、管理学等多个学科领域。如果学科之间缺乏协同合作，难以形成完整的学科体系，也会影响学科的发展和教学质量。教学资源和科研支持不足，学科体系的完善需要充足的教学资源和科研支持。如果体育部门和教育部门未能提供足够的教学资源和科研支持，包括实验室设备、图书资料、科研经费等方面，将限制学科体系的发展。硕士研究生和博士研究生是学科建设和科研工作的重要力量，如果缺乏优秀的硕士研究生和博士研究生，可能难以推动学科的深入发展和拓展。

学校引导和支持社会力量参与学校体育存在不足，雷达矩阵值仅为3.76，（见图 2-15）。原因是缺乏有效的合作机制，学校与社会力量之间缺乏建立有效合作机制的渠道和平台。这可能导致学校和社会力量之间的沟通和协作不畅，限制了社会力量参与学校体育的能力和机会。体育资源不足，社会力量参与学校体育需要一定的资源支持，包括资金、设施、专业知识等。如果缺乏足够的资源支持，社会力量可能无法提供充分的支持和参与。学校意识和支持度不高，学校的意识和支持对于社会力量参与学校体育的积极性和程度有重要影响。如果学校没有足够的意识和支持，可能会限制社会力量的参与和贡献。缺乏激励机制，社会力量参与学校体育需要有相应的激励机制，激发他们的积极性和参与度。如果缺乏激励机制，社会力量可能不太愿意参与学校体育活动。

第三章　国内外体教融合发展的典型经验与启示

第一节　国外体教融合发展的典型案例

一、美国经验

一直以来，美国在奥运奖牌榜上一直位居榜首，是公认的竞技体育强国，群众体育基础很好，众多体育赛事形成了很好的市场运营机制，并且能长期良性循环发展。美国竞技体育的发展以及后备人才培养模式和方法值得我们借鉴和学习，美国的运营经验结合我国的实际情况，理论上可以探索出中国化的体教融合模式。

（一）竞技体育市场经济社会化的管理模式

美国联邦政府没有设立竞技体育的直管机构和组织，其体育市场主要由社会化的组织、团体和机构负责，例如社会体育组织、相关体育联盟、民间体育机构等，其中影响力比较大的机构有美国奥林匹克委员会、职业联盟、美国中学体育协会、美国大学体育协会。美国竞技体育的发展伴随着市场经济的导向发展，并以此形成了比较稳定的循环发展。美国中学生体育协会和大学生体育协会是独立的非政府组织，对美国教育阶段的运动员学生有很好的作用，对美国教育阶段的体教融合有强有力的推动和支持。其工作内容和主要职责是比赛的组织、赛事电视转播权的谈判、运动员的招收、体育奖学金的制定准则等。职业体育是美国竞技体育高水平代表，美国职业体育的成功典范主要有：NFL、MLB、NBA、NHL。美国职业体育联盟体制的制度主要包括职业体育与法律法规的结合、职业体育政府规制、职业体育联盟的产业体制、职业体育赛事转播制度、职业体育联盟的劳资关系、职业体育反垄断豁免制度、职业体育联盟管理模式、职业体育仲裁制度等内容。

美国竞技体育社会化管理模式主要表现有4个方面的特征：（1）三大竞技体育组织具有不同的社会化职能，统辖管理不同竞技体育活动，分权管理特点明显；（2）三大竞技体育组织的管理主体之间相互牵制、相互协作，共同促进美国竞技体育的持续成长；（3）通过立法《业余体育法》提出竞技体育组织运作的纲领，完善的法律法规体系保障良性发展；（4）竞技体育组织与美国职业体育紧密衔接，社会化的竞技体育组织具有很强的自我调控能力。

（二）职业体育价值观念与自由教育理念的高度融合发展

美国是一个崇尚体育和自由的国家，体育与教育在个人发展中，始终是一种有机结合的发展状态。美国的学校和社会重视体育的教育价值，崇尚通过体育使学生获得人生的成功体验，培养全面发展的人是美国竞技体育的终极目标，竞技体育全面发展学生的教育价值被凸显和认可。在这样的社会背景下，美国的体教融合推进一路顺畅。美国自始至终对学生运动员都有着严格的学籍管理规定，进而保障和实现学生运动员文化素质、运动成绩的全面发展，使学生运动员群体的体育与教育融合发展，避免两者的剥离。同时，学校有解决运动员学习与训练矛盾的各种方法机制，营造一流的学习环境、提供很好的运动设施，使得教练员也能够比较合理地安排好运动员的学习与训练。另外，社会大众、学校、学生等各个不同群体对学生运动员的体育竞赛成绩有着很高的社会地位认可，学生运动员成功榜样的作用激励使美国各级各类学校有越来越多的学生参加体育运动，热切地希望成为学生运动员，享受因为自身成就而获得的社会认可。良好的社会体育氛围和社会认可，使得美国的教练员选材面非常广，选择余地非常大。此外，频繁的校际竞赛也直接推动着学校体育和大众体育的发展，形成了一个良好的学校体育循环圈层。强大的社会运动俱乐部、良好的学校体育为美国体育后备人才的培养提供了强有力的支撑，社会运动俱乐部与学校运动队互为补充，保证了美国体育后备人才的大容量、大体量规模。

（三）学校式一体化的人才培养模式

美国竞技体育以学校为中心，是学校式一体化的人才培养模式，形成了体教融合完整的培养机制。以教育为依托，从幼儿园到大学，学校重视体育的教育价值，积极鼓励学生参与体育运动，通过体育塑造完整的人格，实现全面发展。美国竞技体育的人才培养有着联系紧密的三层“金字塔”结构，中小学竞技运动人才构成了“金字塔”的“塔基”，大学竞技运动人才构成了“金字塔”

的“塔省”，大学竞技运动的一部分和职业体育共同构成了“金字塔”的“塔尖”，因此可以说美国的中学是后备人才培养的摇篮，而大学是高水平运动员、后备人才学校阶段发展的最高级阶段。

以学校为中心的美国竞技体育人才培养模式是保障美国竞技体育可持续成长的基础，这种人才培养机制具有4个特征：（1）美国重视通过体育运动培养人的全面发展，高度重视体育教育与教育的齐头并进，进而实现体育人才的文化素质与运动成绩的全面发展；（2）社会对学生取得体育竞赛成绩的价值实现认可度比较高，学生运动员对同伴的榜样影响力比较大，促进了美国竞技体育水平的持续提高；（3）社会体育俱乐部与学校运动队相结合的方式，扩大了培养体育后备人才的方式、规模；（4）美国竞技体育人才培养体系本质上是以学校教育为依托，从小学、中学到大学无缝连接的人才培育路径。

（四）美国职业体育联盟的成熟体系运作

美国职业体育联盟形成了法律与职业体育的结合、管理模式、政府规制、劳资关系、转播制度、反垄断豁免制度、产业体制、仲裁制度等多个方面的成熟运作体系。

美国职业体育联盟是经营权和所有权分离，这样有利于减少职业体育联盟与各职业球队在运营中的现实矛盾，使其在相对和谐的环境中保持长期的、健康的发展。同时，美国职业体育联盟形成了关系密切、客观公正的法律环境，有利于促进联盟之间的竞争、均衡和发展。职业体育联盟在美国市场经济导向发展的过程中，逐步形成了完备的法律、规章体系，同时也逐步形成了成熟的管理模式、运行机制，可以称之为当前职业体育组织管理商业运作的范例。

（五）有效的运动人才激励保障措施

有效的激励机制为学生运动员的长期稳定发展提供了直接经济保障，通过政府支持、获取奖学金、社会赞助等多种形式给予学生运动员相应的经济支持，让他们能够更好地专注于学习和训练比赛。美国大学生体育协会（NCAA）根据学生运动员的学习成绩、运动水平，设立了优厚的奖学金，并采取了一定的均衡化政策，对人数给予了相应的规定。另外，NCAA成立了运动科学研究机构（Sport Science Institute），为学生运动员的身体健康考虑，合理建议科学的训练方法和训练方案，为学生运动员的人身安全提供科研和技术保障，降低学生运动员的运动伤病。同时，联合会还增加了专门针对学生运动员的保险保障计划，为运动员重大比赛以外的伤害事故提供资金救济，为学生运动提供更多的经济支持。

二、日本经验

近几年，日本的大学竞技体育逐步受到关注和重视，大学竞技体育振兴工作列入日本文部科学省2017年度重要工作之一。基于此，本书通过剖析日本大学竞技体育改革发展取得的阶段成果，总结日本体教融合的促进措施，结合我国当前大学阶段的体教融合现实情况，进而丰富中国特色体教融合理论。

（一）完善纵横向联合的全国性体育联盟

日本大学竞技体育组织结构主要体现在纵向维度，横向的联合赛事组织比较少。日本纵向维度的组织结构以纵向直线型为组织形式、以运动项目为中心、以地区性竞技组织为主导，其纵向直线型组织形式依次为日本体育协会—竞技体育团体—学生体育联盟—各大学体育协会。日本的学生体育联盟具有独立性和自治性，大学无法对学生体育联盟进行过多干预。但是日本的大学竞技体育又依托于各运动项目的学生体育联盟来发展，这导致日本的大学校方一方面不能充分利用学生体育联盟的体育资源来服务社会、创造价值，另一方面也限制了大学竞技体育的体育教育功能以及对发展人才的培养，最终将直接阻碍日本体教融合的深层推进。比如，有些地方性赛事与全国性赛事相比，地方性赛事在赛事影响力、赛事规模、赛事水平等方面甚至远超全国性赛事，很有名的地区性赛事——关东地区大学田径联盟的“箱根接力赛”与全国性的“全日本大学生接力赛”就是很典型的案例。类似的例子还有早稻田大学与庆应大学的棒球比赛——“早庆战”，是一项地区性赛事，也是“东京六大学”的一项校际竞赛，已有百年历史，其赛事影响力也远超一些全国性赛事。

日本竞技体育组织结构的纵向组织形式的基础比较好，体教深层融合的推进重点是如何形成纵横向维度的大学竞技体育组织、联合发挥各学生体育联盟的所有功能，是日本大学竞技体育发展中的难题，也是日本体教深层融合的重中之重。2016年3月，日本大学体育联合会根据当前日本大学竞技体育在运营经费、竞赛设施、日常管理、赛事组织等方面的情况，效仿美国大学竞技体育联盟（National Collegiate Athletic Association，下文简称NCAA），组建了“日本版NCAA”，发布了“大学竞技体育推进宣言”，试图通过顶层设计实现领导层面对大学竞技体育开展的统一认识，开发大学竞技体育的商业价值。通过近三年的市场积累和整体布局，2019 年 3 月，日本一般社团法人大学竞技体育协会（Japan Association for University Athletics and Sport，下文简称 UNIVAS）宣告成立，其下开展的所有全国性竞赛都称之为“UNIVAS CUP”，开展的比赛有棒球、篮球、排球、游泳、网球等。截至目前，共有 220 所大学、35 个竞技协会参加了 UNIVAS 的比赛。UNIVAS 的成立、“UNIVAS CUP”系列赛事的举办，标志着日本体教融合的推进又进入了一个新的发展阶段。

（二）各司其职共同决策的发展模式

日本的体育发展由政府和社会共同参与治理，其协作模式呈现“官民平等，合作互补”。第一，在思想教育上，日本主张“全人教育”的全面教育观，对体育与教育、文化、科技进行一体的制度设计，把体育教育作为教育的重要组成部分。第二，在治理主体关系上，主要采用行政隶属、业务指导和协同治理的方式。上一级地方教委对下一级地方教委行使行政管理职权，地方教委间为隶属关系，保证从上至下的体育工作有序进行；政府对综合性地域俱乐部和少年团等社会组织给予业务指导和行使规划管理职能；以文部科学省为主的政府系统与以日本体育协会为首的社会组织采取协同治理机制，政府管理，社会执行，二者地位平等、各司其职。第三，在协同治理机制上，社会组织和政府部门二者以“全人教育”为共识，以《体育基本法》为制度设计，以审议会为共同决策机制，推进政务决策民主科学化，以人员互通为人事合作条件，政府负责顶层设计与宏观管理，社会组织负责微观运营，由此构成政府和社会协同治理的动机基础。政府与社会在体育工作上构建完整的协同治理机制，各司其职并相互合作完成体育教育工作。

（三）系列国家政策落实为学校竞技体育发展提供支撑

学校是竞技体育发展的主要载体和推动者，日本中小学体育发展是以学校体育为基础，由文部科学省负责全面推进，日本体育政策制定推动力是以学校为基础的。21 世纪，日本出台了支持学校体育发展的一系列国家层面的指导性政策，对于进一步促进学校体育开展具有很强的推进效果。2000 年制定的《体育振兴基本计划》中提出学校体育发展要为提高国际竞技水平，促进学校与体育团体之间的互相协调服务，体育与教育要结合并进。2010 年发布的《体育立国战略》强调了青少年参与体育活动的重要性，提出必须充实学校体育和学校

"运动部"活动，为竞技体育和大众体育夯实基础，凸显了学校体育对竞技体育的发展作用。2011 年颁布的《体育基本法》又针对学校"运动部"的一些现状问题，提出了改革发展的方向。2017 年实施的第二阶段《体育基本计划》明确指出学校"运动部"活动具有很高的教育意义，是学校教育的一部分。日本学校体育的发展正是基于日本国家和政府层面的高度重视，辅以国家和政府层面的系列政策，广大学校、教师和中小学生都以饱满的热情，积极参与到学校"运动部"开展体育训练，营造出学校从上到下浓厚的竞技体育氛围，凸显出体育教育的强大教育功能，这些为日本的体教融合奠定了很好的外围基础。

（四）体系健全的体育保险政策

日本有体系健全的体育保险政策，从国家层面和地方政府层面出台的体育保险政策一直在不断的完善和更新中。从国家层面出台的学校体育系列保险保障从 1959 年发展至今分别有《日本学校安全会法》《学校灾害互助保险》《学校灾害互助保险》，从国家政策法规的层面对日本的"运动部"、体育课、运动会等学校日常体育活动中发生的人身伤害、运动伤害做出了明确的补偿说明；从地方政府层面出台的保险制度《学校管理者赔偿责任保险》《学校灾害赔偿、补偿保险》补充说明的无理由赔偿，降低了因学校安全事故而发生的冲突事件。这些国家层面和地方政府层面的体育保险政策经过多年体育工作实践检验、法律条文补充更新，逐步完善、深度细化，成为日本学校体育伤害事故补偿的重要保险政策，为学生的运动训练、学校体育活动提供了强有力的保险保障，为日本学校体育的安全发展保驾护航。得益于完善的体育保险政策，日本的学校体育活动开展得比较大胆、内容和形式比较丰富多样，同时，很少出现学生与学校因为体育活动过程中的人身伤害而发生冲突或打官司的现象，学校各类体育活动组织能够比较顺利地开展，外界阻力明显减少。

（五）良好的体育文化社会价值导向

日本家庭重视对孩子的体育教育，他们认为体育训练能够强身健体的同时，对孩子的性格塑造、奋斗目标确立、交流合作、看待得失都有积极的教育意义。在日本，拥有一个喜欢体育、有体育特长的孩子会被家长视作荣耀，在各个类型各个级别的体育比赛现场，随处可见为孩子现场加油助威的家长后援团，全家庭的参与和支持也是孩子持续参与体育运动的强大动力和精神支持。

与家庭教育、学校教育相得益彰，还有日本社会大众对学生运动员的认可度也很高，日本的企业、单位、公司等用人单位对在学校“运动部”经历的毕业生格外青睐和认可。日本学校教育与体育教育的融合推进，“运动部”倡导培养学生的运动技能、生活交际、礼仪教养及综合素养，经过“运动部”体育训练培养的学生还具有一些体育人格特性：顽强的拼搏精神、敏锐的反应能力、良好的沟通能力、灵活的变通能力、稳定的心理素质、向上的精神风貌等特质，以及拥有这些体育人格特性的学生运动员能够表现出一定的领导、组织、协调能力，这些都是用人单位和职业发展所看重的一些品质。所以，在一定程度上，日本企事业单位会优先聘用有学校“运动部”经历的学生运动员。

（六）以学校为依托的U系列后备人才培养体系

在竞技后备人才培养过程中，日本依旧以学校为依托，坚持体育后备人才的培养从学校中选拔而来，回到学校中训练和学习，在小学、中学的学校大范围内选拔运动员，通过学校的学训梯队建设体系、层层衔接的系列赛事、各类选拔和集训、国家队的U系列等形式重点培养优秀后备运动员。

日本的乒乓球后备人才培养体系是以U系列国家队中小学人才梯队建设构成“金字塔”底端，以U系列国家队构成“金字塔”顶端（见图3-1）。

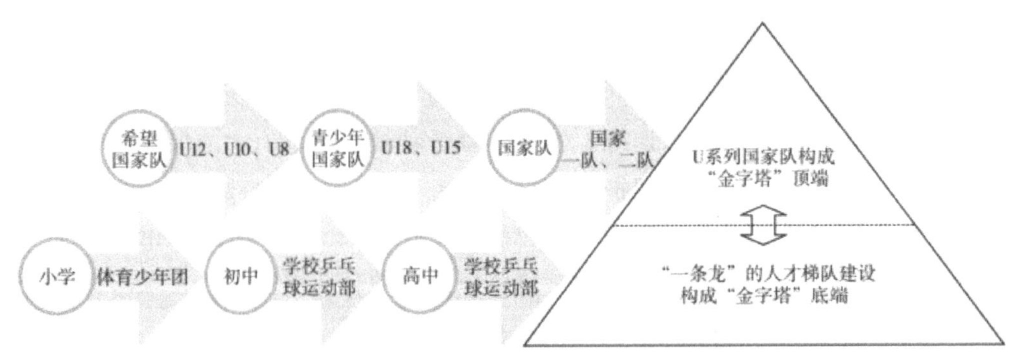

图3-1　U系列后备体育人才培养体系

日本乒乓球后备人才的培养以学校为基础，形成了小学—初中—高中的“一条龙”梯队建设，小学阶段主要依托学校所属社区成立的体育少年团，初中与高中则有链接密切的一贯制学校，继续在体育运动深造的学生运动员可以选择一贯制学校的乒乓球“运动部”进行训练。日本乒乓球协会自2008年开始组建了U系列国家队，从体育少年团、学校乒乓球运动部选拔的优秀运动员根据年龄分队，组建国家队的假期集训队，定期在国家训练中心开展短期训练，短期集训后继续回归学校训练和学习，通过这种方式选拔、培养各年龄段有潜质的精英球员，并构成U系列“金字塔”的顶端。

三、欧洲国家经验

2012年，欧盟颁布了《EU Guidelines on Dual Careers of Ath-letes》(《欧盟体教融合指导纲要》，以下简称《指导纲要》)，对竞技体育后备人才培养形成了系统的指导。《指导纲要》偏向于欧盟体教融合的发展模式，从《指导纲要》文本分析的视角，阐释欧盟竞技体育后备人才培养的理念。

（一）欧盟体教融合的发展背景

20世纪90年代，欧洲提出combination of sports and education，突出体育与教育相结合的竞技体育后备人才培养模式。从整体含义和本质来看，combination of sports and education的含义可以理解为“体教结合”。2007年《欧盟体育白皮书》提出“dual career”，“dual career”是为了解决高水平运动员的运动生涯与知识教育、职业发展之间的矛盾关系所产生的。“dual career”是对体教结合（ combination of sports and education）理念的进一步深入，意图进一步推动欧盟竞技体育后备人才培养，由此欧洲学术界展开了一系列关于“dual career”的研究和论述。2012年，欧盟颁布了《指导纲要》，正式以“dual career”为核心词，从政策支持、欧盟行为和传播监测与评价3个方面呼吁欧洲各国加强“dual career”模式，来解决高水平运动员的训练、教育和就业问题。

欧盟体教融合（Dual Career）发展至今已30余年，大致划分为三个阶段：初期阶段，即1990年至2000年；中期阶段，即2001年至2010年；发展阶段，即2011年至今。主要涵盖了三个方面的内容：第一，欧盟体教融合的政策针对职业运动员、业余运动会和广泛人群。第二，欧盟体教融合比较系统性，包含了运动员的每个阶段。第三，欧盟体教融合主要解决运动员成长中的“学业”与“竞技训练”之间的矛盾，回应了运动员培养过程中的复杂性。

欧盟体教融合关注运动员“体”与“教”的同步发展，重点解决运动员的“学训矛盾”，以及更为长远的“就业与竞技矛盾”，为运动员发展的不同阶段提供相应政策帮助，使运动员的“体”与“教”能够真正融合。梳理其发展历程可以发现，欧盟体教融合发展逻辑是由相关政策驱动，引导并推动相关措施的实施与开展，体教融合发展历程中的重要节点也均与政策出台相关。

（二）《欧盟体教融合指导纲要》的政策释义

1. 建立奖励机制，推进国家部门协同

体教融合的推进，涉及很多部门之间的工作协调。欧盟《指导纲要》针对跨部门协同工作有具体的规范指导。明晰体教融合政策施行建立国家层面跨部门的合作协同机制；明确体育、教育、卫生、财政、非政府组织、商业组织以及各类社会组织等应配合体教融合政策需求提供适当的支持和保障；明确运动员的特殊人才身份，并在教育系统、职业市场中予以政府和社会认可。同时提出各国政府需要根据本国特殊的国情制定相应的奖励机制推进体教融合政策。

2. 体育相关部门主体推进、层面实施，保障学生运动员的诉求

体育责任主体部门，从体育组织、体育高校和高水平训练机构、教练和其他保障团队等 5 个方面，规范保障体教融合的实行。在体育组织层面，通过协同多种多样的体育组织机构，包括奥委会、体育联合会、项目协会和各类职业或业余俱乐部，将体教融合的政策、人员保障纳入其组织的各类体育活动中来，同时确立运动员的选拔机制和对话决策机制。在体育高校和高水平训练机构层面，通过对场馆设施、医疗保障、安全服务、融合制度等进行制度制定，保证体育高效和高水平训练机构的积极参与体教融合过程。在教练及其他保障团队层面，要求教练及从业人员熟悉体教融合理念的专业知识，将体教融合概念纳入教育方案、培养方案中。

3. 给予教育政策倾斜，优化学生生涯体系

从学校教育、高等教育、职业教育培训和网络学习等方面，给出了体教融合的相关建议。要求体育部门与教育部门、职业教育和培训机构可以从课程的灵活性、电子教学、教学辅导、体育硬件设施保障和支持等多个具体方面对体教融合提供保障；要求教育部门设立早期专业化学习机会，加强青少年运动员综合素质发展；教育部门与体育部门应共同推进体育高校和职业培训学校之间的合作，通过积极有效的政策保障体教融合政策构建；积极构建高校制定和实施运动员体教融合实践途径，重点从课程设计、硬件设施保障以及奖学金等多个方面展开；要求教育部门应联合公共部门共同推进运动员完成不同层次职业教师资格认定，以期为将来的职业生涯提前准备。

4. 规范健康医疗体系，保障体教融合政策执行

从健康医疗政策制定中，全力保障和实现体教融合模式中运动员的健康保护。体育组织、医疗机构和运动医疗保险行业以运动员的健康为首要目标，从损伤预防、营养和康复等领域为运动员制订健康心理咨询、预防和教育方案；建立健全快速就医的渠道和方法，保障运动员的医疗诊断与治疗；公共卫生部门应不断修缮体育运动员有关医疗保险的条款，合理合法为运动提供全方位的保险保障。

5. 设立专项奖励方案，推动体教融合

《指导纲要》从奖学金、公共财政和社会养老保障3个方面进行了制度规范，设立体教融合奖学金方案，针对运动员设立包含整个生涯连贯的财政支持体系。

建立全球性合作，制定体教融合课程体系：建立不同同盟国之间与联合国成员国之间的合作，共同探讨体教融合模式下学生运动员的学习与训练的课程体系、培养方案。整合多国资源和优劣势互补，实现跨地区、跨国家形式的课程资源共享，开放各国的训练基地和教育组织，满足不同国家学生运动员的训练和学习需求。

建立欧盟模式标准，加强质量监控：在质量标准监控方面，为运动员职业服务和政策制定提供国家质量标准，呼吁欧盟各国参与到运动员职业服务和设施质量框架的制定中来。推行具有可操作性的国家标准和框架，使欧盟成员国以此作为模版进行设计、操作，真正推行欧盟模式，同时也为接下来的质量监控提供可操作途径。

完善体教融合理念的传播，提升公众传播意识：通过媒体传播的方式，加大公共周边的体教融合意识传播，支持将体教融合理念纳入国家体育委员会和运动员委员会。通过各类体育组织、体育活动、体育比赛、体育训练向运动员、教练员和辅助人员传播体教融合理念。构建体教融合支持体系，呼吁欧盟委员会建立系统的体教融合支持网络体系，将代表体育组织、教育部门、服务保障机构、国家政府、运动员、教练员和企业等相关利益方组织起来，传播和执行《指导纲要》。

建立体教融合监测和评价制度，加强政策落实监管：通过体育联合会、奥委会、体育组织、俱乐部、私营企业、教育部门、体育高校和训练基地等体育、教育、运动员、企业组织建立体教融合监测制度。建立监测欧洲和国家层面各相关因素的指标体系，关注国际层面体教融合方案研究。特别是运动员生涯过

渡、青少年运动员过早专业化训练、欧盟成员国支助以及欧洲运动员退役就业保障等几个方面。

四、澳大利亚经验

澳大利亚是一个大众体育、竞技体育均衡发展的体育强国。澳大利亚约2400万人口，大众体育参与人数能达到70%左右，奥运会的奖牌榜上名列前茅。国内体育设施相当完备，拥有1500多个高尔夫球场，锦标赛等级的高尔夫球场众多；澳大利亚的网球运动、板球队、澳式足球等项目开展得十分普及，并且竞技水平很高。作为一个体育强国，澳大利亚的运动员培养方式，对我们优秀运动员的培养、大众体育的发展、竞技体育的提高有许多值得借鉴的地方。

与我国体教融合、教体结合等理念相对等的澳大利亚运动员培养体制，主要是澳大利亚本土的ACE计划。澳大利亚通过“双重职业”发展理念的不断演化发展，1990年制订了运动员职业教育计划（The Athlete Career Education Program，简称“ACE计划”）。ACE计划针对运动员的体育竞技成绩、训练与学习的教育均衡、职业与就业的衔接等问题而推进实施，能很好地保障运动员的基本权益。澳大利亚ACE计划的成功实施，以及取得的实效，作为国际典范被新西兰、英国等国家借鉴和推广。

（一）建立长效的评价反馈机制

澳大利亚ACE计划的实效得益于澳大利亚体育协会建立了ACE的反馈体系，定期评估和反馈ACE计划推进中的服务质量，其评价反馈主要从三个方面进行：对运动员个体的持续发展轨迹动态跟踪、对运动员的文化教育进行质量评估、对运动员退役转型就业的支持。首先，对运动员不同发展阶段进行动态监测，及时获得运动员的反馈信息，并提出与运动员个体相适应的发展规划建议；其次，通过文化教育课程质量评估，平衡监测和促进运动员训练与教育的均衡发展，便于优化课程体系，完善ACE计划的实施；最后，通过提供转型支持，完成运动员退役与新职业的对接，跟踪运动员退役后的就业状况。ACE计划中的定期评价反馈机制，能够积极主动地与运动员建立接触和联系，通过多种形式为运动员提供服务，提高了运动员单个个体的服务质量和数量。同时，运动员的就业服务情况又可以反馈完善ACE计划的服务内容、提升服务质量。

（二）树立“全面发展”理念，均衡训练与教育

“全面发展”理念主张和强调精英运动员在高水平运动训练时，必须兼顾学习或工作，以确保运动员退役后能顺利过渡到职业发展。为保障运动员平等的教育权益和专业运动，澳大利亚以运动员个人需求和综合评估为基础，通过地方培训中心为运动员提供个性化、多学科的培训教育服务等高质量培训，为运动员提供灵活便捷、内容广泛的培训服务，帮助运动员平衡运动训练与学习教育、工作规划，实现体育与社会、教育和工作的有效结合。

（三）个性化、多层次的职业教育体系

ACE计划充分考虑了运动员的职业生涯后期发展，对运动员从经济情况、受教育情况、个人与职业发展需求等方面进行了深度评估，根据运动员的自身优势、职业发展定位、职业发展方向以及运动员年度面试，ACE计划的职业顾问能更好地为运动员的职业发展提供科学的建议和指导。ACE课程的系列个人服务项目、团体项目课程可以为运动员提供个人职业发展、职业教育等相关教育支持，其中最常用的服务项目主要有：职业辅导与规划、时间管理、营养烹饪、学习规划、目标设定和寻找工作等。实践中发现，完成全年ACE课程的运动员对自我学习、训练和职业规划有比较清晰的认识，在运动训练和比赛成绩上有比较理想的成绩，运动生涯的幸福感指数有所提升。

第二节　国内体教融合发展的典型案例

近年来，我国各省市摸索出了一条“体教结合”的新道路，创新了竞技体育后备人才的培养模式，并取得了一定的成绩。

一、浙江经验

（一）推动体育教育回归学校教育的性质转变

目前，浙江省所有市（区、县）的少年儿童体校在传统意义上还依旧保留着，但实际的职能却已发生了较大变化。经过一系列体教融合相关政策的推进，少数的少年儿童体校还在独立办学，但绝大部分的少年儿童体校已基本分解，

很多少年儿童体校把原有的一些项目有选择地分散到条件较好的普通中小学，少儿运动员的学习和训练由教育部门主管，体育行政部门协管。这种办学性质的转变基本符合1999年国家体育总局、国家教育部颁布的《少年儿童体育学校管理办法》的基本思路，实际就是“教体结合”的道路，适合时代发展的需要。

浙江省培养高素质后备人才的学校分布在全省各地（市），少年儿童体校回归到传统学校的过程中，体校挂靠在当地的重点中学，招生范围为本地区，个别学校可以全国招生。少年运动员学生的招生考试以素质考试为主，专项测试为辅，教学形式为合班上课。通过这个体教融合的过程，能把比较有潜力的苗子集中到普通中学学习训练，改变了体育苗子从一开始就进体校学习、训练的习惯，同时家长愿意把孩子送到重点中学读书，较好地解决了家长不肯让有潜力的苗子进行集中系统的体育训练的问题。这样较好地初步构建了“教体结合”培养高水平竞技后备人才的培养体系，为后备人才培养的可持续发展开拓了一条新路。

（二）实现教育和体育行政部门的合力作用，资源共享、风险互担

浙江省少年儿童竞技体育后备人才的培养框架按照“教体结合”的有关原则，在体校与学校办学结构的变革中，两部门做到了资源共享、风险互担，教育和体育行政部门共同积极推进协同合作的过程。

浙江省省级传统项目设有10大项，田径开设的学校最多，共29所，占所有学校的28.1%；艺术体操最少，只有1所，占所有学校的1%；篮球为17所，占16.5%。从省级传统项目学校在中小学分布情况来看，在中小学的分布中高中有22所学校，占全部省级传统项目学校的23.2%，初中14所，占10.5%，小学63所，占66.3%。浙江省省级传统项目学校，项目设置在逐步增加，如浙江省的水上运动、射击、举重及一些重竞技项目等，水平在全国有一定的优势，都在逐步增设省级传统项目学校。有关资料显示，浙江省各市（区、县）业训学校都在2所以上，有的超过10所。项目较广泛，如游泳、田径、羽毛球、射击、乒乓球、跆拳道、举重、技蹦、水上项目、沙滩排球、足球、排球、围棋、武术、篮球等。

体育场地和设施是学校开展体育教学活动的要素，是开展课外活动、体育竞赛和运动训练的重要场所。浙江省省级传统项目学校在专项训练设施上达到了较好的条件。如田径项目学校绝大多数有200米以上的塑胶跑道，游

泳项目学校都具备了游泳池，羽毛球、乒乓球、篮球、排球、围棋项目都有室内场（馆）。

另外，从人才输送和竞技体育成绩的数据来看，目前浙江省体教融合过程中，教育和体育行政部门的共同合作成效不错。以浙江省的网球项目为例，从浙江省省运会的近几届网球比赛来看，宁波省运会网球金牌数目最多，杭州和温州次之，宁波的竞技体育成绩最为突出。从为浙江省省队输送人才情况来看，湖州共输送了10人，杭州次之。从为高校人才输送来看，台州、宁波和杭州分列前三，台州万祥网球学校最为突出。浙江省青少年网球人才培养由于各地市资源配置不同，培养目标具有一定的地域性差异，但各具特色，能充分考虑当地资源配置实际情况，实现优势发挥。综合来看，湖州市专业人才输送成绩突出；宁波市体教结合培养模式不但取得了优异的运动成绩，同样也培养出不少学生考上大学；杭州市、温州市在三项中都取得了一定成绩，台州市依靠台州万祥网球学校输送大学人才最多。因此，整体来看，宁波、湖州、杭州、温州四地体教融合推进有一定成效，值得浙江省及其他各地学习和借鉴。

（三）明确体教融合中体育教育工作者的奖励机制和责任承担

在体教融合的推进过程中，浙江省为落实体教融合的实际成效，各地都制定和实施了各种奖励措施。奖励措施主要围绕体育人才的培养和输送、体育竞技成绩的取得、体育与教育融合推进的成效等方面展开。比如，会根据项目的特点、比赛的等级等确定集训时间和赛前集训补贴；会根据不同项目、不同级别，制定奖励政策，奖励包括个人项目、接力、单项团体比赛、集体项目比赛和破纪录奖等，运动员、带赛教练员和带训教练员的奖额比例为100%、10%和100%；设置体育人才输送奖，对输送到市运动学校、省队、国家队的运动员的教练进行不同等级的奖励；将体育比赛成绩与学校考核直接挂钩，逐步加大教育部门对体育工作的重视程度。

在体教融合的实施过程中，浙江省省级传统项目学校每4年考核一次，逐步建立并完善了项目学校的考核责任机制。考核的内容主要包括：学校的体教融合推进进度、贯彻落实《学校体育工作条例》情况、体育教学常规工作、项目训练开展、竞赛成绩和人才输送等方面。具体考核落实主要从以下方面开展：有没有将体育工作列入学校目标管理，教练员配备数目，教学训练的器材经费投入；贯彻落实《学校体育工作条例》情况，两课两操两活动的开展，教练员的业余学习、培训及待遇情况；传统项目的相关班队、校队的梯队建设，《达标》是否列入班主任、体育教师考核内容；日常的项目训练是否有学年计划、学期计划、教练员训练计划；在各级比赛中是否取得优异成绩，向上级运动队输送优秀苗子的人数等。

（四）创新体教融合的多模式实践

在体育与教育结合的大背景下，体育教育逐步回归合并到学校教育的实践过程中，浙江省根据各地市的实际情况推进体教融合的实践模式。主要有结合体校模式、体育传统学校模式、青少年体育俱乐部模式、3＋2 教学体制模式。

结合体校模式。目前，浙江省现有省本级体育运动学校 1 所，市级体育运动学校 5 所，各级各类青少年业余体校 130 所。在 40 所相对业余训练情况比较稳定的体育运动学校中，有国家高水平体育后备人才基地 11 所，浙江省高水平体育后备人才基地 9 所。体校的职责和功能在逐步淡化，大多数业余体校已实行体教结合，分散布点在各地普通中小学，只在课余由体育部门专职教练员实行集中训练和指导，这类业余体校共有 51 所，还有民办体校 33 所。

体育传统学校是体教融合的进一步演进，是结合体校模式的补充，在体育后备人才培养、群众体育普及、学生体育技能培养等方面有着重要作用。目前浙江省共有省级体育传统学校 93 所、市级 362 所、县区级 511 所，全省三级体育传统学校总计 966 所。

借鉴许多国家发展体育运动普遍采用的组织形式。近六年来，浙江省青少年体育俱乐部发展较快，全省已有青少年体育俱乐部 96 个。青少年体育俱乐部在组织青少年参加体育活动、提高青少年体育活动参与率、丰富青少年学生课业体育生活、培养体育后备人才、推进体育社会化、推进体教融合等方面起着积极作用。

为实现体教融合过程中学校办学性质和功能融合的逐步转变，浙江省有 4 所市级体校已实行了 3＋2 教学体制（3 年中专＋2 年大专）。杭州市的陈经纶体育学校和杭州师范大学、绍兴市体育运动学校和绍兴文理学院、温州体育运动学校和温州师范学院的“体教结合”的模式是学生上课、关系在体校，日常管理由体校负责，各联办学院提供师资力量，毕业时授予各相应学校的大专文凭。宁波体育运动学校和宁波教育学院的模式是师资文凭、就业由宁波教育学院承担，学生的关系也转到宁波教育学院，体校只提供教室和承担日常管理工作。金华市体育运动学校已被金华教育学院合并，暂保留运动学校牌子，今后实行从九年制义务教育到中专、大专的系统学历教育，主管教育局、体育局配合业务指导。有关体校办学、训练经费和原有教练员归属教育部门。而衢州、台州等市的业余体育学校，许多都已放在中学去承办，办校费用由教育部门负担，体育部门只进行业务指导。

二、北京经验

新时代体教融合理念为高水平运动队的建设和发展提出了新要求。以清华大学高水平运动队所形成的“清华模式”是北京体教融合的卓越典型，坚定实施体教融合的价值理念，坚持践行体教融合的发展方向，探索发展体教融合的战略布局。“清华模式”的演变进程、发展思路、理论指导以及问题表现，系列阐述了新时代清华大学在高水平运动队建设各方面的探索历程。新时代“清华模式”将会全面与体育系统进行合作，培养竞技体育后备人才，深化持续推进北京的体教融合。

（一）重视体育文化建设的优良传统

体教融合“清华模式”的形成与清华大学重视学校体育的发展密不可分。清华大学自建校以来始终将体育教育作为清华教育的重要部分，强调体育教育的育人价值。

从清华大学建校之初，我们就能看到“清华模式”的萌芽和发展。

清华大学建校之初，师资匮乏，没有开设体育课程，在美籍体育教师舒梅科大力主导下，学校成立了既有中国传统体育项目，也有西式竞技运动的学生体育组织，如田径、足球、棒球、篮球、射箭、技击等项目的学生体育组织；清华大学注重校际竞赛，1930 年成立“北平五大学”竞技组织，鼓励在校学生积极开展各类体育比赛，提倡校际竞技的同时，要求运动员遵守体育精神，注重人格培养，此时的清华体育也可以理解为是我国体教融合的早期雏形；蒋南翔时期，提出在学校体育普及的基础上，针对性地发展代表队的指导思想；随着清华体育的不断发展，1954 年，清华大学正式成立了篮球、田径、足球、排球、冰球、垒球等代表队，在首都高校的各项竞技比赛中开始展现超强实力；再到目前，清华大学的体教融合已培养出国家级学生运动员，“追求卓越”的竞技体育思想，鼓励着清华运动员和一代又一代莘莘学子，成为清华校园文化的重要内容。

“清华模式”实际是马约翰时代和蒋南翔时期清华竞技体育传统的一种现代化延续。历经20余年探索，清华大学逐步完善了学生运动员招生与管理、训练与学习等体系建设。通过纵向清华附小—清华附中—清华大学的教育资源整合，形成整体从下往上的教育体系，很好地保证了学生的文化教育。同时通过横向建立和加强与体育系统的合作，获得体育方面的政策支持，通过纵向和横向结合并行的方式，将教育资源与体育资源很好地整合起来，达到一定程度的学训平衡，打破教育与体育分离发展的局面。可以说，“清华模式”是特定历史条件中形成的现代体教融合的成功典范。

（二）培养目标明确，自我定位清晰

清华大学明确了高水平运动员的基本要求，运动员必须在校、在读、在训，学生运动员的身份首先是学生，然后才是运动员，清华将自己培养高水平运动员的体教融合理念坚决贯彻到底。在学生运动员的学校管理和教育中，以学生运动员的文化学习、运动训练、思想品质的提升为主线，确保学生运动员能够系统、完整地接受小学、中学、大学乃至研究生的教育，最终使他们成长为对国家、对社会有用的建设人才。

清华大学有43支高水平体育代表队，分为A、B、C三类，学校根据发展规划和现有条件，对不同运动项目代表队的定位有所不同。其中A类为高水平运动队，定位是部分队员代表中国参加奥运会、世界杯、世锦赛和世界大学生运动会等比赛，并获得奖牌；B类高水平运动队定位是代表国内不同省市参加全国比赛，甚至代表国家参加世界比赛，并获得奖牌；C类高水平运动队定位是夺得国内各类大学生比赛，并获得名次。

（三）清华大学体教融合的实践举措

1. 严格遴选运动员，保证生源质量

清华大学高水平运动员来源于两个部分，大部分是有体育特长的高中应届毕业生，很少一部分来自专业队。所有报考清华大学体育特长生都必须满足以下条件：（1）获得国家二级运动员或以上证书，高中阶段在省级或以上比赛中获集体项目前6名的主力队员，个人项目前3名；（2）参加清华大学组织的体育冬令营测试，被认定后，其高考分数达到当地同类科目第二批次最低控制线的65%予以录取，符合教育部关于高水平运动员保送条件的，予以保送。

2. 采用灵活方便的形式开展高水平教练员工作

清华大学采用多种形式相结合的方法，广泛吸收招纳国内高水平教练员。同时，通过各种措施，争取一定程度的内部调控。比如，通过内部挖潜，聘任具有教练潜质、有特长、专业技术强的体育教师担任运动队的教练，提高资源利用；有目的地引进实践经验丰富、训练理论科学的高水平教练员，作为教练队伍的中坚力量；采用外聘的方式吸收学校编制限制不能引进的高水平教练员，作为教练队伍的提高和补充；合同制聘请执教经验丰富和知名度较高的教练，用以吸引高水平学生运动员的报考，提高可录取运动员的整体水平。

3. 严格的高水平运动员文化学习和运动训练管理体系

清华大学努力践行体教融合培养高素质、高水平学生运动员这一目标，确立"育人至上，体魄与人格并重"的培养理念。对高水平运动员的文化课学习和运动训练有严格要求，坚持脑体平衡、追求卓越。高水平学生运动员统一在经管学院工商管理专业学习，在校的学习和训练由学校教务处、体育部和经管学院联合管理。毕业条件要求修满 180 学分才能毕业，5 学制可根据实际情况延长至 7 年毕业。日常的学习安排主要由经管学院负责，运动训练主要由体育部负责。

（四）积极寻求国家支持和地方体育主管部门的协作

主动寻求国家或地方体育主管部门给予的特殊政策，积极建立与国家教育主管部门、国家体育总局和省市体育局的联系。与不同省市体育局签订协议，同意各省市的高水平学生运动员注册代表各省市参加国内各种高水平的系列比赛，联合各省市体育局，拓宽清华高水平运动队建设的财政来源，使学生运动员有机会走向国内、乃至国际高水平赛场。

三、广东经验

在"体教结合"30 多年的探索历程中，广东积极实践和尝试，基本构建了体教融合后备人才的框架体系，并具有一定规模。

（一）培养机制上形成不同的培养模式

在实现体教融合的过程中，广东通过不同途径和方法的尝试，形成了几种不同的学生运动员培养模式：社会俱乐部模式、训练基地模式、体校联合模式、学校传统项目模式。通过不同社会资源的合理利用与政府不同程度的参与扶持，从各个方面渗透体教融合。通过不同模式的优劣势互补，多方面地实现竞技体育后备人才的输送渠道通畅。

训练基地模式是竞技体育后备人才的主要来源，是以体育系统为主体作用凸显的模式。以广东省的地域、区位优势为基础，全面布局，建立“大而全”“点多面广”的奥运后备人才配置模式。

学校传统项目模式是以教育系统为主体作用凸显的学校培养模式。通过整体分析和布局，建立体育传统项目的学校网点，建立国家级传统项目学校、省级传统项目学校、市级传统项目学校、县级传统项目学校，并以此建立大中小一体联系的畅通升学机制。目前，体育传统项目学校3000多所，参加课余训练的学生10万多人，与全国各省、市相比，名列前茅，为广东省竞技体育的发展输出了许多优秀人才。

体校联合模式是广东省教育厅和体育局合力共建广州体育职业技术学院、广东体育职业技术学院，这两所体育与教育部门联合创办的特色学校是“体教结合”的典范，可以实现学校化的渠道培养体育人才。

社会俱乐部模式是由学校和社会共建某些单项项目俱乐部的培养模式。其中群众基础比较好，社会普及率比较高的项目俱乐部发展得比较好。广东省全省的各市、县都有国家级青少年俱乐部，其中广州、佛山最多，发展势头良好，规模不断壮大。

（二）竞赛产业化、商业化初步发展，为体教融合提供了财政来源

目前，广东对体育竞赛项目分为三类管理：奥运会常设项目，但群众参与面不大的一些项目，如田径、举重等项目，政府给予一定支持；群众开展比较好、技术水平较高的一些项目，如乒乓球、羽毛球等项目，政府给予一定支持的同时兼顾市场主导相结合；市场消费潜力大、比较普及的、受群众欢迎的一些项目，如足球、篮球等项目，实行市场化操作的俱乐部管理。通过多种形式的管理、部分形式的权利全面下放，结合市场运作的基本规律，成功操作体育赛事的商业化发展，在一定程度上，可以争取体教融合更多的财政来源。

（三）改革体育竞赛体制，衔接体教融合

2002年广东省省运会结束后，广东对本省的体育竞赛制度进行了改革，将广东省奥运会、全运会重点项目作为工作重点，大力培养重点项目后备人才；在参加对象上提出以青少年为主要参赛对象，仅设少年组，其他组别的比赛视需要而定；在参赛年龄档次上，重视项目年龄水平的衔接和梯队建设，提出参

赛年龄与全运会挂钩。广东这一体育竞赛体制的改革，对广东体教融合政策下，学生运动员的竞技水平提升和输送渠道保持通畅，提供了很好的便利条件。

四、上海经验

上海作为国际性大都市，是我国社会经济与教育最为发达的城市之一，伴随着体育的市场化进程，经过市场经济的环境刺激，上海的校园体育基地不断兴起和壮大，原有的三级基层体育训练和人才培养网络正在逐渐发生改变，这些改革发展为上海竞技体育人才储备和培养提供了新摇篮。1999 年，上海在全国率先提出并实施了以体教结合的模式来培养竞技体育后备人才，并把体教结合作为实现上海竞技体育可持续发展的重要战略任务来抓。至此，上海的体教结合改革走在全国前列，改革发展的成效也位列前茅。

（一）高校传统优势高水平运动队的完善建设

在体教融合的高校操作层面，上海是最早进行尝试并开展的较为深入的城市。上海高校试办高水平运动队，有自身的特点和优势，并产生了一定的社会效应。比如，上海有刘翔的硕博连读的效应，还有华东理工大学的“乒超旋风”。各个高校定位准确、系统完善、目标精准。上海交通大学以世界大运会计划为目标、复旦大学以排球运动丰富校园体育文化、华东理工大学建立了乒乓球俱乐部、上海大学采用排球队完全学分制管理、金融学院大力宣扬体育亮剑进取精神、财经大学建有棋类国家级训练基地、东华大学梯队建设足球队、海事大学塑造“海事品牌”，各个高校各有特点、各有定位。2005 年交通大学游泳队和女子篮球队、复旦大学女子排球队以及东华大学男子足球队等均有优秀运动员被选拔进中国大学生队，参加在土耳其举行的世界大学生运动会。上海高校完善的高校传统优势、高水平运动队的建设值得我们借鉴和学习。

从上海高校传统优势项目的建设情况来看，目前上海市大学试办一线运动队的数目可观，并且每个学校都有自身的特色和优势。如同济大学的足球、上海大学的男排、复旦大学的女排、上海交通大学的篮球和游泳、华东师范大学的田径、华东理工大学的乒乓球等，不仅成为上海各高校的品牌项目，形成品牌效应，并为上海市输送和培养了一大批优秀人才。

从上海高校承办运动队的输送成绩来看，上海高校累计向国家队输送运动员百余人，向市一线运动队输送运动员几百人。在国内赛事中也取得好成绩，比如由11所高校202名运动员组成的上海代表团，夺得第七届全国大学生运动会金牌总数第一、团体总分第二的历史最好成绩。

（二）成立上海市体教结合联合办公室，全面落实主体工作

2004年，上海市创新了“体教结合”的领导体制，为落实体教融合主体工作，突破相关部门职能的界限划分，上海市将涉及体教结合工作的市教委体教卫艺处、市体育局的人事处、学生处、基教处、教育考试院、青少年竞赛管理中心、科教处等相关部门组织起来，成立了上海市“体教结合联合办公室”，并建立体教结合联席会议制度，各区县也相应成立了“体教结合领导小组”。通过上海的体教融合实践工作证明，上海市的体教结合联席会议制度便于各部门共同商讨和解决运动员招生、培养、训练及项目布局等工作中出现的一系列问题。

（三）完善的体教结合训练网络

上海形成了一个启蒙阶段的小学俱乐部学校分布广、提高阶段的中学优势项目相对集中、高级训练阶段的大学项目品牌重点保护的，适合上海发展的体教结合训练网络。通过建设体教融合训练网络，目前，上海市共有十余所大学试办一线运动队，三十多所中学办二线运动队（其中国家级特色学校5所）。其中，全市15个区县共持有11个全市奥运重点项目，市级体育传统项目学校63所，各区县级传统和特色学校233所，青少年体育俱乐部93个。体教结合运动员的人数稳步增加，占比全市中小学学生总人数的比例稳步提升。大、中、小学承办运动队单位将进一步拓展，逐步形成大中小学为1∶2∶3，且年龄层次衔接合理、办训规模相对稳定的梯队网络。

几年来，上海各个区县和高校建立了紧密的体教融合联系，能结合自身特点、学校发展、社会需求，形成自己的体教融合实践可行之路。

例如普陀区建设人才网络培养体系，丰富了人才培养的机制；浦东新区主张面向全体，办出特色和浦东亮点；卢湾区强调集中优势资源打造精品，重点发展、重点培养；长宁区采用训练竞赛面向社区，扩大社会影响力；宝山区采用同洲模范中学模式，抓典型立典范；黄浦区区长主抓体制渗透工程，将工作落到实处；徐汇区将基地建在学校，扎实做好基层教学与训练；闸北区组建强强联手输送人才，向上保障人才输送渠道通畅；等等。各个区县各有特色，又能相互整合发展。

（四）构建体教融合式人才培养工作体系

上海体教融合式人才培养工作体系主要包括三个方面：组织领导机制、统筹协调机制、具体工作机制。上海市体教融合组织领导机制的领导小组由市委、市政府领导和相关部门主要负责人组成，把体教结合提升为市委、市政府的一项重要工作来抓，加强了对体教结合工作的组织领导。统筹协调机制主要是工作领导小组定期召开会议，研究具体情况，协调解决实施过程中存在的问题，研究把握体教融合的发展方向。具体工作机制主要是建立健全组织领导机制、经费投入机制、教育援体机制、教师培训机制、开门办训机制、双跟联动机制、竞赛激励机制、督导述职机制等一系列具体实践过程中的相关政策要求。市县区的组织领导机制、统筹协调机制和具体工作机制，为体教融合的顺利推进提供了组织保障。

第三节　对云南体教融合发展的启示

一、贯彻国家政策法规，保证云南体教融合的顶层目标导向

云南的教育系统和体育系统必须打破长期以来体教思想分离的状态，必须转变体教分离的观念，彻底剖析和否定“体育只是教育领域当中的一种手段”，实质认识和推行“教体不分家”、“以生为本”，将体育教育的教育功能通过育人教育拓展开来，引导社会大众科学的体育价值观，培育浓厚的社会体育氛围。社会大众开阔的体育文化视角，必定能接受、理解、认同竞技体育发展的最终目标是培养全面发展的综合型人才，竞技体育是培养精英人才、完美人格的重要手段。

二、建立大中小学一体化的体育教育体系，夯实云南体教融合的底层基础

体育教育与教育具有相同教人、育人属性，二者本位一体，竞技体育就能持续、稳定地发展。在体育与教育的育人过程中，我们在小学、中学、大学探索“一条龙”的升学办学模式，能保证学校竞技体育的健康发展，完善学校体

育优秀人才的选拔、育人机制，保证优秀体育人才输送渠道通畅，形成比较完备的体育人才培养体系。

云南省体教融合应逐步建立大中小学一体化的体育教育输出模式，在云南省全省范围内可以选取部分学校，建立小学、中学、大学的直线输送、点对点的输送渠道。比如，下设的区县级定点和学校，纵向输送到市级单位、定点、学校，再以大学的高水平运动队和省级专业队为依托，向上输送竞技体育后备人才，形成纵向衔接的输送渠道和训练网格，建立一套从小学到中学再到大学的体育后备人才培养体系。大中小一体化的体育教育体系可以从输送渠道和培养主体两方面入手实行。例如从输送渠道一条龙的方式，建设传统项目对应的大中小学学校，实现运动员纵向输送的有机衔接，形成从小学、中学到大学完整的学习和训练体系；从培养主体一条龙的方式，由云南省的地方高校建设优势特色项目，自主招生和独立培养，将学生运动员从小学到大学的学习和训练都在相对应的大学完成。

在云南全省范围内建立一套从小学到中学再到大学的体育后备人才培养体系，将学校运动队改制为项目俱乐部，实现从小学、中学到大学有机衔接的一体化体育教育培养模式。通过这种小中大一体化的体育教育模式的逐层培养和梯队选拔，能充分保证学生运动员的升学通道，也能最大程度地减少项目后备人才的中途流失。各州市的职能部门应在充分分析所在区域中学、小学教学资源环境的情况下，选择性地建设和帮助部分学校建设项目俱乐部的教学基地，明确各层次相关学校制订和实施相应的教学计划，将学生的项目俱乐部作为训练基地，全面承担各层次的训练和教学工作，鼓励小中大项目俱乐部体系中的各类小学、中学和大学组织和参加各类比赛。用资源的合理组合和连贯的层级体系，形成小中大学学校俱乐部的良性循环和大中小体育后备人才的持续反馈。

三、健全学校体育赛事的市场运营，拓宽云南体教融合的财政支撑

企业发展与学校体育是不同领域发展的独立个体，几乎没有交叉发展的可能性。随着体育经济产业的发展，竞技运动的品牌效应扩张，为学校竞技体育赛事资源的开发提供了条件，体育系统部分权利的下放，可以让学校拥有更多的自主权。体育赛事的市场运营，将给体育运动的发展带来深远而巨大的影响。在体教融合的过程中，云南省要不断健全赛事体系，进一步实现体育赛事的市场运营，这将在很大程度上拓宽云南体教融合的财政来源。

目前云南省的学校体育经费主要依靠国家财政拨款，新时期学校体育的内容和活动越来越丰富多彩，要逐步实现体教融合发展，云南省可以将学校体育赛事的市场化运营作为一个突破口，实现体教融合推进过程中的经济来源障碍突破。例如，学校体育场馆和硬件设施的添加、体育科研工作的开展、优秀体育人才的引进、学校体育活动的开展等体育相关的硬件、软件建设，都需要学校体育经费的直接支撑，拓宽体育专项经费的来源，将会强有力地推动学校体育的发展，容易形成体育与教育的合力作用。学校可以根据自身实际情况培育、塑造学校名牌体育赛事，形成一定社会影响力，并将品牌赛事推向市场，进入市场经济环境中来运行，从而获取社会、企业、市场的经济效益，将获取的市场资金补充到学校体育的发展和建设中来，逐步实现赛事市场运营的良性循环和发展，这将为云南省深化体教融合路径提供实际支持。同时，学校体育品牌赛事的市场运营以积极、健康、向上的赛事为载体，奋勇拼搏的运动员为形象，很好地提升学校形象、社会声誉、社会地位，有利于开拓学校体育的市场发展空间，为云南省学校体育的发展打造良好的社会氛围，推动体教融合。

四、健全法规运营机制，保障云南体教融合的良性运展

云南省政府可以针对体教融合进行制度立法，向体育系统、教育系统明确体教融合的地位和作用，明晰体教融合过程中各环节、各部门、各责任机构的职责、权利和义务；规范现代竞技体育培养运动员的人才理念；改变重体轻育的后备人才培养方式；科学引导社会大众的体育价值观，深化人们体育教育融合的意识；为体教融合建设好一切可能的外围环境和社会评价。

目前，云南省学校竞技体育的相关制度还在不断规范中，高水平学生运动员的招生制度良莠不齐，在实际操作过程中，对学生运动员的文化成绩、运动水平都有不同的评定方法。高水平运动员学生入校后，必须建立完善的学训机制，特别是学业成绩监管比较放松的云南地方高校，要对学生运动员的学分制要求、竞赛积分与学业积分的平衡做出切实可行的具体规划，保证学生运动员训练时间和训练效果的同时有足够的学习时间。教育主管部门应制定相应的约束机制，提升学校、教练员、学生运动员对文化素养综合能力的重视程度。通过制度立法和约束机制，对体教融合过程中的实际参与主体规范职责、权利和义务，保障云南体教融合的长久持续的良性推进。

五、建立特色项目的学校俱乐部，实现云南体教融合的优势发挥

云南省各地州市可根据当地群众体育项目的开展情况、实际优势项目的准确定位、学校综合实力的整体评估等情况，积极打造具有高端品牌效应的校园项目，使该项目在省内具有独树一帜的影响力，在全国具有优势强劲的竞争力。

建立特色项目的学校俱乐部，有利于云南省的各个学校在有限条件下集中资源、发挥优势，形成体育“一校一品”的特色与社会影响力，进一步建立特色群体项目或特色课程，成立学校传统优势项目代表队，定点向上输送该项目优秀体育人才。同时，优势项目的体育文化氛围，可以进一步带动某些项目在学校开展，逐步扩大优势项目群。以此为基础，可以进一步实现体教融合大中小学有整体规划和持续发展的体育教育体系、人才输送渠道。

六、建设多元主体协同参与，推动云南体教融合的持续发展

体教融合是国家政策层面的操作实施，在具体落实过程中则牵涉到各个环节和部门的共同参与。学校、家庭、社会和国家既是体育后备人才培养过程中发挥作用相对独立的个体，又在整个体教融合过程中具有衔接递进、作用互补、方向一致的密切联系。体育后备人才培养的深耕校园，离不开家庭的支持、社会的援助和国家宏观政策的引导。这决定了云南体教融合的顺利推进，营造与之相匹配的外部环境将是至关重要的一步。

同时，云南省要进一步明确学校体育的多方主体，将体育部门、教育部门、财政部门、文化部门等相关部门联系起来，建立学校体育发展的多方主体联系机制、组织形式，同时建立常态化的多方主体督导机制。建议云南省把各部门实现体教融合一为重要战略目标纳入各部门的考核评价体系，联动推进。借助《关于深化体教融合 促进青少年健康发展的意见》成立多方主体协同参与的联席会议制度，实施责任到户、落实到岗、任务分摊的协同参与机制，强化多方主体的资源整合、资源优化、协同治理，紧密联系又有所长地全面推进体教融合的整体布局。

第四章　新时代云南体教融合发展的理念

“体教结合”经历30多年的实践和探索，也随着体育结合内涵的不断丰富、演进和深化，成为我国高水平竞技体育重要的人才培养模式，这种模式为国家培养和造就了许多高素质体育后备人才，并取得了显著的竞技体育成绩，也成为整合体育和教育资源实施体育人才培养及转变竞技体育发展的重要方式。但这种体教结合模式也在一定程度上致使体育和教育两个部门产生分隔而治的问题，如优秀运动员因文化教育学习缺失，难以适应社会发展的需要，导致运动员就业难，奥运金牌数量增加而青少年身体素质水平下降等不利局面。

“体育结合”模式延伸出的竞技体育理念，使得体育和教育系统的体制机制运行受到影响与阻碍，导致“体教结合”难以“治标又治本”，这种重体育轻教育的模式没有从本质上解决“学训矛盾”的问题，甚至还出现了后备体育人才输送体系断裂、运动员成才率低和就业困难、教育和体育部门体制管理缺乏可持续性等问题。总的来说，“体教结合”模式所发挥的育人功能与期望的水平值还相差甚远，对进行其改革是大势所趋，也迫在眉睫。因而，在新时代重新审视“体教结合”发展之路，推进体育系统与教育系统融合的问题，实现探索体育与教育相融合发展竞技体育和全体青少年健康促进的双赢路径，也是推动“体教结合”更高层次地向体教融合的演进转变和发展形态。

我国已进入新时代，根据国家体育事业发展的实际，探索不同于美国和德国，及其他发达国家的体育发展之路，形成具有中国特色“体教融合”模式，即中国特色的竞技体育人才培养模式和全体青少年健康促进模式。党和国家领导人非常重视，2020年4月会议通过了《关于深化体教融合 促进青少年健康发展的意见》（以下简称《体教融合意见》）。

第一节　新时代深化云南体教融合的战略性

我国体育系统和教育系统对竞技体育后备人才培养和开展青少年体育活动等方面的工作，取得了一定成效。但在实践工作中，体育系统关注的主要是以金牌为目标，教育系统关注的主要是以所有学生的身心健康促进为目标。双方就培养目标与任务方面存在差异，也还缺乏深度匹配，工作协同机制不健全，两个系统的体育资源未充分共享和有效融通。《体教融合意见》指出深化体教融合推动体育高质量发展，力图破解体教融合的堵点和难点问题。翟丰认为体教融合作为转变体育发展方式的助推器，深化竞技体育的有效发展是可避免的内容，但也受到体育发展观念、训练科学化、竞赛制度、学训矛盾、管理机制等障碍，推动教育和体育行政部门两个系统创新体制使之相互融合，需建立体育资源共享、体育利益共分、体育风险共担的管理体制与运行机制。[1]

新时代深化体教融合发展，杨国庆认为在发展理念上，要遵循以文“化”人、以体“育”人的理念，将体育回归教育使其充分融合并形成合力，彰显体育更强的育人功能与价值，学校体育和竞技体育应在理念和实践上的变革。在发展方式上，应以加强竞技体育后备人才培养和促进青少年健康发展为共同目标与导向，体育和教育部门等行政机构要破除封闭思维，摒弃部门之间的立场，加强政府、学校、家庭、个人及相关社会组织之间协同配合，实施多部门协同改革，推动融合发展。在具体举措上，需调整与完善培养模式，改革评价机制，强调各部门之间的工作细化举措与分工，撬动更多社会力量参与青少年健康成长，实现体教融合还涉及思想融合、目标融合、资源融合和措施融合等多方位的融合举措，最大化全方位拓展体教融合的协调性。在结果呈现上，应是各级各类学校高水平竞技体育后备人才高效持续培养并涌现，学校体育全面育人的功能和价值得以实现并充分展现。

一、以促进全体青少年健康发展为体教融合新目标

自中国加入奥运大家庭后，我国竞技体育在世界上取得了优异的成绩，巩固和弘扬了在国内外重大体育赛事中的中华体育精神。从国家层面建立国家、

[1] 翟丰，张艳平.“混合型”体教结合模式向“体教融合”模式的发展[J].体育学刊，2013，20(4)：90-92.

省市和各级体校为主体的国家三级训练体系，形成了以少儿体校、体育学校、体育特色学校为主的学校三级训练网络，各省市（地区）的运动员基本采用“集中训练、集中学习、集中生活”的管理模式。这种国家三级训练体系和学校三级训练网络的管理模式为实现我国奥运争光目标做出了贡献。但这种管理模式对运动员的文化教育和竞技训练产生了分离，使得竞技体育运动员接受系统的文化学习严重缺失，严重影响了运动员文化教育的进程。由于运动员文化学习严重缺失，导致培养的大多数高水平竞技运动员文化素质不高，出现了运动员退役后安置工作难以适应开放的社会问题。国家为了解决这类问题，从国家层面相继印发了《关于部分普通高等学校试行招收高水平运动员工作的通知》《关于开展课余体育训练提高学校体育运动技术水平的规划》《关于试点高校培养高水平运动员的管理办法》《关于学校开展业余训练，培养高水平运动员的通知》等一系列文件，其主要目标指向是为运动员文化教育时间提供保障的同时，推进普通高等院校实现高水平运动队“院校化”建设，高校招收高水平运动员、建设高水平运动队等高等院校竞技人才培养体系，试图与体育系统培养竞技体育运动员发挥同等功能，以打造“共建、调整、合作、合并”的竞技体育人才培养模式，实现体育与教育的结合培养机制。

实践证明，这种以提高运动员文化教育和学生竞技训练为中心的改革，还是没有建构起符合运动员成长成才的培养体系及运动员退役后的就业安置问题。原因是运动员长期处于封闭的竞技训练，个人的社会综合能力和文化综合素养不高，出现了少数退役运动员只会体育缺少文化难以融入社会而导致生活没有保障等现象。另外，我国学校体育发展比较薄弱，加之区域体育发展差异较大，普通高校和体校都出现招生培养困难、经费不足、文化学习培养质量不高、毕业生就业政策不畅等困境。通过这些问题可以看出，国家在体育和教育结合进程中，顶层设计指导思想、发展目标、资源配置和重点任务等方面还略显缺少。鉴于以上背景，《体教融合意见》以“促进全体青少年健康发展”为目标，提出解决好学校的体育教育和运动员的文化学习问题，最终目标是培养德智体美劳全面发展的社会主义建设者和接班人。从国家层面深化体教融合，促进青少年健康发展的目标定位，对实现我国教育目的提供了有力支撑。

《体教融合意见》的出台，重新定义了学生、运动员文化学习和训练的顶层体系，为解决青少年文化学习和体育锻炼协调发展等现实问题提供了政策依据，意在真正促进所有青少年健康成长，锤炼所有青少年意志和健全所有青少年的人格。这既符合我国体育和教育融合发展的历史规律，又为我国体育事业发展提供了体育后备人才的保障和体制机制的支撑，可以高品质带动学校体育和竞技体育的双重提高。表现在：1.促进全体青少年健康发展是国家、社会、学校和家庭的共同期待，我国教育的根本是培养“五育并举”德智体美劳全面发展的人，体教融合正是贯彻和落实立德树人培育青少年身心健康发展的任务。2.体教融合是发挥体育对教育的育人功能，担负起对所有青少年学生身心健康、强健体魄的育人职责，实现青少年文化学习与体育锻炼协调发展，让体育积极融入学生的学习和生活，学生的身心健康发展离不开体育来促进，学生的文化课学习和体育锻炼失衡，也难以培养出德智体美劳全面发展的人。3.让学生在体育中享受生活的乐趣、在体育中增强自身的体质、在体育中健全自身的人格、在体育中锤炼自身的意志，这是体育落实立德树人教育和实现青少年身心健康发展根本任务。

二、回归以体育人和以文化人的体教融合新认知

“以体育人”是教育的重要内容，承载着“以文化人”的多元功能，助力青少年健康促进，帮助其健康成长、健康成人、健康成才。体教融合强调文化学习和体育锻炼相协调，“以体育人”和“以文化人”协调发展是新时代的价值体现。

“以体育人”在体育价值观上，体育可以全方位、多维度地培养青少年的健壮体格、健全人格、强健脑力、厚重文化、精熟技能详密知识的全人教育。正如《体教融合意见》中指出的“文明其精神，野蛮其体魄”，这种以体育人的思想，是将体育面向所有青少年，让所有学生参与到体育活动和运动竞赛中，以促进青少年健康发展。在体育德育观上，体育对学生在“育德”方面具有很大的潜在价值，如培养胜而不骄、败而不馁、学会合作、吃苦耐劳、刻苦奋斗等精神是“以体育人”的根本，体育作为一种身体教育，不仅注重青少年身体练习的体育运动技能学习、参与体育竞赛，还可以增强青少年的情感体验、意志培养、品德教育及锤炼青少年的意志品质。在体育健康观上，提倡体育对于促进教育青少年健康发挥着关键性的作用，学生参与各种体育活动和竞赛，既能让普通青少年享受体育锻炼的乐趣，也能让青少年体育特长接受系统的文化课学习。在体育教学观上，体育促进青少年生命健康、提升生存技能和养成健康生活方式，课堂上不仅可以学习体育知识，参与课外体育活动、学校体育竞赛、

运动训练，让青少年参加到丰富的体育课外活动中去，使教育中的体育教育功能真正发挥作用。

“以文化人”在儒雅校园文化中，为弘扬积极向上的体育精神和丰富体育文化知识，建设以良好的体育运动环境，开展丰富灵活多样的体育活动等，润物无声地渗透、浸润、体验等隐形接受体育制度文化、体育精神文化、体育物质文化和体育行为文化的教育，潜移默化地让青少年吸收体育人文精神和体育人文知识，从而养成健康体育行为和参与体育锻炼的习惯。可以看出，新时代体教融合体现体育是塑造人、教育人和培育人的有利武器。把文化学习和身心健康发展融为发展整体，认为身体锻炼认知与文化认知是不可割裂的整体，二者互相促进、互为依存。在内化校园文化中，根据青少年对校园体育文化的认识、理解和接受程度，以培育青少年内在的体育核心素养和体育文化领悟，将校园体育文化内化为青少年的思想品德、价值观和审美等。“以文化人”要求体育教育既是身体技能、身体技艺和体能认知教育，又能结合与之相关的健康文化教育、运动文化教育、体育文化欣赏等文化知识教育，让体育学习与文化教育达到整体化的知识提升。《体教融合意见》指出要开展丰富多彩的课余训练和竞赛活动，在外化校园文化中，外化的过程就是青少年主动参与体育教学活动、课外体育活动、各级各类运动会及各种体育社团组织，培育审美意识、合作意识和管理意识等知行合一的文化知识，实践并学习文化知识和逐渐形成为体育行动，让作为身体教育的体育体现出其生命教育、生存教育和学会生活的本质意涵。总之，“以体育人、以文化人”在未来青少年全面发展过程中，会是一种新趋势、新追求，为新时代体育赋予了更高的教育地位。

三、明确教育和体育系统工作划定的体教融合新职能

新时代体教融合为转变教育和体育系统工作职能提供了新的使命与契机，从国家层面出台的《体教融合意见》文件其目标指向是加快教育和体育部门深度融合。学校体育以“提高体质”为重要职能的教育改革，已有40余年的发展历程，同时也伴随着竞技体育以创造优秀体育成绩“为国争光”的国家需要。看似两种不同的教育理念与功能，长期在体育与教育系统存在着利益分化的现象。在工作职能、学生权力和社会责任等方面，体育系统形成了以竞技体育的“育人”特征，教育系统形成了以学校体育的“育人”特征。其实质无论体育系统和教育系统都在承载着“育人”的特殊职能，但是在两个部门的工作范围内，

尚未将体育和教育的工作职能进行有效整合，教育和体育融合的职能体系还缺乏共同设计、有序组织和稳步推进，导致优秀体育人才成长上升渠道还没有被有效打通，竞技体育人才培养体系与国民教育培养体系严重脱节。随着《体教融合意见》的出台，新时代体教融合对转变体育和教育两个政府职能部门提出了新的要求，竞技体育人才培养融合到国民教育体系是必然趋势，实现有限的教育资源和体育资源，通过转变教育和体育部门政府职能的相互协同达到最优化配置。

（1）转变青少年赛事管理体系。长期以来，云南体育和教育部门在青少年体育赛事工作上交叉管理，青少年体育赛事在年龄分段、组别设置和赛制组织等存在分离。落实《体教融合意见》职能要求，将青少年体育赛事体系进行重新整合，明确青少年体育赛事的义务教育，高中和大学阶段的由教育部门和体育部门共同组织与管理，两个部门建立跨区域（乡/镇、县、市、省）的四级青少年体育赛事体系。创造更多参赛机会，（乡/镇、县、市）级青少年体育赛事每年举办1次，省级竞赛每3年举办1次。同时将云南青少年运动会和云南学生运动会合并，改称为云南省（青年）运动会，组别设置分为义务阶段组（小学组、初中组）、高中组、大学组、职工组、大众组，旨在选拔优秀运动员入选国家队。

（2）转变课余训练的组织形式。实施《体教融合意见》要求，整合云南体育传统项目的学校和云南体育特色学校，联合教育部门和体育部门评定云南体育传统特色学校。这种整合评定组织形式的目的是让青少年在传统体育特色学校学会至少一项专项运动技能，同时把文化学习成绩与运动竞技水平同步考评，这就要求学校既要开展体育项目课程教学，提供专业的体育训练和指导，还不能忽略文化学习，这样体育传统特色学校运动水平才能提高，以实现课余训练、文化学习和体育后备人才培养的多重职能。

（3）加强学校体育工作理念。以“文明其精神、野蛮其体魄”为育人目标，大中小学扩大校内、校际体育比赛覆盖面和参与度，每年举办夏冬两季学校运动会，以此为基础建设学校代表队，参加云南省内最高赛事，乃至全国体育联赛。云南教育厅、体育局共同制定学校体育标准，在现具有5个高水平运动队招生资格的基础上，鼓励云南高校根据办校特色建设高水平运动队，合理规划高水平运动队项目招生覆盖范围和加大招生力度。探索在云南高等院校建立篮球与体育学院、足球与体育学院、排球与体育学院。增加云南体育硕士研究生招生单位，实现体育博士点、博士后流动站完成建设。

（4）转变学生运动员水平等级认证。运动员技术等级制度是体育部门对运动员参与较高体育赛事，并达到规定运动成绩标准授予运动等级的一项申报审批制度，目前都是由体育部门独立完成运动员技术等级称号的申请、审核和审批。《体教融合意见》提出教育部门、体育部门为在校学生的运动水平等级认证制定统一标准并共同评定。这意味着教育系统和体育系统要协同制定新的认证标准，共同规范运动员技术等级的审批制度。

四、建立多部门齐抓共管的体教融合新机制

体育管理体制在管理方式上，云南呈现出政府直接办体育的特征，如体育系统负责管理竞技体育、青少年体育，教育系统负责管理学校体育，总工会负责管理职工体育。这种体育按照不同的功能属性，分配给不同的政府部门管理，在一定程度上造成了地方各级政府的分部门、分种类、分功能对体育进一步分割，这种治理机制不仅提高了管理体育问题的专业性和针对性，也带来了碎片化、条块化的制度结构，而多部门齐抓共管的协同与合作还略显不足。在经过40余年的改革开放，中国体育事业的发展发生了重大变化，使得体育在新时代具有多样性、开放性、交融性、整体性、综合性特点。为此，云南依靠少数几个政府机构赋予的单一职能、单一主体、层级分明组织管理方式，已经无法应对云南体育事务复杂化、多样化的新发展格局。

（1）《体教融合意见》文件的出台，国务院办公厅、教育部、体育总局组织牵头，由12个中央部委组成青少年体育部级联席会议制度，顶层设计“一体化设计、一体化推进”原则，强化中央权威，注重责任落实，打破了过去纵向分割、单点静态、横向封闭的状态，是新时代我国学校体育整体性治理思维转变的重要举措。

（2）体教融合不仅是体育和教育两家系统的事情，还涉及党政部门、企事业单位、学校、运动队、编办、社会组织、家庭和个人。云南落实《体教融合意见》仅依托体育系统和教育系统推进青少年健康发展的工作还略显单薄，需政府依托社会力量，构建适合云南特点的党政部门、企事业单位、学校、运动队、编办、社会组织、家庭多元投入，多元参与治理的体教融合促进青少年健康发展体系。

（3）通过建立多部门齐抓共管的青少年体育工作部际联席会议制度，研究

解决云南体育事业发展中存在的问题，提供更加全面的公共体育服务与指导。省体育局和省教育厅建立与学校体育的内生联动机制，鼓励竞技体育后备人才引入云南高等院校发展，建立与学校体育有机衔接的竞技体育俱乐部竞赛、训练和培训体系，支持社会体育组织和竞技体育组织为学校体育活动提供服务与指导。

五、打造多元主体共治共建的体教融合新模式

《体教融合意见》从完善青少年体育赛事、加强学校体育、高水平运动队建设、教师教练员队伍建设及政策保障等方面深入推动青少年体育工作。旨在以体育赛事是引领，要让不同年龄段的青少年能够参与到云南各级各项目的体育赛事中，“以体育人”让普通学生感受体育竞技的魅力，“以文育人”使有体育特长的青少年，实现竞技体育赛事和文化学习的同步发展。《体教融合意见》建立分学段的四级（小学、初中、高中、大学）青少年体育赛事体系，体现出让竞技体育后备人才培养回归教育。云南体职院竞技体育后备人才培养的运动员要实现全面发展，体育传统特色学校和普通高校高水平运动队的训练竞赛和文化教育共同进步的成长路径，云南社会体育组织为青少年创造健康发展的环境，把云南学生培养成为体育锻炼和文化课学习相协调发展的新时代青年。

然而，2017 年云南省政府下发《关于强化学校体育促进学生身心健康全面发展的意见》指出，学校体育仍然是教育事业相对薄弱的环节，学生体质健康水平仍是学生综合素质的短板。存在学校体育工作管理不健全、体育课和课外体育活动时间不能得到保证、专业体育教师短缺、学校体育专业人才培养质量不高、体育场地设施建设缺乏等问题依然突出。通过走访发现，云南已初步形成了由“政府主导，市场参与，社会协同”体教融合发展的雏形，体育发展模式上也产生了积极的变化，已有少数高等院校、中小学正在向云南省竞技体育人才伸出橄榄枝。但在新时代试图破解以上出现的问题，配齐配强体育师资、体育经费投入和多部门主体共建共治是基本保障，制定优秀退役的省内外运动员和教练员进校园的进入政策，制定云南高水平体育竞技人才的升学和向上学习的流动政策，联合党政部门、企事业单位、学校、运动队、编办、社会组织和家庭建立体育和教育督导机制，对学校体育落实青少年体育工作进行指导与帮扶。总的来说，新时代体教融合更加注重多部门、多主体间的联动与协同来实现一体化推动青少年体育工作。以政府为主体的一元治理模式，很难有效解

决学校体育管理机制不健全、参与体育活动时间不足、体育师资短编、体育场地落后等问题。为此，建立多元主体共建共治的融合制度是云南学校体育改革的必然。

（1）学校引导和支持体育社会组织参与学校体育。体育社会组织可以在校内以市场化或非营利的形式，参与体育职业技能考核与评定、运动技能培训与推广、体育科学研究及学校体育文化活动。

（2）鼓励社会体育俱乐部成为学校体育工作的主要载体。选择具有相应资质的社会体育俱乐部以《体教融合意见》为切入点，严格落实学校体育的各类标准，明确责任与分工，鼓励利用场地设施为学生开展各式各样的体育服务，提供更多公益性的体育活动，满足学生对体育活动的多样化的体育锻炼需求。

（3）畅通云南优秀竞技体育人才的服务模式。实施国家队、优秀省队运动员、优秀退役运动员、省队教练员或专业体育人才进学校担任体育教师或教练员，弥补云南体育师资短缺的瓶颈。鼓励现役国家队、省队运动员、优秀教练员，在中小学校或社区每年完成一定时间的健身指导服务。

第二节　新时代云南体教融合的全面性

《体教融合意见》从学校体育工作、完善青少年体育赛事体系等8个方面对深化体教融合进行了总体部署，未来体教融合在打造赛事体系、师资队伍建设、社会体育组织治理等领域将迎来一系列重大变革。在新时代需要对体教融合进行全面性的深化、改革、创新，以适应云南体育事业和教育事业发展的新形势。新时代云南体教融合全面性的表现形式学生主体的全体参与、全省各地参与、终身参与，以此把青少年健康发展和加强竞技体育后备人才培养深入推进。

一、全体学生参与

体教融合的重要内涵是把全体学生培养成全面发展的社会主义建设者和接班人，每一位学生全都是培养对象，这个“全”主要表现有三点形式：第一，各个学段的学生全体参与体教融合。体教融合作为国家层面对深入促进青少年健康发展的顶层设计，大中小学校成立青少年俱乐部，丰富学校体育活动，将体育科目纳入初高中学业水平考试，带动全体学生参与各个分学段（小学、初中、高中、大学）的体育活动或赛事。第二，不同年龄段的竞技体育人才全体参与体教融合。促进不同年龄段的竞技体育人才和文化学习协调发展，推动不同年龄段的青少年体育锻炼和文化学习协调发展，为国家培育充足的“文体兼备”的竞技体育后备人才。第三，不同体质水平的学生全体参与体教融合。在体教融合实践中不仅是健壮者和健康体质者参与，而且还包括体弱者、残疾人等群体，也应参与各种各样体育运动或赛事，以此来锻炼身体肢体的力量、耐力、速度、灵敏与韧性等基本素质。

二、全省各地相关部门参与

体教融合的全省各地参与，全省范围内的各级各类部门、学校及社会组织负起全面参与的责任。这个“全”主要表现有三个方面：第一，全省各地的学校参与。实现学校体育在全面育人中教育价值，既要覆盖公办教育，也要包括民办教育，在全省的学前教育的学校、义务教育的学校、高中阶段教育的学校、高等教育的学校、职业与成人教育的学校、民族教育的学校、特殊教育的学校，各级各类的学校都主动通过学校体育课、体育锻炼和体育竞赛的运动活力和体教融合模式，实现学生享受乐趣、增强体质、健全人格和锤炼意志的目标和功能。第二，全省各地的部门参与。省级一级成立由省政府办公厅、省教育厅、省体育局牵头，省委宣传部、省发展改革委、省民政局、省财政局、省人力资源社会保障局、省自然资源局、省住房城乡建设局、省卫生健康委、省税务局、省编制办、省市场监管局、省银保监会、省共青团等部门参与的青少年体育工作联席会议制度。市一级（地州）成立相对应的青少年体育工作联席会议制度。第三，全省各地的社会体育组织参与。《体教融合意见》指出，实施普及体育运动技能，可支持社会体育组织为学校体育活动提供指导，对有条件的地方或地区，可以通过政府向社会体育组织购买服务的方式，为缺少体育师资的大中小学学校提供体育教学和教练服务，鼓励大中小学引入社会体育组织，提供更多公益性体育活动。

三、全过程参与

体教融合以树立“健康第一”的教育理念，实现全过程终身体育意识的培养，这个“全”主要表现有四个方面：第一，学生个体的全过程参与。培养学生树立终身体育意识，激发学生寻找适合自己的健身健心运动。既会个人单独开展的健身健心运动形式，也能和其他人配合性的健身健心运动协助。无论是什么样的运动形式，在学生经历的小学、初中、高中、大学及后续的学习生活历程中，形成相对连贯的持续性全过程参与，让学生得以在不间断的运动中，以强身健体的方式去追求去感受自己的美好生活。第二，不同体育协会或体育社团的全过程参与。包括各州市、各县区成立的体育协会或体育社团，及各级各类学校组建的不同项目的体育社团或俱乐部都要全过程参与，学校应全面开放体育设施，提供场地设备，让每位学生找到适合自己的运动项目。第三，管理系统的全过程参与。体育系统和教育系统对体教融合的组织和监督等各方面全部工作内容必须要全面覆盖，尤其是要覆盖各级各类学校实施体教融合的融合领域、融合组织、融合主体、融合阶段、融合形式和融合形态。第四，全过程评估。把全过程融入国民教育体系作为培养优秀竞技体育运动员的重要阵地，把学生在体育锻炼中享受乐趣、健全人格、锤炼意志、增强体质纳入全过程评估。

第三节　新时代云南体教融合的整体性

从过去综合体教融合的发展过程来看，体育部门主要负责整合资源培养体育后备人才，而教育部门主要负责满足文化教育和运动员安置的利益和需求，反映出分工更大、缺乏合作，以及缺乏"一体化"。新时代体教融合注重青少年的全面健康发展，要求体教部门在强化职能和目标的基础上充分融合。这是一个深度融合和参与的过程，体育塑造人，教育培养人。因此，从整体性的角度来看，深化体教融合的主体不仅仅是教育部门和体育部门，并在多元化管理体系中还要得到其他职能部门的协助。应完善促进青少年身体健康的评价指标体系、学校体育联盟等方面，并将其融入绩效评估。从现有体教融合的整体性可能会实现的角度来看，应主要围绕以下五个方面发力。

一、学校体育工作融入政府政绩考核指标体系

学校体育工作是整个体育事业的重要组成部分。当前，如何将学校体育工作融入政府政绩考核指标体系，成为当前亟待解决的问题。具体可以从以下三个方面进行。

（1）构建学校体育工作考核指标体系。应包括以下三个方面，一是基础建

设方面：学校体育基础设施的建设情况，包括体育场馆、器材设施、运动场地、健身房等，以及配套的保障设施，如卫生间、更衣室、观众席等，并要对设施的维护和更新进行考核。二是体育教学方面：学校体育课程设置和教学质量，包括教学计划、教材使用情况、教师资质、教学效果、学生参与度等等。三是竞技运动方面：学校体育竞技运动的发展情况，包括参赛情况、成绩表现、运动员培养情况、赛事组织情况等，同时也要考虑到校园文化和精神面貌的建设。

（2）实施体育工作考核计划。一是明确考核目标。学校体育工作考核计划应该明确学校体育工作的目标和任务，以及考核的侧重点和重点关注的内容。二是制定考核标准。考核标准应该具有可操作性和可量化性，而且要保持连续性和可比性，这样才能更好地衡量学校体育工作的成绩和发展情况。三是设定考核指标。考核指标应该包括基础建设、教学质量和竞技运动三个方面，同时应该对每个指标进行具体化和细化，以便更好地反映学校体育工作的实际情况。四是具体实施考核。考核应该由相关部门进行实施，根据考核标准和指标，采取现场检查、问卷调查、数据统计等方式，全面了解学校体育工作的实际情况，进而进行评估和排名。

（3）提高学校体育工作水平。一是加强基础设施建设。学校应该加强对体育场馆、器材设施、运动场地、健身房等的投入，同时对设施的维护和更新进行重视。二是优化体育课程设置。学校应该根据学生的实际需求和兴趣爱好，合理设置体育课程，增加多样化的课程内容，提高教学质量。三是加强竞技运动的培养。学校应该加强对竞技运动员的培养，同时鼓励广大学生参与到体育运动中来，增强校园文化和精神面貌的建设。

总之，学校体育工作融入政府政绩考核指标体系，需要全面化、具体化和可量化的考核标准和指标，同时需要政府相关部门和学校方面的共同努力，才能实现学校体育工作水平的提升和发展。

二、学校体育成为学生终身体育锻炼习惯养成的重要阵地

学校体育课程是学生接受体育教育的主要阵地。在围绕“教会、勤练、常赛”工作原则下，学校应该加强体育课程的教育，让学生们掌握体育技能，了解体育知识，增强体育兴趣和热爱，从而形成终身体育锻炼的习惯。

（1）加强体育课程的教育。一是多样化的体育课程设置。学校应该根据学生的年龄、性别、兴趣爱好等因素，合理设置多样化的体育课程，包括球类、

田径、健身操等，让学生们在体验中感受到运动的乐趣。二是注重体育技能的培养。学校应该注重体育技能的培养，让学生们掌握体育基本技能，提高体育技能水平，从而增强体育自信心。三是提高体育课程的教学质量。学校应该提高体育课程的教学质量，加强师资队伍建设，提高教师的教学水平，让学生们得到更好的体育教育。四是开齐开足体育课。积极探索体育课程教学的质量提升与评价改革，提倡学校引入多样化的体育项目把体育作为校本课程的评估对象，把校本课程课时划拨为体育课时。

（2）丰富体育活动的内容。丰富多彩的体育活动是学校体育锻炼习惯养成的重要途径。学校应该加强体育活动的组织，让学生们在体育活动中感受到运动的乐趣。一是增加体育活动的种类。学校应该增加体育活动的种类，包括运动会、比赛、表演、健身等，让学生们在不同的体育活动中感受到运动的乐趣。二是强化体育活动的组织。学校应该加强体育活动的组织，提高赛事组织水平，增加体育活动的参与度和影响力。三是注重体育活动的意义。学校应该注重体育活动的意义，让学生们了解体育活动的意义，以及通过体育活动培养自己的精神和品质。

（3）提高体育设施和资源的质量。体育设施和资源是学校体育锻炼习惯养成的重要保障。学校应该加强体育设施和资源的建设，提高质量和使用率。一是完善体育设施和资源。学校应该完善体育设施和资源，包括体育场馆、器材设施、运动场地、健身房等，同时加强设施的维护和管理。二是优化体育资源的利用。学校应该优化体育资源的利用，提高体育资源的使用率，为学生提供更好的体育锻炼条件。三是加强体育设施和资源的投入。学校应该加强体育设施和资源的投入，提高投入的效益，为学生提供更好的体育锻炼环境。

（4）从制度上推进大中小一体化体育课程体系建设。由于缺乏一体化体育课程体系，不少教师在教学中对不同学段、不同年级的教学内容选择带有较大的随意性，甚至出现内容选择不科学、不适宜现象，直接影响体育教学质量的提升。为此，一是教育和体育联合相关部门制定相关政策和规划方案，明确大中小一体化体育课程体系的目标、任务和具体实施措施，确保各级学校在课程设计、教学实施、评价反馈等方面的一致性和协调性。二是加强课程研发和资源整合，建设一批高质量的跨学段、跨项目的体育课程资源库，以及体育课程研究与评价机构，为大中小一体化体育课程体系的实施提供有力支撑。三是建立统一的体育课程评价体系，包括对学生体育技能、体质和运动习惯的考核评价，对课程目标、教学方法和教学效果的评价等，确保教学质量和课程效果的可持续性和可比性。四是加强师资培训和教育教学研究，提高教师跨项目的教学能力和教学质量，培养具有跨项目教学经验和能力的骨干教师，促进大中小一体化体育课程体系的顺利实施。五是加强家校合作和社会资源整合，发挥家庭和社会在学生体育素质教育中的作用，为学生提供更加全面、丰富、多样的体育教育资源和学习机会，促进学生全面发展。同时，可以加强学校与社会体育组织的合作，共同打造一支专业、规范的体育教育师资队伍，提高学校体育教育的质量和水平。

总之，学校体育应该成为学生终身体育锻炼习惯养成的重要阵地。学校应该加强体育课程的教育，丰富体育活动的内容，提高体育设施和资源的质量，从而营造良好的体育氛围，促进学生养成终身体育锻炼的习惯。

三、整体推进校园体育运动的安全体系建设

随着社会的发展，校园体育运动越来越受到重视，但同时也面临着安全问题。为了保障学生的身体健康和安全，需要整体推进校园体育运动的安全体系建设。衔接教育政策、体育政策、医疗保障等相关政策，多部门联合提供系统连续的动康复、运动风险防控、运体质健康促进等一体化的体育运动安全防护体系。

（1）建立健全安全管理制度。校园体育运动的安全管理制度是保障学生安全的重要保障。按照《学校卫生工作条例》《学校体育工作条例》《学生伤害事故处理办法》等工作要求，完善云南学校体育安全条例。学校应该建立健全安全管理制度，包括安全责任制、安全检查制度、安全培训制度等。同时，还应该建立健全应急预案，以应对突发事件。

（2）加强场地设施建设。校园体育运动的场地设施建设是保障学生安全的重要环节。学校应该加强对体育场馆、器材等设施的维护和管理，确保设施的安全性和可靠性。同时，还应该加强对场地设施的规划和建设，确保场地设施的合理性和适用性。

（3）加强教师和学生的安全教育。校园体育运动的安全教育是保障学生安全的重要环节。学校应该加强对教师和学生的安全教育，包括体育运动的安全知识、应急处理方法等。同时，还应该加强对学生的安全监管，确保学生在体育运动中的安全。

（4）加强对体育运动的监管和管理。校园体育运动的监管和管理是保障学生安全的重要环节。学校应该加强对体育运动的监管和管理，包括对体育运动的组织、安排、指导等方面的管理。同时，还应该加强对体育教练员的管理和培训，确保教练员具备专业的技能和安全意识。

（5）加强与社会的合作与交流。校园体育运动的安全体系建设需要与社会的合作和交流。学校应该加强与相关部门和机构的合作，共同推进校园体育运动的安全体系建设。同时，还应该加强与家长的沟通和交流，让家长了解学生在体育运动中的安全情况。

综上，整体推进校园体育运动的安全体系建设需要学校、教师、学生、家长和社会的共同努力。只有通过各方的合作与努力，才能够建立起健全的校园体育运动安全体系，保障学生的身体健康和安全。

四、着力推进云南学校体育联盟建设

学校体育联盟是一种组织形式，是指由多所学校组成的体育组织，旨在促进学生体育锻炼、提高学生体育水平、推广体育文化、增强学校体育交流等，旨在促进学校体育教育的发展和提高学生体质。这种校园体育竞赛组织不仅局限于选拔优秀竞技体育后备人才，更强调的是调动学校青少年群体参与训练的积极性，为培养终身体育锻炼的兴趣提供助力。

（1）加强组织领导。学校体育联盟的建设需要政府、学校、社会组织等多方面的支持和参与。政府应该加强对学校体育联盟的领导和支持，制定相关政策和规定，为学校体育联盟的发展提供保障。学校应该积极响应政府的号召，加强学校体育联盟的组织和管理，为学生提供更好的体育锻炼条件。社会组织可以提供资金、场地、设备等方面的支持，为学校体育联盟的发展提供帮助。

（2）完善体育设施。学校体育联盟的建设需要有良好的体育设施作为基础。云南地处多山地区，地形复杂，学校体育场地有限。因此，政府应该加大对学校体育设施的投入，建设更多的体育场馆和运动场地，为学校体育联盟的发展提供保障。同时，学校也应该加强对体育设施的管理和维护，保证设施的完好和安全。

（3）完善青少年竞赛体系。一方面，强化云南学校体育联盟的价值认同，以云南学校体育联盟为改革试验区，围绕试点县（区）、改革试验区、体育特色学校、高校高水平运动队等助力校园体育改革发展，形成县、市（州）、全省辐射带动效应，推动校园网球、校园足球、校园篮球、校园乒乓球、校园排球等运动项目并行发展。另一方面，完善云南学校体育联盟各项目建设的政策支持机制。以大健康治理为大背景的出发点，教育系统和体育系统协同完善各级各类竞赛相关的规章制度，明确责任相关部门主体的权利和义务。加快推进云南体育联盟项目与青训体系“一体化设计、一体化推进”的合作新格局。

（4）加强师资队伍建设。学校体育联盟的建设需要有专业的师资队伍作为支撑。云南地区的教育资源相对较少，学校体育教师数量不足，教学水平参差不齐。因此，政府应该加大对学校体育教师的培训和支持力度，提高他们的教学水平和专业素养。学校也应该加强对体育教师的管理和考核，鼓励他们积极参与学校体育联盟的建设和管理。加强云南学校体育联盟项目建设与云南各地方单位的协同配合，与在场地规划、师资培训、社会支持等方面的多方体育资源形成合力。

（5）加强交流合作。学校体育联盟的建设需要加强学校之间的交流和合作。云南地区的学校分布广泛，交通不便，学校之间的交流和合作相对较少。因此，政府应该加大对学校之间交流和合作的支持力度，鼓励学校之间开展联赛、友谊赛等活动，促进学校之间的交流和合作。同时，学校也应该积极响应政府的号召，加强学校之间的交流和合作，为学生提供更好的体育锻炼条件。

总之，推进云南学校体育联盟建设是一项长期而艰巨的任务。政府、学校、社会组织等各方应该加强协作，共同推进云南学校体育联盟的建设，为学生提供更好的体育锻炼条件，促进学生身心健康的全面发展。

五、构建“政府、学校、社区、家庭和市场”融合的整体模式

构建“政府、学校、社区、家庭和市场”融合的整体模式是推动体教融合发展的重要方向。通过这种整体模式，各方可以共同参与、协同合作，为学生提供全方位的体育教育支持和资源。同时，政府、学校、社区、家庭和市场也是青少年成长的五大重要环境，政府、学校、社区、家庭和市场一体化体教融合的整体模式是促进青少年身心健康、全面发展的重要途径。因此，为更好地推进云南青少年体育事业的发展，把“政府、学校、社区、家庭和市场”一体化体教融合的整体模式作为坚持立德树人的发展方向，是推进体教融合发展的重要途径。

首先，加强云南省政府、学校、社区、家庭和市场之间的沟通与协作。通

过建立政府、学校、社区、家庭和市场之间的联系机制，加强信息共享和资源整合，实现资源优化配置，提高青少年体育事业的整体水平。同时，云南省积极推进政府、学校、社区、家庭和市场之间的联动机制，通过共同参与体育活动，增强学校、社区和家庭之间的互动和交流，促进青少年体育事业的全面发展。同时，构建云南省政府、学校、社区、家庭和市场五位一体化的信息共享平台。形成以健康社区、健康学校和健康家庭为重点的体育信息资源共享平台的主要载体，整合体质健康监测年报、体育赛事活动信息、体育运动项目培训信息等内容，增强云南省政府、学校、社区、家庭和市场之间的关联度，促进体育真正回归家庭教育。

其次，加强云南青少年体育教育的全方位覆盖。通过加强政府、学校、社区、家庭和市场之间的合作，积极推进云南青少年体育教育的全方位覆盖，形成政府、学校、社区、家庭和市场五级网络化监测体系。在政府角色方面，政府应制定相关政策和法规，明确体育教育的重要性和发展目标，为体教融合提供政策支持和资源保障。政府还可以组织和协调各方合作，促进体育教育的整体发展，建立政府领导下的协作机制。在学校角色方面，加强云南学校体育课程的设置和教学质量的提升，同时加强学校体育设施的建设和管理。在社区角色方面，积极推进云南社区体育设施的建设和管理，同时加强社区体育活动的组织和推广。在家庭角色方面，加强云南家庭体育教育的普及和推广，通过家庭体育活动的开展，增强家庭对青少年体育事业的支持和参与。从学校、社区、家庭三个方面落实体质健康监测、运动技能等级标准、国家体育锻炼标准达标等制度，创造健康支持性的多维环境。在市场角色方面，市场是资源配置的重要机制，市场可以为体教融合提供多样化的资源和服务。商业机构、体育产业和专业组织可以参与体育教育的支持和提供相关服务，如教练员培训、器材供应、赛事组织等。同时，市场机制可以激发体育教育的创新和竞争，促进资源的优化配置和提高服务质量。

最后，加强云南青少年体育教学和赛事的组织和管理。通过加强青少年体育赛事的组织和管理，积极推进云南青少年体育事业的发展。在学校体育赛事组织方面，以提升学生的社会适应、体育锻炼习惯、健康意识和体适能为导向，以可穿戴运动设备为手段，通过集成云南各级各类体育课程管理、体质健康促进动态监测、自主锻炼监控等模块，全方位为云南青少年健康发展保驾护航。在青少年赛事管理方面，加强云南体育赛事安全管理和赛事评价，提高云南体育赛事的质量和水平，研发“互联网+政府、学校、社区、家庭和市场”的体育课内外健康数据一体化的体育教学课程，将手表、心率等不同体育训练监控系统的数据与云端互联，以便教师、家长、教练可以各自权限从中获得健康信息。

总之，构建云南省政府、学校、社区、家庭和市场一体化体教融合的整体模式，以实现青少年体育事业的全面发展。通过加强政府、学校、社区、家庭和市场之间的沟通与协作，加强青少年体育教育的全方位覆盖，以及加强青少年体育赛事的组织和管理，云南省将为青少年体育事业的发展提供更加坚实的基础和支持。构建的这种协同合作、资源共享、互利共赢的“政府、学校、社区、家庭和市场”融合的整体模式。会将各方的优势和资源进行整合和协调，形成良好的合作关系，推动云南体教融合的全面发展。政府的引导和政策支持、学校的实施和组织、社区的场地和志愿者、家庭的支持和参与、市场的资源和服务，各方共同努力，为学生提供更丰富、更优质的体育教育体验，促进学生的全面发展和健康成长。

第四节　新时代云南体教融合的育人性

一、全体性与开放性

新时代云南体教融合发展的全体性和开放性是指在整个社会范围内，通过学校、社会和家庭的协同合作，将体育和教育有机结合，形成一种全新的教育模式。这种模式不仅注重学生的身体健康和运动技能的培养，更重要的是注重学生的全面发展和综合素质的提高。在云南省，体教融合发展的全体性，首先，体现在教育资源的共享。学校、社会和家庭三方面的资源可以互相借鉴和共享，从而形成一个更加完善的教育体系。学校可以借鉴社会和家庭的资源，如社会上的专业教练和家庭中的父母，来提高学生的体育水平和技能。社会和家庭也可以借鉴学校的教育资源，如教育理念和教育方法，来提高自身的教育水平。其次，体现在教育目标的共同追求。学校、社会和家庭三方面都希望学生能够全面发展，不仅在学术上取得好成绩，还要注重身体健康和综合素质的提高。因此，三方面都会在各自的领域内为学生提供更好的教育资源和服务，以达到共同的教育目标。最后，体现在教育成果的共同分享。学校、社会和家庭三方面都会关注学生的教育成果，通过各种方式来分享和展示学生的成果。学校会组织各种体育比赛和文化活动，社会举办各种体育赛事和文化活动，家庭会在家庭聚会和社交场合中分享孩子的成果。这种共同分享的方式可以激励学生更加努力地学习和锻炼，同时也可以促进学校、社会和家庭之间的交流和合作。

体教融合发展的开放性，首先，体现在教育资源的开放。学校、社会和家庭三方面的教育资源都是开放的，任何人都可以利用这些资源来提高自己的教育水平和技能。学校可以向社会和家庭开放自己的教育资源，如教室、图书馆和实验室等，社会和家庭也可以向学校开放自己的教育资源，如专业教练和家庭教育经验等。其次，体现在教育目标的开放。学校、社会和家庭三方面的教育目标都是开放的，任何人都可以根据自己的需求和兴趣来选择适合自己的教育目标。学校可以根据学生的兴趣和特长来制定个性化的教育目标，社会和家庭也可以根据自己的需求和兴趣来选择适合自己的教育目标。最后，体现在教育成果的开放。学校、社会和家庭三方面的教育成果都是开放的，任何人都可以分享和展示这些成果。学校可以向社会和家庭展示学生的教育成果，社会和家庭也可以向学校展示自己的教育成果。这种开放性的教育成果可以促进学校、社会和家庭之间的交流和合作，同时也可以激励学生更加努力地学习和锻炼。

总之，体教融合所追求的全体性和开放性，不仅仅局限于传统意义上的体育教育，而是将它与其他学科、技能和实践相融合，而且还要以全人教育为核心，注重学生身心健康，实现个人全面发展和社会责任的履行，形成一个系统而完整的培养模式，为学生实现全面发展提供了更好的途径和保障。

二、公平性与差异性

体教融合的公平性是指在实现体育与教育融合的同时，注重公正平等，不歧视任何一个学生，让每个学生都能享有公平的机会和待遇。这种公平性体现在体教融合的各个方面，包括教育目标、教学内容、机会平等、评价方式等多个方面。第一，体教融合的公平性要求制定公正的教育目标。每个学生都应该被平等对待，并且学校应该确保每个学生都能够获得充分的体育与其他学科的教育。体育教育目标必须具有普适性，每个学生都能在相同的条件下、获得相同的机会，才能形成公平的教育机制。第二，体教融合的公平性要求平等的教育内容。体育教育内容需要符合各个年龄段和不同文化背景学生的差异性，按照不同学生的特点设置相应的课程内容。此外，体育教育内容的安排也要注意到生源基础不同的问题，制订相应的教育计划并加以调整，使每个学生都能够获得适宜的教育资源。第三，体教融合的公平性要求采用公正的评价方式。体育教育评价需要考虑到不同学生个性差异，采取多样化的评价方式和方法，以确保公正评价每个学生的学习成果，使评价结果更加准确、客观和公正。第四，体教融合的公平性要求机会平等。学校体育必须在教育资源的配置上注重公平性原则，在保证所有学生的基本需求被满足的前提下，为每个学生提供相同的机会，使每个学生都能有机会参与到各种活动中，并同样受益于这些活动。第五，体教融合的公平性还要求教育机制的改革，包括体育教育的普及和教育市场的开放等方面。只有在教育机制上进行深刻的变革，才能为广大学生打破不平等机会的现实障碍，为他们提供更多的公平竞争空间。总之，体教融合的公平性是建立在教育目标的公正、教育内容的平等、评价方式的公正、机会平等和教育机制的公正等多个方面的基础上的。只有在这些方面得以实现，才能真正达成体教融合的公平性目标。

体教融合的差异性是指在实现体育与教育融合的过程中，体育和教育之间存在着不同层次的差异和矛盾，这主要体现在体育和教育的目的、内容、手段、方式等方面。具体来说，体教融合的差异性包括以下几个方面：第一，差异性在于目的不同。体育教育的主要目的是培养学生的身体素质、发展个性、增强自信心等；而教育则注重知识的传授、智力的开发、综合素质的提升等。虽然两者都涉及培养人的全面素质，但侧重点却不同。第二，差异性在于内容不同。体育教育的内容是体育运动技能和技术的培养，如体操、游泳、篮球等；而教育的内容则更侧重于知识的广度和深度，如语文、数学、英语等。此外，教育还包括了社交能力、心理健康等方面的培养，而体育教育则主要注重学生身体素质的提高。第三，差异性在于手段不同。体育教育主要通过体育活动的形式来达到培养学生身体素质和个性等目的；而教育则主要是通过课堂教学、考试评测等方式进行。体育教育的手段更加直观、自由，而教育则更多通过讲解、演示、复述等方式进行。第四，差异性在于方式不同。体育教育通过学生与自然环境、他人、自己之间的交互作用进行，包括体育竞技、自由活动和有计划的体育活动等；而教育则主要通过师生之间的讲授和问答等方式进行，课堂作业、听讲、阅读等为主要方式。总之，体教融合的差异性，就是针对体育和教育两个领域中存在的不同层次的差异和矛盾所提出来的。在实际实践中，需要更加注重差异性的处理，使得体育和教育能够相互融合、相互促进，进一步提升学生的全面素质和综合能力。同时，在体育和教育融合中，也需要更加注重掌握好体育和教育的平衡点，使得两者在实现共同进步的同时，能够顾及各自不同领域的优势和特点，更好地发挥出各自的价值。

三、科学性与人文性

体教融合是指将体育教育与其他学科知识相融合，以促进学生综合素质的全面发展。科学性表现在以下几个方面：一是开发学生的多元智能。体教融合注重从多个角度和维度来促进学生的学习和成长，开发学生的多元智能，使他们在各个方面都能够得到充分的发展。通过体育、音乐、美术等多种学科的融合，可以让学生在自己的强项上得到更多的发挥，同时也能够在其他领域中有所收获。二是提高学生的学习兴趣。体教融合可以让学生在学习过程中更加感受到学习的乐趣和意义。通过将不同的学科知识与体育运动相结合，可以让学生更加轻松愉悦地学习，同时也能够激发他们的学习热情和动力。三是促进学生的身体健康。体教融合可以让学生在学习过程中得到更多的身体锻炼，从而促进学生身体健康的发展。通过体育运动的融入，可以让学生在学习过程中得到更多的运动机会，从而锻炼身体、增强体质、提高身体素质。四是培养学生的合作精神。体教融合注重培养学生的合作精神和团队意识，让学生在学习过程中能够更好地与他人协作，共同完成任务。通过体育运动的融入，可以让学生在实践中体验到团队合作的重要性，从而培养出他们的合作精神。五是提高学生的综合素质。体教融合的最终目的是提高学生的综合素质，让他们在学习过程中全面发展。通过将不同的学科知识和体育运动相结合，可以让学生得到更全面的学习和发展，从而培养学生的综合素质。

体教融合是一种教育理念，强调了体育和教育的融合，通过体育活动来促进学生的身心全面发展。在体教融合的理念中，不仅强调了身体素质的提高，更注重学生个性、情感、道德等方面的发展，从而体现了其人文性。首先，体教融合注重学生的个性发展。体育活动是学生发挥个性的一种重要方式。在运动中，学生可以展现自己的特长和优势，同时也可以发现自己的不足之处，从而促进自我认知和自我完善。此外，体教融合还强调了学生的个性差异，尊重每个学生的独特性，鼓励学生发挥自己的个性特点，为其未来的发展打下坚实的基础。其次，体教融合注重学生的情感发展。体育活动是一种自由、愉悦、积极向上的活动，可以让学生释放内心的压力和负面情绪，增强心理健康。在运动中，学生还可以感受到团队协作、友谊和竞争的乐趣，从而培养出健康的情感态度和良好的人际关系。再次，体教融合注重学生的道德发展。体育活动可以培养学生的团队协作、公平竞争和自律自强等良好品质。通过体育比赛，学生可以感受到胜负的喜悦和挫折的痛苦，从而培养出积极向上的人生态度和正确的价值观念。最后，体教融合还注重培养学生的社会责任感，鼓励学生关心他人，参与公益活动，为社会做出贡献。

综上所述，体教融合不仅注重学生的身体素质提高，更重视学生个性、情感、道德等方面的全面发展，从而体现了其人文性。在实际教学中，教师需要根据学生的个性特点和需求，通过精心设计的体育活动，帮助学生全面发展，成为有道德、有文化、有自信、有爱心的新时代优秀青年。

四、终身性与阶段性

体教融合是一种教育理念，强调了体育和教育的融合，通过体育活动来促进学生的身心全面发展。在这个理念中，体育教育不仅仅是为了学生的短期发展，更是为了学生的终身发展。因此，体教融合的终身性可以从身体素质、个性情感和社会能力、价值观和道德素质三个方面来阐述。首先，体教融合注重学生的身体素质的终身发展。体育活动是强身健体的重要手段，通过体育活动可以提高学生的身体素质，增强学生的体质和健康水平，使学生在终身的人生旅程中拥有更好的身体状态。同时，通过体育活动的锻炼，学生可以养成良好的生活习惯和健康的生活方式，使得体育教育的价值在学生的终身中得到延续。其次，体教融合注重学生的个性、情感和社会能力的终身发展。体育活动可以帮助学生充分发挥个性和情感，增强自信心和勇气，培养学生与人相处和团队合作的能力，使学生在终身的人生发展过程中，具有更好的人际关系和交流能力。此外，体育活动也可以培养学生的领导才能和创新思维，使学生在终身的职业和社会角色中，具有更好的竞争力和创造力。最后，体教融合注重学生的价值观和道德素质的终身发展。体育活动可以培养学生的公平竞争、诚信、自律和责任感，使学生在终身的发展过程中，具有更好的道德素质和社会责任感。体育活动也可以让学生接触到各种文化体育活动，增强学生的文化素养和文化自信，使学生在终身的发展中，具有更好的文化眼光和文化素质。

体教融合的阶段性。一是学前阶段。学前阶段是体教融合的第一阶段，这个阶段的学生主要是幼儿园和小学低年级的学生。在这个阶段，体育教育的主要任务是让学生从生理、心理和社交等多方面获得充分的发展。体育活动应该以游戏为主，通过各种趣味性的游戏来培养学生的运动兴趣和运动能力，同时，也要注重学生的基本身体素质的训练，如耐力、力量、速度、柔韧性等。二是基础阶段。基础阶段是体教融合的第二阶段，这个阶段的学生主要是小学高年级、中学和初高中的学生。在这个阶段，体育教育的主要任务是进一步培养学生的身体素质，同时注重学生的技能和战术的训练。体育活动应该以多种多样的体育项目为主，通过各种练习和比赛来提高学生的技能和战术水平，同时也要注重学生的心理训练，如自信、毅力、压力管理等。三是高级阶段。高级阶段是体教融合的第三阶段，这个阶段的学生主要是大学生和职业运动员。在这个阶段，体育教育的主要任务是提高学生的竞技水平，同时注重学生的职业规划和终身发展。体育活动应该以专业化的训练和比赛为主，通过各种高水平的训练和比赛来提高学生的竞技水平，同时也要注重学生的职业规划和终身发展。

第五章　新时代云南体教融合发展的方法

第一节　优化云南体教融合发展的发展环境

一、探索完善云南体教融合的体制机制

创新云南体教融合的发展环境对于促进学生全面发展和提高体育教育质量具有重要意义。2017 年，云南省教育厅、省体育局下发了《关于深化教育体育改革加快推进“体教结合”工作的意见》，指出云南将重点加强学校足球、田径、游泳、滑雪等特色课程建设，同时推进校园足球和运动休闲场馆建设，将校园与社区、城乡相结合，推进社会体育事业的发展，并在教育、体育、文化、旅游等多领域推动协作。2020 年，国家体育总局和教育部联合印发《关于深化体教融合 促进青少年健康发展的意见》，标志着我国的学校体育由体教结合向体教融合转变。在此背景下，云南省出台《关于全面加强新时代体育工作推进体教融合发展的意见》，按照“融合发展、共享成果”的原则推进全省体育和教育融合发展，紧跟“融合”步伐，以促进学生身心健康全面发展、培养竞技体育后备人才。同时，《关于全面加强新时代体育工作推进体教融合发展的意见》将全省各州、市及以下体育部门并入教育部门，统称教育体育局。此举打破了以往教育部门与体育部门之间的壁垒，将两部门优势相结合，实现两部门协同合作。作为被列为体教融合的试点省份，云南省主动探索完善体教融合的体制机制，积极推进学校体育各项工作，为实现全面体教融合摸索出诸多宝贵经验。

但还需进一步创新发展环境，一是完善政策和规划，制定全面的体教融合发展规划和政策文件，明确发展目标、任务和措施。政府部门应加大对体教融合的支持力度，提供资金、政策和资源保障，鼓励学校和社会力量参与体教融合。二是建立跨部门合作机制，促进教育部门、体育部门和其他相关部门之间的紧密合作。建立跨部门的合作机制，协同推进体教融合的发展。通过信息共

享、资源整合和政策协调，实现协同效应，提高体教融合的水平和质量。三是加强师资培养与队伍建设，重视师资培养，提高教师的体育教育水平和综合素质。加强对教师的培训和专业发展支持，鼓励教师参与学科交流和研究活动。同时，吸引优秀人才从事体育教育工作，构建高素质的体育教师队伍。四是创新体教融合的课程设计，开发和推广创新的体教融合课程，将体育与学科知识相结合，促进学科知识的学习和体育技能的提高。通过多元化的教学方法和活动形式，激发学生的学习兴趣和参与度，提高课堂效果。五是建立多元评价体系，创新体教融合的评价体系，突破传统的单一考核模式。注重学生的全面发展和综合素质的评价，包括学科成绩、体育技能、体育素养、团队协作能力等方面的评价。通过多元化的评价方式，鼓励学生全面发展和积极参与体育活动。六是增加学校与社会力量的合作，积极引导和支持社会力量参与学校体育，开展校企合作、校社合作等形式的合作。通过引入专业机构、企业和社会组织的资源和经验，丰富学校的体育教育内容和活动形式，提高体育教育的质量和影响力。七是创新体育设施建设和利用模式，优化体育设施的建设和利用模式，注重灵活多样的使用方式。鼓励学校与社区、企业等共享体育设施，提高设施的利用率和效益。同时，推动数字化技术在体育教育中的应用，提供在线学习和训练资源，满足学生个性化和终身学习的需求。八是强化体育教育的社会认同和价值观传承，加强体育教育的社会宣传和推广，树立体育教育的良好形象和价值观。通过宣传报道、社会活动等方式，引导社会公众和家长对体育教育的重视和支持，形成全社会关注和参与体育教育的共识。通过以上创新措施的实施，可以推动云南体教融合的发展环境的创新，提高体育教育质量，促进学生全面发展和社会进步。

二、树立全省教育和体育系统的大教育观

在全省教育和体育系统树立大教育观指在将教育与体育融合过程中，不仅注重学生在体育方面的素质提高，同时要关注他们在思想、道德、文化、社会等多方面的全面发展，推进教育和体育事业的协同发展，为全民健身、全民素质提升和全面发展奠定基础。树立大教育观应包括以下几个方面：第一，注重素质教育。素质教育是一种以培养人的综合素质为目标的教育，包括了学生的思想道德、身心健康、学业技能、艺术修养、实践能力等多方面的发展。在教育体育系统中，应该通过体育活动促进学生的全面发展，培养他们的领导力、

责任感、团队合作精神、创新精神等核心素质。第二，强化国家安全意识教育。国家安全是国家经济发展、政治稳定和社会和谐的重要保障，加强国家安全意识教育，对于巩固国家安全具有重要的意义。在教育体育系统中，应该通过各种体育竞技活动和课程设置，加强国家安全意识教育，增强学生的国家意识和责任感。第三，推进课程改革。体育课程的改革是大教育观的重要组成部分。在改革中，应该遵循“以人为本、因材施教、多元发展”的原则，注重培养学生的身心健康，提高他们的综合素质。第四，促进青少年身体健康发展。身体健康是学生综合素质的基础，也是发展体育事业的基石。在教育体育系统中，应该通过各种体育活动和课程设置，促进青少年身体健康发展，养成健康的生活方式。第五，构建完善的教育评价体系。在教育体育系统中，应该构建完善的教育评价体系，注重学生的全面发展，从多个角度对学生进行评价，更加全面、科学、客观地了解和把握学生的情况。总之，在大教育观的指导下，云南省教育体育系统要实现教育和体育事业的融合发展，为建设富强民主文明和谐美丽的新云南奠定坚实基础。

三、云南省体育中考改革助力学校体育工作

云南省体育中考改革是云南省教育部门在全面推进素质教育、促进体育事业发展的背景下，为了加强中小学生体育锻炼而采取的措施。

2017 年，云南省出台《关于深入推进中小学校体育工作的实施意见》，提出要把中小学生体育训练纳入课堂教学计划，加强学生体育锻炼和培养全面素质。2018 年，云南省《中小学体育活动与运动会实施方案》正式颁布，提出要严格落实中小学生体育活动规划、推进学生体质健康测试、开展学校体育竞赛等措施。在上述政策的铺垫下，2019 年，云南省教育厅印发了《云南省中小学生体质监测与健康促进工作方案（2019—2023 年）》，明确提出将在中考中加入体育成绩的考核，并规定体育成绩所占比例不得超过 20%。同年 10 月，《关于进一步加强中考招生工作的通知》进一步明确体育成绩所占比例不得低于 8%、不得高于 12%，并要求各市州（地）按照本地实际情况调整具体比例。同年 12 月，云南省教育厅发布《关于进一步深化高中阶段学校考试招生制度改革的实施意见》，将体育中考成绩提高至 100 分。2020 年，针对部分学生反映体育中考难度较大并且体育成绩对整个中考成绩影响较大的问题，云南省教育厅结合各地实际情况，决定对体育成绩权重进行适度下调。省内城市和县区根据实际需要

和条件，可将体育成绩权重从不低于 8% 下调至 6%，而省内少数民族聚居地区则可以将体育成绩权重从不低于 10% 下调至 8%。2021 年，云南省开始正式实行体育中考，并通过试点县市逐步推广。目前，云南省体育中考的体育成绩权重在 6%—12% 之间调整。

云南省体育中考改革是云南省教育部门为了加强体育教育、促进素质教育、落实“全民健身”战略所采取的一项具有重大意义的措施。通过不断探索和改进实践，云南省正在逐步发展出一套全面、科学、切实有效的体育中考考核标准和体育教育体系，对促进中小学生健康成长，推进学校体育工作高质量发展具有重要意义。

四、学校校长大教育观的树立尤为重要

学校校长的角色在学校管理中起着至关重要的作用，是制定和实施教育政策、组织、推进和监督学校改革发展的关键人物，也是推进体教融合工作的核心力量。校长的教育观念和管理理念将直接影响到学校教育的方向、目标和效果。顺利推进体教融合，校长树立大教育观显得尤为重要。一方面，校长应当具备正确的大教育观，即以健康第一为理念、以全面发展为目标、以素质教育为导向、以人格培养为重点、以创新精神为核心的教育理念，引领学校体育教育向着更高、更全面的目标不断前行。在调查中，100% 的教练员认为学校校长的态度对于学校体育的发展起着至关重要的作用。另一方面，校长作为学校文化的代表，其言行举止、思想理念也是学生模仿的榜样。如果校长的大教育观存在偏差，很容易导致学生对体育教育的认知出现偏差，并可能在将来的成长过程中产生不良影响。因此，校长树立正确的大教育观非常重要，能够在学校顺利推进体教融合的各项工作。

第二节　完善云南体教融合发展的工作机制

“十四五”时期，云南省根据当前体育发展面临的新形势、新任务、新要求，出台《云南省“十四五”体育发展规划》，其核心任务之一就是要创新体教融合工作机制。体教融合是将体育与教育有机结合，通过科学方法和途径，促进学校教育质量的提高和学生全面发展的工作机制，主要包括渗透机制、动力机制、

激励机制、控制机制、保障机制等五个二级机制。其中渗透机制的主要功能是使体育和教育能够实现相互融入，是实现体教融合的前提；动力机制的主要功能是为体教融合运行提供适度的动力；激励机制的主要功能是推动参与者的行为方式和价值观朝着体教融合的目标方向发展，激发体教融合活力；控制机制则主要用于维持体教融合秩序，引导其运行方向和速度；而保障机制则旨在确保参与成员的基本生活条件、维护体教融合运行的安全性。这些机制的结构应该协调，彼此相互补充，在运作上都围绕体教融合的目标展开。

一、渗透机制

体教融合的渗透机制是以学校课程为载体，在课程设置、课堂教学、教材编写等方面将体育元素融入教育中，使学生在接受各门课程的同时得到身心锻炼，同时也将教育元素融入体育活动中，使学生在体育运动的过程中得到思想、道德和文化方面的熏陶，促进学生身心全面健康发展的机制。

首先，云南省在课堂教学方面，积极开展教育与体育相互渗透的实践。例如，云南某学校的踢毽子课，使用游戏化的教学方法，将教育内容融入体育中。这门课程利用毽子这一富有地方特色的传统体育运动，借助踢毽子的过程，引导学生了解毽子的起源和发展历程，并通过练习提高学生的身体协调能力和反应速度。其次，云南省在教材编写方面，充分体现了体育与教育相互融合的思想。例如，云南某小学的《道德与法治》教材，将游泳安全、交通安全、防火、防盗等重要安全知识融入内部，通过学习和实践，让学生了解生活中重要的安全常识，提高他们自我保护的意识和能力。最后，云南省在校际交流方面，开展了大量的体育交流活动，让学生在比赛中体验体育的乐趣和竞技的紧张感。在比赛中，云南省注重强调“友谊第一，比赛第二”的原则，通过展现阳光向上的形象，传递正能量，营造积极向上的校园文化。

综上所述，教育与体育相互渗透机制在云南省得到了广泛实践和推广，提高了学生的身心素质和社会适应能力。同时，云南省也发挥了自己丰富的文化资源和多样的民族文化，将其融入体育教育中，实现了体育与教育的双向互动和共同发展。

二、动力机制

社会、组织或系统要保持平稳运行，必须要有适度的动力。马克思经典作家们认为动力来自人们的需要："人以其需要的无限性和广泛性区别于其他一切动物。"体教融合的运行也存在着一个为目标提供活力、激发与激励组织及成员积极性的动力机制。同时，体教融合的培养动力和机制的形成，与社会的生产力发展水平、社会需要与个人需求相互促进、后备人才培养以满足社会的需要等因素密不可分。为了实现体育与教育相互融合的目标，云南省建立了一套完整的动力机制，包括政策倡导、资源投入、人才培养、监督评估等方面。

第一，政策是推动体教融合的重要保障，云南省在政策制定方面积极发挥作用，出台了一系列措施加强对体育教育的支持和引导。比如《云南省中小学体育教育课程标准》对中小学体育教育内容的设置、教材编写、师资培训等提出了具体要求，为各级学校开展体育教育提供了规范和指引。此外，在促进体育与旅游、文化等领域相互融合方面，云南省也出台了一系列扶持政策，推动全民健身和旅游、文化之间的深度交流和融合。第二，资源是体育和教育发展的基础，云南省在资源投入方面也给出了很大的支持和帮助。在学校建设方面，云南省鼓励学校建设标准化、专业化的体育场馆和设施，提高学校开展体育教育的条件和水平。同时，云南省还大力扶持体育产业的发展，促进体育与旅游、文化等领域的相互融合，吸引更多的人参与到全民健身和文化体育旅游活动中。第三，人才是推动体教融合的关键，云南省在人才培养方面给出了一系列支持和鼓励。在师资队伍建设方面，云南省通过举办各类培训班和专题讲座，加强对教师的培训和提高，提升他们的理论水平和实践能力，为学生提供更好的教育服务。此外，云南省还加大对优秀体育人才的培养和扶持力度，鼓励他们积极参与到全民健身和体育竞赛中去。第四，监督评估是推动体教融合的重要手段，云南省在监督评估方面也给予了应有的重视和措施。在教育部门、体育部门的监督下，学校要定期对体育教育的开展情况进行自我检查和评估，不断完善自己的工作流程和提升整体水平。同时，在加强师资队伍培养、推进教育与体育相互渗透等方面，在政策倡导和资源投入方面也需要加强监管和评估，确保各项工作顺利推进，达到预期目标。

三、激励机制

激励机制是指组织或系统引导其成员行为方式和价值观念的过程，主要由激励标准、激励手段和激励过程三个要素构成。这些要素相互协调，共同作用，以推动成员的积极性和创造性，达到更好的发展和效益。体教融合激励机制的主要目的是激发培养主体的积极性和创造性，形成符合社会运行总目标的价值观念和行为规范。由于培养组织的公共事业属性和人才培养的长期性、培养绩效的潜在性等特点，构建全面灵活的激励机制时应注意激励标准的全面性、公平性和高效性，激励手段的灵活性，激励过程的长期性以及正向激励与反向压力激励相结合，等等。科学发展观要求我们不再仅从竞技能力和运动成绩这一单一维度来评判并确定奖励，而是要考虑青少年在思想、文化、综合素质等方面的全面发展需求，制定一些制度化、量化的标准来评判并确定奖励，提高激励的积极性和创造性。

就激励标准而言，制定激励标准需要综合考虑学生的体育表现、学术表现和综合素质表现等多个因素。首先，应该考虑学生在体育方面的表现，如体育成绩、竞技能力、训练质量、参加比赛情况等，这是评价体育后备人才的基本条件。其次，需要评价学生在学术方面的表现，如成绩排名、科研成果、学科竞赛等，这是学习成就的重要体现。最后，还需要评价学生的综合素质表现，包括身心健康、道德素养、创新能力、实践能力等，这些都是培养后备人才的必备素质。在制定激励标准时，需要对这些因素进行量化和分值化处理，以确定不同方面的贡献值及其在激励机制中所占比例。同时，还需要考虑不同学生之间的差异性，以确定奖惩分级、个性化激励等制度化的方式，使激励措施更具针对性和公正性。总之，制定激励标准需要全面考虑学生在体育、学术、综合素质等方面的表现，量化分值化处理，制定差异化激励措施，以实现激励机制的公正性、科学性和有效性。

就激励手段而言，体教融合的理念要求应该充分考虑学生在学习、生活、体育等方面的全面需求，采取多元化、个性化的激励方式，以激发学生内在的积极性和创造性，激发其追求卓越的热情。一是实物奖励：例如奖状、奖章、文具等，这些实物奖励可以作为一种物质激励，能够激发学生的荣誉感、归属感和自尊心。二是经济奖励：例如奖学金、津贴等，这些经济奖励可以作为一种物质奖励，能够直接激励学生的学习和训练积极性。三是精神奖励：例如表扬、口头赞美、肯定等，这些奖励可以作为一种非物质奖励，能够更好地满足学生的精神需求，增强他们的自信心和动力。四是培训机会：例如参加国内外知名比赛、访问学术机构、参加国际交流等，这些活动可以为学生提供新的学习和训练机会，拓展他们的视野和经验，提高其综合素质。五是个性化奖惩：针对不同学生激励程度、个性化需求等进行差异化处理，制定奖励和惩罚措施，以激发每个学生的内在动力。

需要注意的是，激励手段并不是固定不变的，要根据实际情况及时调整和优化，以确保其有效性。

此外，各级教育部门应该建立学校业余训练工作评估、资助和奖励办法。这些办法应该包括组织机构、基础设施、科学选材、输送和参赛成绩等方面的评估，以表彰和奖励贡献突出的学校。同时，对于参与体育训练的运动员、教练员和科技人员等也应当进行精神激励、物质激励、信息激励和知识激励等。这些有效的激励机制是在长期实践探索和积累中形成的，对形成中国特色的体教融合工作模式具有重要影响。

四、控制机制

社会控制机制是通过各种因素、方式和社会力量来引导、规范、约束和调控个人和群体行为，以达到维护社会秩序、促进社会正义、保障公共利益和维护个人权利的方法和程序。

体教融合的控制机制需要根据不同的目标和需求进行选择和建立，并且需要不断加强和改进，才能够实现体教融合工作的良性开展。主要包括以下几个方面：一是课程实施监控。通过对体教融合的课程设置、教学效果等进行监督，对于符合标准的教学活动给予奖励，确认不符合要求的活动需加以改进或予以停止。二是教师评估机制。定期对体育教练员和体育课教师的教育教学质量进行评估，对于教学能力和水平较低的教师进行提醒和培训，确保教师都能够达到一定的教学水平。三是活动实施监管。学校或政府相关部门可以对体教融合的活动进行监管，包括活动场地的选择、安全措施的执行、教练员的资格等方面，对于不规范或不安全的活动，要及时进行整改或禁止。四是质量管理机制。建立质量管理机制，对学生参与各项体育活动效果进行评价，根据评价结果进行改进，确保学生能够获得最好的体育教育服务。五是绩效考核机制。通过建立符合体教融合前沿的教师绩效考核体系，来激励各位教师在体教融合过程中创新和发挥的积极性，推动体教融合的全面实施。

总之，良好的控制机制是体教融合的重要一环，有利于保障体教融合工作的有效开展。此外，体教融合还需要适应社会发展和时代变化，不断进行控制机制的完善和调整，以适应日益增长的需求和变化的场景，确保其发展步入健康稳定的轨道。

五、保障机制

体教融合保障机制是指提供资源和条件（包括但不限于人力、财力、物资和信息）以确保体教融合体系顺利运行、协调发展的措施，其结构、作用原理和作用过程都旨在预防体教融合体系出现恶性运行和畸形发展。

在体教融合过程中，保障对象应该是参加体育课程和文化课程的所有学生以及参与体教融合的教师、教练员和家长等相关人员，他们在体教融合中起着承前启后、搭建桥梁的重要作用。只有全面保障这些对象的权益，才能够更好地推动体教融合工作的发展，提升学生的综合素质和未来发展能力。因此，应从以下几方面予以保障。一是政策保障。地方政府应出台有关体育教育和文化课程相互融合的政策，明确相关部门的职责、义务和权利，加强对体教融合的资金、政策、资源的全面支持。二是人才保障。要培养和选拔具有专业素质和教育经验的文化课教师和体育教练员，促进他们之间的知识交流和相互配合，提高教育水平和教学质量。三是设施设备保障。为体教融合提供必要的场地、器材和设备，并加强其维护和管理，保证教学和训练设施的稳定完善。四是管理制度保障。建立基于规范化管理、科学化运作、信息化监督和评估的管理制度，确保各部门和人员按照制度要求开展体教融合工作，提高其效率和质量。五是社会支持保障。推动学校、社区、家庭、企业等多方面的社会力量积极参与体教融合工作，并建立体育公益基金会等组织，资助并推广有影响力的体教融合项目。

第三节　架构云南体教融合发展的培养模式

体教融合的最终目的在于解决体育和教育难以充分共生的问题。为了实现这一目标，在学校体育和学校教育融合发展中，需要建立协调内部各要素、途径和方法的体系构建，以完成预期目标并满足需求。为此，需要形成科学的运作指导框架，主要包括经费来源、人员编制归属、管理体制与运行机制和量化指标体系等方面。

一、拓展筹资经费来源渠道

在“体教结合”的培养模式下，训练比赛的经费通常需要通过“等、靠、要”

三种方式筹集。相比之下，体教融合模式可以更好地利用学校的优势，开拓资金来源渠道。其市场优势主要表现在以下三个方面：首先，学校是青少年进行全面教育培养的主要场所，培养优秀人才是教育工作的最终目标，这一点能够吸引社会慈善机构的关注和资金捐赠；其次，学校相关赛事具有广泛的影响面，每位青少年学生至少会影响到四个群体，因此能够吸引国内外各大企业进行广告投资；最后，学校学生消费能力强大，不仅是体育用品制造业的主要消费群体，同时也是未来高科技产业的主要消费者，因此能够吸引众多企业进行赞助。

近年来，云南省的学校体育竞赛市场初步形成，其中“四级联赛”得到了国内体育用品公司的长期赞助，如“合一体育”和“舒耐斯”等。此外，学生的单项赛事运动会也得到了国内外企业的捐赠和赞助，例如2021年的全省学生田径锦标赛就得到了“合一体育”公司的支持。因此，各级体育协会应该紧抓市场机会，充分利用竞赛资源，打造赛事品牌，努力加强学校竞赛市场的开发与利用，为学校竞技体育的开展提供更多资金支持。

（一）打造学生赛事品牌，提高学生赛事的知名度

为提高学生赛事的知名度，协会应该着眼于打造赛事品牌。赛事品牌是为了区别其他赛事而采用的显著标记，也是赛事内涵和市场价值评估的识别标志，同时也是无形资本的一部分，能够帮助协会在市场竞争中获得更大的优势和较好的经济效益。在打造赛事品牌过程中，除了重视竞赛质量提升，还需要积极配合新闻媒体的宣传推广。广播电台、电视台以及各种网络、报纸等媒介将是主要的宣传平台，在不同层次、不同阶段、不同地点积极宣传，提高赛事的知名度。因此，协会需要通过“品牌定位”“品牌运营”等策略进行赛事品牌的打造，将其与其他赛事区分开来。并且需要与新闻媒体紧密合作，积极宣传赛事，让更多人了解赛事的质量和价值，提高其知名度。这样才能更好地在市场竞争中获得优势，促进学生赛事的发展。

（二）多渠道进行体育市场开发

为了拓展学生赛事的销售渠道，各级体育协会应该成立专门的市场开发部门，共同制定赛事市场开发策略。例如竞赛赞助、社会捐赠、赛事冠名、体育代表队的冠名、学校与企业联合兴办高校高水平运动队、特许产品经营权、电视转播权和门票销售等多种形式。通过这些措施拓展销售渠道可以增加赛事的收入，提高其经济效益。其中，竞赛赞助是赛事市场开发的一个重要手段，各

级体育协会可以通过吸引企业或个人对赛事进行赞助，获得额外的经济收益，提高其财政收入。此外，社会捐赠也是一种常用的赛事市场开发方式，通过社会力量的支持，协会可以获得更多的资金支持和资源配合。同时，赛事冠名、体育代表队的冠名也可以提高赛事的知名度。学校与企业联合兴办高校高水平运动队，可以增加赛事的参与人数，丰富赛事内容，进一步拓展赛事市场。另外，在进行市场开发时，各级体育协会也可以采用委托代理的方式，聘请专业的体育经纪公司进行运作。这样不仅可以分担协会的工作压力，并且能够更好地利用专业经验和资源，提高市场营销效果。总之，各级体育协会应该通过市场开发部门制定有效的策略，拓展学生赛事的销售渠道。通过多种方式增加赛事的经济收益，进而推动学生赛事的发展，实现“企业、协会、学校”三方多赢的效果。

（三）强化体育提升企业商业回报

在进行营销活动时，可以利用各种学校体育赛事的平台来展示资助企业的形象，并宣传企业品牌。同时，为了更好地回报企业，可以采用广告、新闻宣传等多种方式，来提高企业的知名度和美誉度。特别是对于那些位于举办赛事当地城市的企业，他们可以充分利用赛事这个载体，展示自己的产品，吸引更多的消费者。比如可以请赞助企业领导参加各种欢迎酒会、新闻发布会，还可以为运动员颁奖，安排报纸、电台进行人物专访等，尽可能地让他们高频率地出现在观众面前，提高企业知名度和美誉度。通过这种方式投资营销策略，企业可以得到回报，进而与运动会的合作达到更加顺畅的状态。同时，通过赛事的策划和组织，还可以带动更多的消费者参与到活动中来，促进城市经济的发展，实现多方共赢效果。总之，通过拓展营销策略，充分利用各种学校体育赛事的平台，企业可以有效地展示自己的形象和品牌，提高企业知名度和美誉度。并且，通过回报企业的方式，营销活动将会更具吸引力，取得更好的效果，实现双方共赢。

（四）防止过度的体育商业化

市场化的运作虽然带来了学校竞技体育比赛的活力，但是若过度向商业化倾斜或者受到了操纵的影响，就会损害体育竞技的公益性和公平性，这对于学校竞技体育的本质特征会造成极大影响。

在市场化的竞技体育赛事中，一些不正当的行为，如服用兴奋剂、虚假年龄等已经屡见不鲜。同时，裁判员的偏袒现象也无法避免，导致“乱打分”或“吹黑哨”等不公平的情况时常发生。还有一些人为干预比赛的行为，如收受贿赂打假球，人为改变比赛规程、方式、时间、地点或设置障碍等，更是严重地扭曲了竞技比赛本该具备的公平性和公正性。因此，必须采取措施，加强竞赛监督力度，防止学生体育竞赛被过度商业化，确保体育竞技的公益性和公平性，使其真正服务于学生的身心健康和全面成长。

（五）注重竞赛市场化和运动训练之间的相互促进和协作

在学校赛事市场化运作时，必须妥善处理好竞赛市场化和竞赛为训练服务的关系。同时，竞赛市场化运作的核心应该是充分调动学校、社会和国家的积极性，提高竞赛管理水平，确保竞赛能够为教育和社会服务。只有正确处理好市场化和服务性之间的关系，才能够实现体育事业和竞赛的良性发展。因此，在学校体育竞赛市场化运作中，要注重两者之间的协作和相互支持，以促进竞赛和学生体育锻炼的全面发展。

科学、合理的竞赛安排是竞技体育赛事顺利进行的重要保障。在安排竞赛时，应该最大限度地考虑青少年参赛者的身心健康、身体负荷承载能力以及文化教育等方面的需求，不应因追求商业利益而忽视这些问题。竞赛市场化运作可以带来更多的机遇和发展，但如果不注重体育、教育、文化和社会发展的协调，就难以取得真正的成功。因此，要加强竞赛管理力度，提高竞赛组织能力和水平，建立科学的竞赛评价机制，保障竞赛的公正性和公平性。同时，还要把市场化竞技体育的发展与体育、教育、文化和社会发展相结合，提高竞赛对学生身心健康的培养作用，加深人们对体育精神和文明竞技的认识和理解。总之，必须正确看待竞技体育赛事的市场化运作，发挥其积极作用，同时注重其对教育、文化和社会的服务作用，保障青少年参赛者的身心健康和学习成长。

二、架构合理的人员编制归属

合理的人员编制是保障单位工作正常运转的重要前提条件。调查发现，在成立了体育科的市、区、县中，80%的区（县）没有行政和事业编制，只有20%有此类编制。除了10%的县、市、区明确设有行政编制的体育科人员，其他的市、区、县的体育科并没有单列核编计划，具体编制情况不是很清楚。然而，市级及各区、县教育体育局均存在着岗位编制和工作人员不足的问题，因此需要借调其他单位或学校的工作人员来辅助完成相关工作。此外，由于某些部门合并的原因，一些之前从事非体育工作的人员被分配到主管体育的部门工作，但这些工作人员对于体育工作并不了解。

在体教融合过程中，人员编制归属问题需要严格按照相关政策法规和工作要求来处理。在制订人员编制计划时，应当遵循目标导向原则，并全面调研现有工作状况，结合内外部环境和工作方式变化等因素进行科学的岗位规划和编制定额。只有明确被控制对象，才能根据实际情况采取相应的控制措施，并综合利用各个控制系统来形成合力，协同帮助被控制对象按照既定方案进行发展并确保其遵守系统规范。具体来说，需要做到以下几点：一是明确编制归属标准。根据不同领域的工作标准和人员需求情况，明确将哪些职位和工作纳入编制范围。二是保持沟通协商。对于涉及多个部门或单位的人员编制归属问题，需要及时进行沟通和协商，以达成一致的意见和方案。三是科学核定编制。根据实际需要，采用科学严谨的方法进行编制核定，确保编制数量合理、结构合理、适应融合发展需要。四是完善管理机制。建立完善的人员编制管理机制，包括编制计划、编制调整、编制控制、编制审核、编制使用等方面，从而确保人力资源的合理配置和高效利用。总之，在体教融合过程中做好人员编制归属工作，需要依靠政策法规、科学管理和实际需求相结合，并注重沟通协商、适度弹性和灵活处理，以促进体教融合。

三、加强管理体制的整合工作

首先，体育与教育两个部门在育人理念上存在巨大的分歧。体育部门更加关注赛事成绩和学生运动员的培训，而教育部门注重全体学生的体育健康和乐趣。这种差异导致了两个部门的育人目标不一致，使得协同合作难以实现。其次，在实际执行的措施方面，学校内缺乏高水平的教练员，体育部门所管理的教练员也没有真正进入学校内为学生进行科学性的训练及技能提高。此外，在竞赛体系方面，体育部门主要组织的竞赛较为局限，只有少部分学生运动员和体育能力较强的学生参与，导致参与人数较少、受众面窄。在这种情况下，学校需要更广泛的比赛来鼓励更多的学生参与其中。最后，资源投入也是体育与教育合作中重要的问题。体育部门的资金主要是依靠体育彩票公益金，然而这些资金并未真正用于学校和学生的体育锻炼中。此外，体育彩票公益金的经费使用方式也比较严格。因此，为了更好地实现体教融合的目标，需要在育人理念、措施和资源等方面进行深度融合。同时，扩展竞赛范围，让更多的学生参与其中，也是促进体教融合发展的关键。

在采访教育体育局竞训处的相关人员后，了解到体育部门对学校业余体育训练的资金投入只有每校每年每个体育项目 9000 元，这个金额显然不足以支持学校进行全面的业余体育训练。而教育部门对学校体育的经费投入也处于长期不足的状况，这使得学校的体育训练与开展活动受到了很大程度上的限制和影响。此外，调研发现大量的社会体育场馆并没有面向广大学生群体免费或低价开放，只有极少数的场馆提供免费或低收费的服务，而且这些服务只能覆盖到少数学校的学生，而其他学校的学生则无法享受到这些服务。这意味着许多学生需要到离学校较远的地方寻找体育场馆进行锻炼，这对于家庭条件较为困难的学生来说是非常不公平的。因此，在未来的发展中，需要加强教育部门和体育部门之间的合作，增加对学校体育的资金投入，以提高学校业余体育训练和活动的质量。同时，应该推动社会体育场馆向广大学生免费或低价开放，从而为更多的学生提供体育锻炼的机会，促进青少年健康成长。

四、提高学校体育人才培养方式

（一）高水平运动队建设

为了在高水平运动队建设方面取得更好的成绩，需要总结高等院校高水平运动队建设的经验，并致力于探索符合体育发展规律和教育发展规律的体教融合新途径，即需要在层次结构、年龄梯队和水平梯队的衔接、运动训练的组织形式、运动员的文化学习以及学籍管理等方面进行探索和实践，以形成更为可行和有效的模式。这是高等院校高水平运动队建设所迫切需要做到的。首先，加强体教融合的领导体系，建立行之有效的管理制度。同时，要加强对运动员的文化学习和学籍管理，提高他们的综合素质和竞技水平。其次，巩固体教融合的成果是体育发展的必然要求。为了实现县市业余训练的健康发展，需要建立以“体教联办”为主体的多种模式的业余训练体系和管理体系。同时，需要加强对县市业余训练的开发，以更好地推动其发展。这是实现县市业余训练健康发展的必要措施。此外，要改革人事制度，建立科学、合理的人员选拔机制来挖掘和培养更多的优秀运动员。最后，通过开展各种形式的有偿体育服务并开设经济实体，可以广泛拓展县市业余训练的资金来源，从而有效地改善训练条件，增强业余训练的发展后劲。因而要通过创新机制和模式，来为县市业余训练提供更多的资源和资金支持。

省高校女子足球主教练员：

承办高水平运动队的学校由最初的50余所到现在的300余所，其规模办队形式也发生了巨大变化。现行的体教融合模式有直接引入模式、联合办队模式、高校招运动水平较高的体工队青年队员、体校队员模式、学校、科研所、优秀运动队三位一体模式以及清华模式。直接引入模式是高校开始招收优秀的现役运动员，但这些运动员空有运动员身份，而无大学生内涵。联合办队模式是运动员挂着学籍不上课，拿的大学文凭水分高。高校招收运动水平较高的体工队青年队员、体校队员模式，这部分人最终大多是特长上不去，文化学不好，无法实现体教融合最终目的。学校、科研所、优秀运动员三位一体模式，这种模式能较好地解决“学”与“训”之间的矛盾，虽说有的学校不具备体育资源的条件，但值得借鉴。清华模式是成功的，是举国体质发展竞技体育的有益补充，代表着体教融合的发展方向，应该学习和推广。但也要注意运动员的成本较高，不能生搬硬套。

（二）“学训矛盾”问题严重

运动员需要在有限的精力内，同时完成大量的训练任务和文化课学习，这对他们是一个极大的挑战。单纯地依靠运动员的个人努力，去强行参与这两个方面的内容，只会增加疲劳和运动损伤的风险，也难以提高文化成绩。因此，针对高等院校运动员在文化和专业训练方面，如何做到全面发展、可持续发展的问题，建立融合发展体系下的管理体制至关重要。这是一种更为科学有效的方式，能够更好地平衡运动员的训练和文化学习，以确保他们能够两者兼顾。

高校体育运动委员会应该成为整合地方体育系统支持的中心，通过体育院系的具体执行，规划运动员的大学生活。要适度调配文化课和专项训练的时间和强度，优化资源配置，为个人可持续发展提供保障。为此，可以采用信息化管理系统将学生时间模块化统一规划为教育、体育、生活三大板块，利用DMS疲劳监测系统的支持，提前确定时间段，安排教育和体育训练工作，以达到协调安排的目的。对于生活板块，只需提供指导性意见，由学生自主安排。在现代科技的支持下，要力求实现体育和教育的融合，促进学生运动员的全方位和谐发展。只有个人全面综合发展，才能助力集体赢得荣誉，为国家争光。因此，学校应发挥教育作用，贯彻科学发展观，推行以人为本的管理理念，将竞技体育的教育作用发挥到极致，建立科学、合理的管理体制，并推动竞技体育和高校体育的融合发展向更高水平迈进。

（三）学校基础体教融合工作

黄香伯、周建梅提出了三种体育人才培养与学校体育相融合的模式。首先是一条龙模式，该模式的目标是构建全国范围内的体育后备人才培养体系。这种体系可以从小学开始一直到大学，实现全方位的纵向输送。为了实现这个目标，需要打破“体校—省市专业队—国家队”三级训练网，把体育回归到教育体系之中。其次是校体联合模式，该模式可以充分利用体育系统在竞技人才培养方面的经验和优势，与教育系统所拥有的独特优势相结合，齐头并进，共同管理学校的课余运动训练。最后是社会化模式，该模式旨在争取社会各界的优势，帮助学校共同参与和推动课余训练的整个过程。这三种模式都可以促进体育人才的培养，并推进学校体育事业的发展，提高学生的身体素质和综合素质。

以人为本，统筹兼顾的科学发展观，是对体教融合的重新审视。在推动体教融合的过程中，要将人的全面发展作为体育教育的出发点和落脚点。体教融合应成为学校工作的重要组成部分，实现文化教育与运动员训练和成长全过程的融合。

云南大学体育学院院长：

科学发展观要求以人为本，在推动体育事业发展中加强运动员的科学文化教育是符合这一要求的体现，也是为了实现人的全面协调可持续发展。将“以人为本”的指导思想落实到体育教育中，意味着我们要将关注点放在人身上，摒弃唯金牌论的观念，树立民生体育的理念。目标是以学生的全面发展为出发点，落实国家体育总局与教育部的要求，打破文化学习和运动训练之间的隔阂，强化运动员的文化学习，更新观念，充分挖掘潜力，考虑运动员的长远利益。同时，建立竞技体育后备人才培养的长效机制，促进人身心的全面发展，实现竞技体育的可持续发展。解决运动员文化教育的难题，需要立足于三个方面：首先，确保教育思想是解决运动员发展的基本理念；其次，必须保证足够的时间用于学习文化课程，这是解决文化教育难题的根本；最后，最终目标是实现竞技体育与文化教育的融合，解决运动员文化教育方面的问题。为了达成这个目标，可以从以下三个途径入手：一是加强义务教育对运动员的约束，满足运动员的知识需求；二是淡化金牌意识，突破“体教结合”的难点；三是创造一切条件，使运动员能够回归教育大环境。

（四）学校体育工作机制情况

据访谈教育体育局领导以及实地走访调查部分学校得知，为了确保学生有足够的体育活动和训练时间，增强他们参与体育运动的积极性，提高学生身体素质和综合素质，各县市区学校已按照一定标准设置了体育课程。小学每周开设3节到4节体育课程，初中则为3节，高中则为2节到3节，旨在保障学生能够充分参与体育活动，促进他们的全面发展。大多数县市区学校的体育教师基本上都满负荷工作，每周16节甚至超过课时标准。除了一些学校未能给予体育教师足够的补贴外，其他县区均为体育教师提供了适当的补贴。此外，学校体育场馆向社会开放的做法可以有效缓解年轻人和社会大众对体育健康需求与体育场馆资源供给之间的不匹配问题。目前，上海市、安徽省、陕西省、辽宁省、宁夏回族自治区等地已经颁布了学校体育场馆面向社会开放的政策。在2020年全国人大及政协会议上，政协委员再次提到了推动学校体育场馆对外开放问题。然而，在全省范围内，只有10%的县区学校完全对外开放了体育场馆，其他学校并没有对外开放。

有关体教融合工作主要解决哪些问题，在采访学校领导时，领导们普遍认为，在开展体育工作时，主要的关注点应该是为本校提供一个良好的体育环境和营造良好的体育氛围。同时，该项工作也能够促进青少年文化学习和体育协调发展，以及解决运动员学习和训练之间的矛盾问题，全面提升广大学生的身体素质。然而，在培养全面发展的人才、解决运动员及竞技人才就业问题以及缓解后备竞技人才短缺问题等方面，各领导并没有给予足够的重视。因此可以看出，学校领导对体育环境和青少年学习与锻炼协调发展的关注度比较高，对其他问题的重视程度较低，对于体教融合的概念和工作的理解还比较单一和表面。针对是否开展了与体教融合相关的工作的问题，多位负责体育工作的领导表示，该校目前尚未开展有关体教融合的相关工作。然而，其中一些学校的分管体育工作领导认为，他们各自的学校已经实现了体教融合：据介绍，他们认为体育活动对学校的教学活动有着重要的间接推动作用。为了更好地协调发展文化课和训练，他们充分利用节假日等时间，增加训练时数、减少学期间的训练时间，使得学生能够更好地安排学习时间。为了促进体教融合，他们还积极开展相关工作，推动体育网点学校的建设，为促进学生成长提供更好的平台。这表明，该校分管领导对体教融合概念的理解存在一定的模糊性。

五、形成“五位一体”的培养模式

体教融合通过学校、社会和家庭三方力量的协同作用，促进体育回归学校和教育本源，达到培养全面发展人才的目标。其中，“五位一体”体教融合子模式是建立共同管理的新体系，将“领导、教练员、教师、学生和家长”的职责明确划分，分别担任不同的任务与责任。为了实现有效的体教融合，需要各群体之间相互协同合作。领导在体教融合中发挥重要作用，他们需要指挥、监督和调控各个方面，如招生与办学、人才培养目标和任务、训练部门与教学部门的分工与合作、训练成绩和学习成绩的综合评估，以及教学与训练的管理等总体方面。教练员与教师之间的协调合作对于体教融合也至关重要。为此，需要重新定位文化课教师的工作内容和目标，并建立运动员训练与学习责任共担和双向激励机制，完善学习和训练之间的协调机制。同时，需要进一步明确教练员和教师的责任分工和权力责任，让他们充分发挥自身职业价值，相互协作，促进体育与教育的融合。学生和家长也需要积极配合。长期以来，受训练成绩至上思想的影响，体校学生普遍文化课成绩较差，缺乏对学习的重视。在“五位一体”体教融合子模式中，训练与学习地位相等，文化课的重要性大幅提高。政策应该建立，着重强调运动员对文化课的重视。同时，加大文化课重要性的宣传，引起家长的重视，并与教练员、教师共同承担督促作用，这是学生未来发展所必须具备的素质。这一机制还需要进行不断完善和调整，以适应时代发展的需求。

云南省体育局办公室主任：

要推行“五位一体”体教融合模式，必须建立规章制度作为基础。主要包括教育、训练、教练员、教师管理以及评估等多个方面。因此，需要制定相关规章制度，以促进该模式的有效运行。同时，建立领导责任制也是必要的。要由体育局领导、教育局领导、校领导以及家长领导班子的共同协作、共同负责，形成“齐抓共管”的联动机制，确保“五位一体”模式顺利实施。除了规章制度和领导责任制，还要重视校园文化建设。通过推行趣味体育比赛、文艺演出和知识竞答等校内活动，张贴海报等文化熏陶方法，让学生认识到文化水平和竞技水平同等重要，有助于营造良好的校园文化氛围，提高学生的文化素养，从而为“五位一体”体教融合模式的实施创造更加有利的条件。资金来源也是“五位一体”体教融合的实现关键之一，需要拓宽资金来源渠道，吸引社会资金参与，实现资源共享。同时，在时间和场地等物质条件方面进行调节，加强网络教学平台的建设，增强教学形式的灵活性，完善实验室和多媒体教学设备等，提升学习效率。此外，还要加强训练场地和设施的建设，增加相关促进科学化训练的设备，为学校提供必要的物质保障。因此，“五位一体”体教融合模式的实施离不开规章制度、领导责任制、校园文化环境和资金保障等多个方面的支持，这些因素相互作用，在确保学生文化课程学习的同时，也为训练和比赛提供了必要的保障。

第四节　打造云南体教融合发展的竞赛体系

竞赛是竞技体育发展的“指挥棒”，是调整竞技体育资源配置的杠杆。建立完备的竞赛体系，对促进体教融合工作的顺利开展、提高学生全面发展和教育质量都有积极作用。因此，构建科学、合理的竞赛体系是必不可少的。

一、明确学校竞赛的目的

在举办青少年竞赛时，需要明确比赛的目的，包括检验训练成果、引导基础训练、提高竞技能力和选拔人才等方面。同时，要遵循“重育人，轻夺标”的原则，弱化竞技成绩排名的重要性，注重运动员综合素质的培养，发挥竞赛对于训练成果的检验和运动员实战竞技水平提高的作用。

在青少年的身心特征方面，要坚持以人为本，关注并注重青少年全面发展。因此，比赛组织方应该加强对青少年竞技的管理和指导。对于不同的比赛，比如少年儿童比赛和青年比赛，应该有不同的侧重点。针对少年儿童比赛，其主要目的是为了推广基层体育运动，挖掘和培养竞技体育后备人才；对于青年比赛，则需要注重团队协作和提高运动技术水平，以选拔出更多的优秀人才。在训练形式的选择上，还要根据运动员的年龄和能力水平进行科学的安排。对于训练形式低级的运动员，注重培养运动员的兴趣和基础训练，避免过早专业化，而不是一味地追求竞技能力。当运动员逐渐成长并提高时，还需要逐步提高对竞技能力的要求，以进一步完善他们的技能和实战水平。全面且有针对性的训练，才能更好地帮助青少年运动员实现自己的梦想。

云南省教育厅体卫艺处长：

青少年校园四级联赛是促进我国体育事业、校园体育以及体育后备人才培养的重要手段。但不同地区的发展水平和文化背景的差异，使得在建立校园联赛体制的条件尚未完全成熟时，各地方在推进校园体育方面都会遇到诸多阻力。

作为一个多民族的省份，云南在发展校园体育方面更加具有挑战性。因此，建立健全云南省从小学到大学的青少年足球选手培养和选拔体系，积极开展小学、初中、高中和大学的校园足球活动，合理提高中小学足球联赛的规模和水平尤为重要。加大大学组联赛的力度，提高比赛规模和水平，并形成有机的联赛层次，建立畅通的人才输送渠道，避免培养过程中出现断层问题，这对于推动我国体育事业的发展具有重要意义。同时，这也有助于培养更多的体育特长人才，为青少年体育训练和学习提供可持续性和可发展性的保障，进一步提高学生的身体素质和道德素养。此外，这些举措还可以避免优秀青少年体育人才因各种原因放弃运动和流失的现象，确保校园体育运动充满生机和活力。值得一提的是，为了营造更加良好的体育氛围，我们还应该采取有效措施，鼓励和培育更多的体育爱好者，提高广大师生全民健身的意识和参与度。只有这样，我们才能够为推动中国体育事业迈上一个新的台阶，做出更加积极和有益的贡献。

我国正在推进校园足球的发展，其中包括开展快乐足球活动、建设“十百千”校园足球工程、年度检阅和健全校园足球培养体制四个部分，并由中国青少年校园足球发展计划执委会负责实施。云南省在2016年启动了校园足球联赛体制，初步建立了联赛体系，但仍存在竞赛目标不一致、组织结构不清晰、赛事系统有缺陷和缺乏规章制度等问题。为进一步完善校园足球竞赛机制，政府应扮演主导角色，激发学校的主体活动热情，并积极争取社会支持和参与。同时，需要在专业人士的指导下，做好每个级别联赛基础并合理衔接，完善联赛配套工作，把校园足球和地方足协技术培训衔接起来，协同合作，做好每一个环节。教育部门是校园足球活动的主要推动者，但体育部门也需要密切配合，共同推进校园足球的发展。因此，两个部门要发挥各自的优势，承担责任，切实做好足球教学、竞赛和培训工作。同时，在联赛发展中应注意弥补学校间差距，避免出现凑数现象，提高校园足球活动水平，培养更多的足球人才，推进我国体育事业的发展。

二、划分竞赛区域、层次进行比赛

为了组织学生的体育比赛，学生体协需要根据云南省行政区划将学生分组竞赛，每个赛区都由学校协会组织自己的比赛。在组织比赛时，有三个原则必须遵循：首先，应该增加比赛场次，以便学生有更多的锻炼机会。其次，应该利用节假日来举办比赛，以减少对文化课的干扰。最后，应该有利于发现和选拔人才。为了确保公平竞争，竞赛应该按照参赛学生的不同特点进行划分。在中学阶段，比赛可以根据学生的年龄分为不同组别，如 7－9 岁组、10－12 岁组、13－14 岁组和 15－17 岁组的田径、乒乓球、游泳、跳水、足球、篮球等项目。在大学阶段，则可以根据水平分为普通大学组、职业院校组和体育院校组等。每个组别都可以进行综合和单项运动会，从而形成完整的竞赛体系。由于云南省地域分布广阔，经费有限，因此必须遵守以上原则以确保竞赛的公平性和有效性，从而调动学校培养竞技体育后备人才的积极性，发现并输送人才。

云南省教育厅体卫艺处副处长：

2016 年 3 月 30 日，云南省泸西县的一场青少年校园足球四级联赛启动仪式拉开帷幕。整个仪式气氛热烈、隆重而激情澎湃，有教育部、省政府和省青少年校园足球领导小组成员等有关单位的领导参加。与此同时，全省各州市教育局分管领导及体卫艺专干、71 所高等学校分管副校长、体育学院院长、182 所全国青少年校园足球特色学校的校长和校园足球体育培训教师等人士也出席了此次盛事。此次启动标志着泸西县校园足球活动正式拉开帷幕，并借此贯彻落实《中共中央国务院关于加强青少年体育增强青少年体质的意见》等文件精神，通过推广校园足球，提高学生身体素质，培养他们团队协作意识和拼搏进取精神，打造高原足球县和推广校园足球文化。同时，该县还深刻理解校园足球联赛对于人才培养具有非常重要的作用，全面推进校园足球的开展，让各级学校形成完整的联赛体系，提升老师、学生和家长对校园足球的认识水平。经过多年的不懈努力，学校足球创新发展机制已初步形成，各学校也积极响应，参与到由中国大学足球协会组织的各类比赛，并邀请高水平的指导人员对足球联赛各类人员进行培训，取得了一定成果，但仍需不断完善和提升。

为贯彻实施《中共中央国务院关于加强青少年体育增强青少年体质的意见》《国家中长期教育改革和发展规划纲要（2010－2020 年）》《体育总局教育部关于加强全国青少年校园足球工作的意见》等重要文件精神，云南省积极开展校园足球活动。以科学发展观为指导，深入推进青少年足球运动，目的是提高学生身体素质，培养他们的团队协作精神和拼搏进取精神，并为专业足球运动员输送人才。为了实现这个目标，在普及足球知识、构建全省校园足球联赛体系、培育校园足球文化等方面，云南省做出了积极努力。倡导全民参与，积极宣传足球运动的利益和价值，使更多的学生加入校园足球活动中来。同时，建立起体系完整的全省校园足球联赛，规范和完善联赛制度，提高比赛水平和质量。此外，云南省还注重培养校园足球文化。通过举办各种足球赛事、开展体育教育宣传、加强教练员和裁判员的培训等方式，普及足球知识和技能，提高学生的素质和竞技水平，丰富校园文化生活，为青少年足球人才的培养打下坚实的基础。总之，云南省在推进校园足球活动方面取得了显著成效，并将继续加强校园足球工作，培养更多合格的青少年足球运动员，为我国足球事业的发展做出贡献。

在此过程中，云南省教育厅和云南省体育局共同决定，将举办 2016 年度云南省青少年校园足球四级联赛，并于当年 8 月在泸西县和开远市举行总决赛，为云南省的学校足球发展提供了新机遇。各小学、中学、大学也积极响应，参与各类比赛，并逐步完善四级足球联赛竞赛制度，推动校园足球的不断发展。同时，要让各级学校形成完整的联赛体系，提高老师和家长对校园足球的认识水平，深刻理解校园足球联赛对人才培养的重要意义，为学生提供更好的发展机遇。在推进学校足球的过程中，云南省还不断完善相关机制，邀请高水平指导人员对足球联赛各类人员进行培训，取得了一定成果，但仍需继续努力。通过这些努力，学校足球的创新发展机制已初步形成，为推动校园足球的蓬勃发展打下了坚实的基础。

在云南省教育厅及各地州教育局的大力支持和鼓励下，云南省在校园足球活动方面取得了非常积极的成绩。许多学校和学生都参与到校园足球运动中，充分发挥了校园足球在身体素质提升、人际交往、团队合作、全面发展等方面的作用。目前，许多学校已经积极申报成为云南省校园足球特色学校，这将有助于进一步推广和发展校园足球运动。同时，云南省也将加大对特色学校的支持力度，提供更多的资源和保障，帮助学校和学生更好地开展校园足球活动。云南省校园足球四级联赛已经初步形成较好的规模和体系，吸引了很多人的关注和参与。但是，该联赛还处于起步阶段，因此需要各部门积极有效地推动校园足球的发展，以实现更好的发展和效益。云南省青少年校园足球四级联赛的发展对云南省有着非常重要的意义，可以提高学生身体素质及培养其团队协作精神和拼搏进取精神，为专业足球运动员输送人才。同时，四级联赛的发展也将推动校园足球文化的普及，并吸引更多社会力量的参与和支持。为了更好地发展四级联赛，需要进一步提高联赛的组织管理方式，有效地推广四级联赛对人才培养的重要意义，让更多的人正确认识到四级联赛的价值和意义。体教融合的发展研究对云南省青少年校园足球四级联赛的发展是非常有必要的，可以帮助其更好地发展和提高影响力。

三、构建竞赛评价体系

我国竞赛评价的历史相比其他国家要长远许多，但在早期时期并没有得到足够的重视。体教融合的本质就是把培养竞技运动员的方法引入国民教育中，通过运动竞赛让广大青少年体验乐趣、强化体质、锤炼意志。作者认为，促进青少年健康发展是最为重要的目标，而提高学校体育竞技水平则是其次要目标。此外，随着体育纳入中考计分范围，竞赛考核评价方式也应成为一个重要的环节。这一评价方式的主要意义在于鼓励学生自我成长、自我激励，通过与自己的前后表现对比，实现自我提升。学习成绩、日常表现和参赛表现的挂钩，是学校教学模式和评价方式的一种体现。但如果评估工作不够系统，可能会导致学生积极性不高。这种评价方式将竞赛评价分为学习成绩、平时表现和比赛成绩三个方面，并将其综合评定，考虑到竞赛过程和结果的多方面因素。

在体教融合的评价模式中，学习成绩、日常表现和参赛表现各有其职责。文化课教师需要从学生的课堂表现、课后学习情况、定期考试成绩和期末考试成绩等方面进行综合评估，以得出学生的学习成绩。而教练员则应该根据学生的日常训练表现、态度和成果等因素进行评估，得出学生的日常训练表现成绩。此外，教练员还要对学生的比赛情况进行评估，包括比赛次数、比赛态度和比赛成绩等，以确定学生的参赛成绩。为了得出学生的最终成绩，教练员和文化课教师应该共同商讨并确定学习成绩、比赛成绩和日常训练成绩的权重比例。这些比例的确定应当充分考虑各个方面的重要性，并在实践中不断地进行调整和改进。通过权重比例的运用，可以综合评估学生在不同方面的表现，从而更加全面、客观地衡量他们的学业水平和综合素质，为他们的未来发展提供帮助和支持。

为了成功实施学习成绩、日常表现与参赛挂钩的体教融合模式，需要建立以下机制：首先需要统一评价标准。由于不同运动项目的比赛等级和模式不同，取得的名次也会有所不同，因此应采用合理的标准将运动员的比赛成绩折算成分数并计入总评成绩，以确保评价标准的公平性。其次，权重分配是综合评估学生成绩的一个重要环节，应该根据各个因素的重要性进行合理分配，避免权重失衡。此外，日常训练和学习过程也是评估的关键因素之一，这需要教练员和文化课教师共同关注，并且应该保持正确的人才培养观念。最后，要加强文化课教师和教练员之间的协调和沟通。尽管他们从不同的领域出发，但是学生的成长需要全面的支持和指导。因此，他们应该加强沟通，实现文化教育和体育训练的融合，从而更好地进行综合评估，以全面衡量学生的表现和综合水平。只有摆脱“成绩至上”的局限性，并且真正实现教育的全面发展，才能更好地支持学生的成长和未来发展。

四、加强竞赛监督

为了确保竞赛的公平、公正进行，需要制定可操作性强的法规制度来规范比赛分层、运动员参赛资格、违规等内容。竞赛监督应该从两个方面进行：一是成立竞赛监督体系，二是制定竞赛法规体系。竞赛监督体系通常包括竞赛委员大会、比赛资格认证委员会和处罚违规行为的委员会。竞赛委员大会的主要任务是制定和修订规章制度，比赛资格认证委员会负责审核参赛运动员的年龄、学习成绩等是否符合参赛层次的要求；而处罚违规行为的委员会则负责对违反竞赛规章的学校及运动员个人进行惩罚处理。调研结果表明，为了确保体育竞赛的公正与公平，我们可以参考美国大学生体育联盟的竞赛原则，这些原则包括公平竞争、业余原则、学术同等原则、竞赛分级、队员参赛资格认证、体育道德以及服从原则，这些原则都是确保竞赛公正与公平的核心因素。其中，参赛资格尤为重要，因此我们应该强调以下几个方面：首先，学生成绩必须符合基本标准，确保学生能够充分投入学习中。其次，我们需要考虑年度参赛次数的限制，以确保学生有足够的时间进行学业和课外活动。最后，我们还需要关注队员的参赛资格认证，避免不合格选手的参与，保证比赛的公平性。同时，我们也应该注重学生的体育道德和服从原则，这也是确保比赛公正的重要环节之一。通过遵守这些原则，我们才能更好地促进学生的全面发展，实现体育教育和学术教育的协调发展，使学生在比赛中得到成长和提升。

在我国的中学阶段，有多种形式的体教融合，如传统项目学校、体育后备人才试点学校、体校进中小学以及吸引社会力量办校等。而在高校，体教融合表现为高校办高水平运动队、国家运动项目中心、省市专业队挂靠普通高校、体育学院发挥优势成为“学、训、研”结合基地等多种形式。这些变革在一定程度上改变了我国高水平运动员的培养方式，为中国竞技体育的未来开辟了新的道路。随着北京奥运会的落幕，我国的竞技体育管理体制不断深入，逐渐将培养竞技体育后备人才作为学校体育的重要任务。此时，体教融合模式成为一种强有力的推动力量，将竞技体育后备人才的培训机制与教育系统结合起来，通过全面发展的方式培养高素质竞技体育人才，促进中国竞技体育的可持续发展。该模式具有长远性的培养目标、唯一性的培养主体、业余性的培养对象以及科学性的培养过程等显著特征。

体教融合模式的实施，意味着将受教育的权力交还给运动员，并促进他们实现全面发展。这一模式也能够吸引更多有潜质的青少年从事业余训练，保障竞技体育的可持续发展。结合体教融合理念，我国正在逐步建立完善的竞技体育后备人才培养机制，通过适当的培养、指导和管理，挖掘和培养更多的优秀运动员，为中国竞技体育的未来奠定坚实的基础。总而言之，体教融合模式是我国竞技体育升级转型中的重要举措，其实施对于提高中国体育的整体水平、推动中国竞技体育的可持续发展具有重要意义。

第六章　新时代云南体教融合发展的路径

第一节　推动云南体教融合“名牌大学为龙头牵引”与小、初、高中协同发展

推动云南体教融合“名牌大学为龙头牵引”与小、初、高中协同发展需要各方共同努力，包括政府部门的政策支持和管理指导，学校的组织和实施，教师的专业能力和教学水平，以及社会力量的支持和参与。制定明确的发展目标、建立协同机制、加强师资培养、优化课程设计、建立评估机制和强化社会支持，只有形成合力，共同推动体教融合的发展，才可以促进名牌大学与小、初、高中之间的协同发展，才能实现云南体育教育的全面发展和学生的综合素质提升。

一、建立名牌大学与云南小、初、高中之间体教融合的合作机制

建立名牌大学与云南小、初、高中之间体教融合的合作机制是促进教育发展和提高学生综合素质的重要举措。明确名牌大学与小、初、高中之间合作的目标和愿景，例如促进体教融合的发展、提高教育质量、培养学生的综合素质等。这样的明确目标可以为合作提供方向和动力。制定合作协议，明确名牌大学与小、初、高中之间的合作范围、内容、责任和权益。协议可以包括合作的具体项目、资源共享、师资培训、课程开发、学生交流等方面的内容。协议的签署可以形成合作的法律依据，为双方提供保障。建立有效的沟通与协调机制，确保信息流通和合作的顺利进行。可以设立合作机构或委员会，负责协调双方的合作事宜，定期召开会议进行沟通和交流。名牌大学可以为小、初、高中教师提供师资培训和专业交流的机会。可以组织专门的培训课程、研讨会或研修班，让名牌大学的教师与小、初、高中教师分享教学经验和教学方法，提升教师的专业能力。名牌大学可以与小、初、高中共同开发体教融合的课程，为小、

初、高中提供教学资源和教材。可以制定课程标准和教学指导，为小、初、高中提供参考，同时可以分享名牌大学的教学资源和实验设备，充实学校的教育资源。名牌大学可以与小、初、高中开展学生交流和合作活动，例如组织联合科研项目、举办学术竞赛、开展文化艺术活动等。这样的交流活动可以促进学生之间的互动与学习，扩展他们的视野和知识面。建立评估与反馈机制，对合作的效果和成果进行评估和监测。可以定期进行合作项目的评估，了解项目的进展和效果，并根据评估结果进行调整和改进。同时，要鼓励双方提供反馈意见和建议，以不断完善合作机制和项目。名牌大学可以与云南省内外的社会组织、企业和机构建立合作关系，共同支持体教融合的合作。社会力量可以提供专业的支持和资源，为合作项目提供帮助和推动。名牌大学与小、初、高中之间的合作应该是长期稳定的合作伙伴关系，而不仅仅是短期的项目合作。通过持续的合作，建立互信和共赢的关系，实现长远的合作目标。名牌大学与小、初、高中之间的合作应该定期总结和分享经验，为其他学校提供借鉴和参考。可以组织经验交流会议、发布合作成果等形式，分享合作的成功案例和经验，促进合作的复制和推广。建立合作协议、加强沟通与协调、提供师资培训与交流机会、开展课程与资源共享、举办学生交流与合作活动、建立评估与反馈机制、加强社会支持与合作、建立长期合作伙伴关系以及定期总结和分享经验，可以建立起一种有机、持续且有益的合作关系，促进名牌大学与云南小、初、高中之间体教融合的合作机制的建立，共同推动体教融合的发展，提高学生的综合素质和教育质量。

二、打通名牌大学与云南小、初、高中之间体教融合的体育课程对接点

打通名牌大学与云南小、初、高中之间体教融合的体育课程对接，以促进不同阶段体育课程衔接和合作。名牌大学与云南小、初、高中可以共同制定体教融合的课程标准，明确学习目标和内容。通过制定共同的课程标准，可以确保名牌大学与小、初、高中之间的体育课程具有一致性，便于学生的顺利过渡和学习。名牌大学可以与云南小、初、高中共同开发教学资源和教材，满足不同学段学生的学习需求。可以整合名牌大学的教学资源和研究成果，结合小、初、高中的实际情况，开发适合的教学材料和教学方法。名牌大学可以为云南小、初、高中的体育教师提供师资培训和指导，提升其教学能力和专业水平。

可以组织教师培训课程、研讨会或研修班，分享最新的教学方法和教学技巧，帮助教师更好地实施体教融合的体育课程。名牌大学教师可以与云南小、初、高中教师开展交流与合作，共同研究和探讨体教融合的教学模式和方法。可以组织教师交流活动、教学观摩或合作研究项目，促进教师之间的互动和学习。名牌大学与云南小、初、高中可以联合举办教学活动，例如联合授课、联合实践、联合体验等。通过实际的教学活动，学生可以亲身参与和体验体教融合的教学方式，加深对课程内容的理解和学习效果。名牌大学与云南小、初、高中可以建立评估和反馈机制，对体教融合的课程进行评估和监测。可以定期进行课程的评估和反馈，了解学生的学习情况和教学效果，并根据评估结果进行调整和改进。同时，要鼓励教师和学生提供课程的反馈意见和建议，以便进一步优化体教融合的体育课程。名牌大学与云南小、初、高中可以鼓励学生参与体教融合的体育课程，并提供互动的学习机会。可以组织学生交流活动、合作项目或竞赛，培养学生的合作能力和创新精神，增强他们对体育课程的兴趣和参与度。制定共同的课程标准、开发教学资源和教材、提供师资培训和指导、推进教师交流与合作、举办联合教学活动、建立评估和反馈机制，以及建立长期稳定的合作机制，可以打通名牌大学与云南小、初、高中之间体教融合的体育课程对接，实现课程的衔接和合作，推动体教融合的发展，提高学生的综合素质和教育质量。

三、促进名牌大学与云南小、初、高中之间体教融合的教师交流和互动

促进名牌大学与云南小、初、高中之间体教融合的教师交流和互动是推动教育发展和提升教育质量的重要举措。创建一个专门的交流平台或网络社区，让名牌大学与云南小、初、高中教师能够方便地进行交流和互动。这个平台可以包括在线论坛、教育博客、社交媒体群组等，为教师提供一个共享经验和资源的空间。名牌大学可以定期组织教师培训和研讨会，邀请云南小、初、高中教师参加。培训和研讨会可以涵盖体教融合的教学方法、教材开发、评估和反馈等方面的内容，为教师提供专业的培训和学习机会。名牌大学与云南小、初、高中可以合作开展教育研究项目，共同探索体教融合的教学模式和方法。可以设立研究小组，共同制订研究方向和计划，开展实地调研和数据收集，共享研究成果和经验。名牌大学与云南小、初、高中可以定期举办教师交流活动，例

如教学观摩、讲座、研讨会等。这些活动可以提供一个面对面的交流机会，让教师们互相借鉴和学习，分享教学经验和教学方法。名牌大学与云南小、初、高中可以合作开展教学项目，例如共同设计和实施体教融合的教学课程、开展合作实践活动等。通过实际合作的教学项目，教师们可以相互配合，共同提高教学效果和学生的综合素质。名牌大学教师可以担任云南小、初、高中教师的导师，为其提供指导和支持。导师可以定期与教师进行面对面的交流，共同探讨教学问题和解决方案，提供专业的指导和建议，帮助教师提升教学能力和专业水平。名牌大学与云南小、初、高中可以联合申请教育项目和资金支持，共同开展教学改革和创新项目。通过合作申请项目和资源，可以提升教师交流和互动的机会，促进教育改革和发展。名牌大学和云南小、初、高中可以设立教师交流奖励机制，鼓励教师之间的交流和互动。可以评选优秀教师交流者，给予荣誉称号、奖金或职称晋升等奖励，以激励教师们积极参与交流活动。名牌大学与云南小、初、高中可以共同打造示范校，成为体教融合的典范。示范校可以在教育理念、课程设计、教学方法等方面进行创新和实践，为其他学校提供借鉴和参考。建立交流平台和机制、组织教师培训和研讨会、开展合作研究项目、定期举办教师交流活动、创建合作教学项目、建立导师制度、联合申请教育项目和资金支持、设立教师交流奖励机制、加强合作共建示范校，可以促进名牌大学与云南小、初、高中之间体教融合的教师交流和互动，促进教育的发展和提升教育质量。

四、建构云南小、初、高中生与名牌大学体教融合竞赛资源共享平台

建构云南小、初、高中生与名牌大学体教融合竞赛资源共享平台是促进学生综合素质发展和提升竞赛水平的重要阵地。建设一个专门的在线平台，作为云南小、初、高中生和名牌大学之间的资源共享和交流的中心。平台需要具备稳定的网络环境和安全性，提供便捷的上传、下载和共享功能。同时，需要提供技术支持和维护，确保平台的正常运行和用户体验。名牌大学可以将体教融合竞赛的相关资源上传到平台，包括竞赛教材、教学课件、讲座视频、案例分析等。云南小、初、高中生可以通过平台自由获取这些资源，并根据自己的需求进行学习和参考。平台可以提供学生之间的学习交流和互动功能，例如在线讨论区、留言板、问题答疑等。学生们可以在平台上共同探讨竞赛相关的问题，分享学习经验和解决方案，提高彼此的竞赛水平。名牌大学可以派出专业的导

师团队，为云南小、初、高中生提供指导和反馈。通过平台，学生们可以与导师进行在线交流和互动，获得专业的指导和建议，提升自己的竞赛技能和水平。平台可以组织线上培训和讲座，邀请名牌大学的教师和专家进行讲座和培训。这些培训和讲座可以涵盖体教融合竞赛的技巧、策略、案例分析等内容，为学生提供学习和成长的机会。平台可以发布体教融合竞赛的信息和通知，包括竞赛时间、地点、报名要求等。学生们可以通过平台进行竞赛的报名和参与，提高他们的竞赛机会和参与度。平台可以设立成果展示的板块，学生们可以在平台上展示自己的竞赛成果，分享自己的经验和心得。这样可以激发学生的学习动力和竞争意识，同时也可以让其他学生从中学习和借鉴。平台可以对学生的学习和竞赛数据进行统计和分析，例如学习时长、参与竞赛的次数、成绩等。这些数据可以为学生和导师提供参考和反馈，帮助他们更好地了解自己的学习进度和成长空间。平台可以与云南省内外的竞赛组织、学校和机构进行合作与联动。通过与其他合作伙伴的资源共享和互补，可以为学生提供更广泛的竞赛机会和资源支持。平台的运行和效果应定期进行评估和改进。可以通过用户反馈、评估报告和数据分析等方式，了解平台的使用情况和效果，根据评估结果进行相应的改进和优化。通过建设平台、实现资源上传与共享、促进学习交流和互动、提供导师指导与反馈、举办线上培训和讲座、发布竞赛信息与报名、展示成果与分享、进行数据统计与分析、开展合作与联动，以及定期评估与改进，可以建构云南小、初、高中生与名牌大学体教融合竞赛资源共享平台，为学生提供学习、交流和成长的机会，促进体教融合竞赛水平的提升。

第二节　保障云南体教融合名牌赛事向学生运动员全面开放的对接条件

《关于深化体教融合 促进青少年健康发展的意见》是在 2020 年 4 月 27 日中央全面深化改革委员会第十三次会议上通过的。该意见强调要推动青少年文化学习和体育锻炼协调发展，树立“健康第一”的教育理念，加强学校体育工作，完善青少年体育赛事体系，培养德智体美劳全面发展的社会主义建设者和接班人。教育部部长陈宝生则在 2018 年 12 月全国学校体育美育工作推进会上指出，学校体育教学改革的核心是“教、练、赛”，其中“赛”是全员参与的体育竞赛活动。但目前，学校体育存在小学重视、中学以下缺乏校园联赛等问题。因此，需要建立各类体育项目社团、校队和各级联赛体系，并规划贯通小、初、高、大四级联赛竞赛体系。同时，教育和体育部门应合作，举办更多校园体育赛事，扩大校内、校际体育比赛的覆盖面和参与度。在此背景下，竞赛作为推进教体融合的一个核心节点显得尤为重要。全国政协委员、中国篮球协会主席姚明亦在2020年“全国两会”上提出，深化体教融合，促进青少年健康发展需要完善的青少年体育赛事体系作为支撑，同时也应注重人格塑造。总之，唯有完善的青少年体育赛事体系，才能更好地促进教体融合、青少年健康成长和素质教育的实现。

一、建立云南学校赛事与名牌赛事的衔接机制

建立云南学校赛事与名牌赛事的衔接机制可以促进学校赛事的水平提升和与名牌赛事的对接。建立统一的赛事标准和规则，确保云南学校赛事与名牌赛事之间有一致的参赛要求和比赛规则。这有助于学校赛事与名牌赛事之间的衔接和对接，使学生在学校赛事中积累经验和水平，顺利参与名牌赛事。为云南学校赛事提供名牌赛事的信息和指导，包括比赛时间、报名要求、参赛流程等。学校可以组织专门的信息发布会或培训，向学生和教师介绍名牌赛事的机会和要求，帮助他们了解并参与到名牌赛事中。名牌赛事可以派出教师或专家作为赛事导师，为学校赛事提供指导和支持。导师可以与学校教师进行交流和合作，提供赛事组织和技术方面的指导，帮助学校赛事与名牌赛事对接。在学校赛事中设立选拔机制，筛选出优秀的选手和团队参加名牌赛事。通过选拔赛、选拔训练营等方式，将优秀的学生和团队推荐给名牌赛事，提高他们参赛的机会和竞争力。名牌赛事可以为云南学校赛事提供资源支持，包括赛事场地、设备、教材等方面的支持。这有助于提升学校赛事的举办水平和质量，使学生在赛事中有更好的表现和成长。名牌赛事可以与云南学校赛事进行交流活动和讲座，分享赛事经验和成功案例。通过交流活动，学校可以学习到名牌赛事的组织和管理经验，提高自身赛事的水平和质量。名牌赛事与云南学校赛事可以定期举办合作赛事，为学校提供参与名牌赛事的机会。可以选择一些适合学校参与的名牌赛事，与赛事主办方合作举办分站赛或专项赛事，让学生有机会与其他地区的优秀选手进行交流和比拼。建立赛事评估和反馈机制，对云南学校赛事进行评估和监测。可以设立专门的评估小组，对赛事的组织、运行和效果进行评

估，提出改进建议和意见。同时，接收学生和教师的反馈，了解他们对赛事的感受和建议，不断优化和改进赛事的质量。名牌赛事可以加强对云南学校赛事的宣传和推广，提高学生和教师对赛事的认知和参与度。可以通过媒体、社交媒体、学校官方网站等渠道，宣传学校赛事的举办时间、参赛要求和比赛结果，激发学生参与赛事的热情和兴趣。名牌赛事与云南学校赛事之间的合作应该是长期稳定的合作关系，而不仅仅是一次性的活动。双方可以建立合作协议和长期合作机制，明确合作的目标、方式和责任。定期进行合作评估和反馈，及时调整和改进合作的内容和方式。

二、打造云南学生运动员科学公平的选拔机制

为云南学生运动员打造科学公平的选拔机制是确保选拔过程公正、公平、科学的重要方法。确立明确的选拔标准，包括技术能力、身体素质、心理素质、竞技成绩等方面的要求。这些标准应该经过科学论证和实践验证，符合运动项目的特点和发展需求。采用多维评估的方式来考察学生运动员的综合素质和潜力。评估可以包括体能测试、技术能力评估、心理测量、竞技表现评估等。通过综合评估，全面了解学生运动员的能力和潜力，避免片面评价和偏差。确保选拔过程的公开透明，向学生和家长充分披露选拔的流程、标准和程序。可以通过公告、会议、网络等途径，发布选拔信息，并邀请相关方参与监督和评估，提高选拔的公信力和透明度。为学生运动员提供选拔准备和培训支持，包括技术指导、体能训练、心理辅导等。确保学生在选拔前有足够的准备和机会展示自己的能力。采用多元评审的方式，组建专业的评审团队，由多位专家进行评审和筛选。评审过程可以分为多个阶段，通过初步筛选、复赛、决赛等环节，逐步淘汰不符合要求的候选人，最终确定优秀的运动员。选拔后，定期对选入的学生运动员进行评估和跟踪，了解他们的发展情况和成绩表现。这有助于验证选拔的准确性和科学性，并为进一步的培养和发展提供依据。建立申诉和复核机制，为学生和家长提供申诉的渠道和机会。在选拔过程中，如果有异议和不公正情况，可以进行申诉和复核，确保选拔的公正性和合法性。与名牌大学、专业体育机构、教育部门等建立合作机制和资源共享，为选拔过程提供专业支持和丰富资源。通过合作，可以提供更多的专业评估师和教练员，为学生提供更广阔的发展平台和机会。选拔机制不仅关注运动项目的成绩和技术能力，还应注重学生的教育和素质培养。考查学生的学业成绩、品德表现、领导才能等

综合素质，培养全面发展的优秀学生运动员。定期评估选拔机制的效果和问题，收集意见和反馈，不断改进和优化选拔机制。与相关部门和专家开展合作研究，借鉴国内外的先进经验和做法，提升选拔机制的科学性和公平性。

三、加强云南学校与名牌赛事的资源共享和互动

加强云南学校与名牌赛事的资源共享和互动对于提升学校体育竞赛水平、促进体育教育的发展具有重要意义。名牌赛事拥有丰富的资源和专业知识，包括优秀教练员、专业培训设施、先进的训练方法等。通过与名牌赛事进行资源共享和互动，学校可以借鉴名牌赛事的先进经验，优化教学资源配置，提升教学水平和竞赛实力。名牌赛事可以为学校提供专业的支持，如组织培训、指导教学、提供教材和技术支持等。名牌赛事的专业教练员和专家可以到学校进行指导和培训，为教师和学生提供专业知识和技能的传授。这将有助于提升学校教师和学生的专业素养和竞技能力。学校与名牌赛事的资源共享和互动可以促进双方之间的交流与合作。学校教师可以与名牌赛事的教练员进行交流和合作，分享教学经验和教学资源。同时，学校的学生也有机会与名牌赛事的优秀运动员进行交流和切磋，提高他们的竞技水平和综合素质。通过与名牌赛事的资源共享和互动，学校可以为学生提供更广阔的发展平台。学生可以参加名牌赛事组织的培训营、训练班和比赛，与其他地区的优秀选手进行竞技，提高他们的竞技水平和比赛经验。同时，名牌赛事也可以通过与学校合作，发现和培养更多的优秀运动员。与名牌赛事的资源共享和互动可以提升学校的影响力和知名度。学校可以通过参与名牌赛事组织的赛事和培训活动，展示学校的教学水平和学生的综合素质，增强学校的品牌形象。这将有助于学校吸引更多优秀的教师和学生，提升学校的整体竞争力和声誉。通过加强学校与名牌赛事的资源共享和互动，可以推动云南体育教育的发展。名牌赛事的先进理念和方法可以为学校提供借鉴和参考，促进教学内容的更新和教学方法的改进。同时，学校也可以为名牌赛事提供合作机会和教育基地，推动名牌赛事的发展和普及。加强学校与名牌赛事的资源共享和互动需要政府的政策支持和资源投入。政府可以制定相关政策和规范，为学校与名牌赛事的合作提供支持和便利。同时，政府可以增加对体育教育的投入，提供场地、设备和资金等资源支持，推动学校与名牌赛事的合作与发展。

四、制定学生运动员参与名牌体育赛事的评估机制

制定学生运动员参与名牌体育赛事的评估机制是为了评估学生的竞技水平、选拔优秀的运动员参加名牌赛事，并为云南学生运动员提供适当的培训和支持。综合评估指标应包括运动员的技术水平、身体素质、竞技表现、比赛成绩等方面。可以根据具体项目制定相应的评估指标，确保评估的全面性和公正性。评估运动员的技术水平，可以通过技术测试、训练成绩和教练评估等方式进行。技术测试可以包括基本动作的技术要求、技术动作的难度和完成度等方面的评估。训练成绩可以通过训练计划和训练记录来评估运动员的技术进步和训练效果。评估运动员的身体素质，可以包括体能测试、身体柔韧性、力量水平等方面的评估。体能测试可以包括耐力、速度、灵敏度等指标的测试；身体柔韧性可以通过柔韧性测试评估；力量水平可以通过力量测试评估。评估运动员在实际比赛中的表现，可以通过观察和记录比赛中的技术运用、战术应对、心理素质等方面进行评估；评估可以由专业教练员、裁判员和观察员等进行。评估运动员在比赛中的成绩和排名。可以考虑运动员在名牌赛事中的成绩、参赛次数、参赛级别等因素进行评估。成绩可以是单项成绩或多项成绩的综合。运动员的教练可以提供评估和推荐意见。教练了解运动员的训练情况、表现和潜力，可以对运动员的参赛资格和适应性进行评估和推荐。根据以上评估结果，综合评估运动员的竞技水平和潜力，进行选拔。选拔可以根据比赛成绩、综合评估指标、教练推荐等因素进行综合考量，确定参与名牌体育赛事的学生运动员。对被选拔的学生运动员，制订相应的培训和支持计划。根据评估结果，确定学生运动员的发展方向和培训重点，并提供专业的培训和指导。培训计划可以包括个性化的技术训练、身体素质训练、心理素质培养等内容，以提升学生运动员的竞技水平。定期对参与名牌体育赛事的学生运动员进行监测和评估，跟踪他们的成长和进步。评估可以包括比赛成绩的提升、技术水平的改善、身体素质的提高等方面。根据评估结果，及时调整培训计划和支持措施，以达到更好的效果。评估机制应具备持续改进和反馈的机制。定期对评估机制进行评估和改进，以确保评估的准确性和公正性。同时，及时向学生运动员和教练提供评估结果和反馈意见，帮助他们进行自我评估和进一步的发展。

五、打造一体化育人的名牌体育赛事体系

打造一体化育人的名牌体育赛事体系是一个综合性的工作，需要从多个方

面进行考虑和实施。确定打造一体化育人的名牌体育赛事体系的目标和理念，例如培养学生的体育精神、培养综合素质、促进学生全面发展等。这将为后续的工作提供指导和方向。根据学生的年龄、兴趣和需求，确定适合的赛事类型和组织形式。可以包括校际比赛、地区比赛、全省比赛等多个层级和规模，以满足不同层次学生的参与需求。投资兴建专业化的赛事场馆和设施，确保赛事的举办条件和体验。这包括运动场地、设备、计时系统、观众席等，提供良好的比赛环境和观赏体验。制定统一的赛事规则和评价体系，确保赛事的公平性和可比性。规则应明确比赛项目、参赛资格、裁判标准等，评价体系应考虑技术水平、竞技表现、团队合作等多个方面。确保赛事体系中有足够数量和质量的专业教练和指导员。他们应具备丰富的教学经验和专业知识，能够指导学生进行科学训练和比赛准备，促进他们的个人成长和技术提升。将赛事融入学校的教育体系，使之成为学生综合素质发展的重要组成部分。通过课堂教学、体育课程、社团活动等方式，将赛事经验和价值引入学生的日常学习和生活中。利用各种媒体渠道和社交平台，宣传赛事的意义和成果，提高其影响力和知名度。同时，积极争取社会支持和赞助，包括企业赞助、政府支持和社区资源的共享，以确保赛事的可持续发展和持续改进。建立赛事的管理和运营机制，包括赛事注册、参赛资格审核、比赛组织、成绩记录和公示等。同时，确保赛事的安全、秩序和服务质量。为教练员、裁判员和赛事工作人员提供培训机会，提升他们的专业素养和服务能力。同时，开展学生运动员的教育活动，提高他们的体育意识、规则意识和团队精神。定期进行赛事的评估和反馈，收集学生、教练和家长的意见和建议，及时调整和改进赛事体系的各个环节，以不断提升其质量和效果。

具体步骤可分为以下四个阶段。

（一）规划与准备阶段

问题识别与目标设定：明确当前名牌体育赛事体系存在的问题和挑战，制定发展名牌体育赛事体系的长远目标。资源评估与整合：评估可利用的人力、场地、设施、技术等资源，并制定整合方案，确保资源的充分利用和合理配置。制定政策和规范：制定相应的政策和规范，为名牌体育赛事体系的发展提供法律和管理支持。

（二）基础设施建设阶段

谋划赛事场馆和设施：投资兴建或借助现有专业的赛事场馆和设施，满足名牌体育赛事的组织和运营需求。技术设备升级与引进：引进先进的技术设备，包括计时系统、数据分析工具、视频回放设备等，提升赛事的组织水平和观赏体验。数据管理与分析平台建设：建立数据管理和分析平台，用于收集、存储和分析赛事相关的数据，为教练员和运动员提供科学的数据支持。

（三）赛事运营与管理阶段

赛事策划与组织：制定详细的赛事策划方案，包括赛程安排、参赛资格、规则制定等，确保赛事的顺利进行。选拔与培养优秀运动员：建立选拔机制，通过名牌体育赛事选拔优秀的学生运动员，并提供系统的培训和支持，帮助他们实现个人潜力的发展。教练员培训与评估：开展教练员培训和评估工作，提高教练员的专业水平和教学能力。管理与监督：建立赛事管理体系，包括赛事注册、运动员资格审核、比赛成绩公正评定等，确保赛事的公平、公正和规范。

（四）持续发展与创新阶段

赛事品牌建设：通过不断提升赛事品牌的知名度和影响力，吸引更多优秀的学生运动员和名牌赛事的参与，推动整个体系的发展。创新赛事模式：探索新的赛事模式和比赛形式，提供更多元化、创新性的体育竞赛体验，激发学生的兴趣和潜力。技术创新与应用：跟踪和应用最新的体育科技和数据分析技术，提高赛事的组织效率和运营水平，为运动员和教练员提供更精准的数据支持。教育与社会融合：促进名牌体育赛事与教育、社会资源的融合，开展学生体育教育和社会公益活动的结合，培养学生的社会责任感和团队精神。国际交流与合作：积极开展国际间的交流与合作，吸引国际名牌赛事的参与，提高云南体育赛事的国际影响力和竞争力。赛事评估与改进：建立完善的赛事评估机制，定期评估赛事的效果和运营情况，根据评估结果进行改进和优化。社会支持与赛事资源：积极争取社会的支持和赛事资源，包括赞助商、媒体、政府等的参与和支持，共同推动名牌体育赛事体系的发展。

第三节　把握云南体教融合青训体系回归教育体系的实现机遇

把握云南体教融合青训体系回归教育体系的实现机遇，将有助于体教融合青训体系的回归教育体系可以促进学生的全面发展。通过将竞技体育与学校教育相结合，学生不仅能够获得专业的体育技能培养，还能够接受综合素质教育和学科知识的传授，实现知识与技能的双重培养。将青少年体育训练纳入教育体系，可以提高教育质量。引入专业的体育教练和教育专家，结合学校的教学资源和课程体系，可以提供更系统、更科学的教育培训，提高教育水平和教学质量。可以优化资源的配置，学校作为教育资源的集中地，具备丰富的师资力量、教育设施和管理经验，可以为体育培训提供更好的场地、设备和师资支持，充分发挥资源的集中优势。培养学生的综合能力，体育训练不仅仅是培养技能，更重要的是培养学生的体育精神、团队协作、自律自强等品质，帮助学生发展良好的身体素质、心理素质和社交能力。有助于更好地促进人才培养和选拔，通过学校的教育体系，可以更全面地了解学生的学业成绩、综合素质和潜力，为学生的综合评价和选拔提供更科学、更全面的依据，培养更多优秀的体育人才。总之，将运动训练纳入教育体系，可以实现教育资源的整合和优化利用，为学生提供更全面、更综合的教育培养机会，为学生的未来发展奠定坚实的基础。

一、明确体教融合青训体系回归教育体系的目标、任务和措施

明确体教融合青训体系回归教育体系的目标设定和任务安排，对于提高教育质量和优化资源配置、有效的措施实施、推动云南体教融合青训体系回归教育体系的发展，可为云南学生的综合发展和社会需求做出积极贡献。

（一）目标

云南体教融合青训体系回归教育体系的首要目标是促进学生全面发展。通过将体育培训纳入教育体系，综合培养学生的学科知识、体育技能、综合素质和人格品质，培养学生的综合能力和创新精神，使其成为有社会责任感、适应社会发展需求的优秀人才。

（二）任务

确保体育培训与学校教育资源的有效整合，实现资源的优化配置和共享。建立起学校和体育培训机构之间的合作机制，充分利用学校的教育资源和课程体系，为学生提供全面的教育培养。加强教师培训，提高教师的体育教学水平和专业素养，使其能够有效地融合体育培训和学校教育。注重培养学生的学科知识、体育技能、综合素质和道德品质，推动教育与体育的有机融合，提高教育质量和教学效果。重视学生的综合能力培养，注重培养学生的身体素质、心理素质、社交能力和团队协作精神。通过体教融合青训体系回归教育体系，为学生提供全面发展的机会，促进学生个体的多方面能力的提升。创新教学模式和方法，提供多样化的教学资源和活动，结合课堂教学、实践体验和体育竞技，激发学生的学习兴趣和主动性，培养学生的创新思维和问题解决能力。

（三）措施

加强教师培训，提高教师的体育教学水平和专业素养。通过专业培训和持续的教育支持，提升教师在体教融合青训体系中的专业水平和教学能力，使其能够有效地指导和支持学生的综合发展。制定融合体育培训和学校教育的课程方案，将体育内容和活动融入学校的教学计划和课程体系，确保学生能够得到全面的教育培养。同时，整合学校和体育培训机构的资源，为学生提供丰富的学习和训练机会。建立科学的评估机制，综合评价学生的学科成绩、体育表现和综合素质。通过定期的评估和反馈，帮助学生发现自身的优势和不足，制订个性化的发展计划，促进学生全面成长。加强学校与家庭之间的沟通与合作，共同关注学生的学业和体育发展。家长作为学生教育的重要参与者，应与学校密切配合，形成教育的良好合力，共同促进学生的全面发展。与体育培训机构、专业俱乐部、地方体育组织等建立紧密的合作伙伴关系，共同开展体育教育活动和赛事。通过合作，为学生提供更多样化的学习和竞技机会，培养其综合能力和竞争力。云南省政府应加大对体教融合青训体系回归教育体系的政策支持力度。出台相关政策和指导文件，鼓励学校与体育培训机构合作，推动体教融合青训体系的发展。提供资金和资源支持，促进青少年体育的普及和发展。

通过以上目标、任务和措施的实施，并通过教师培训与支持，课程融合与资源整合，评估机制的建立，家校合作的加强，合作伙伴关系的拓展以及政策支持的推进，可以实现学生全面发展的目标，提高教育质量，促进资源的优化配置。同时，这些措施也有助于培养学生的综合能力，激发他们的学习兴趣和创新思维，为他们的未来发展打下坚实基础。

二、推动体教融合青训体系与教育体系的有机结合

推动体教融合青训体系与教育体系的有机结合，是为了实现学生全面发展和优质教育的目标。可从以下几个方面进行，一是强化政策支持。政府应制定明确的政策文件，明确体教融合青训体系与教育体系有机结合的方向、目标和支持政策，为其发展提供有力保障。政府应加大对体教融合青训体系的资金投入，提供经费支持用于培训师资、改善场地设施、购置教育器材等，确保有足够的资源支持体教融合青训体系的有机结合。二是优化教育体制。将体育课程融入学校正式教育课程体系中，与学科知识相结合，形成有机的教育融合。通过跨学科的教学设计和课程整合，促进学生综合素质的提升。加强教师培训，提高教师的体育教学能力和综合素养。建立跨学科教师培养机制，培养既懂体育又懂教育的专业师资队伍。同时，促进学校教师与体育教练的交流与合作，共同提高教育教学水平。三是建立协同机制。学校与体育培训机构、专业俱乐部、地方体育组织等建立合作关系，共同制订培训计划、开展培训课程和活动。通过资源共享和互补，实现优势互补，提升体教融合青训体系的质量和效果。积极推动家庭与学校的合作，鼓励家长积极参与学生的体育教育，形成家校合力。家庭应给予学生充分的支持和鼓励，配合学校的体育教学和训练安排，共同培养学生的体育兴趣和专业技能。四是完善评估体系。建立科学的综合评价机制，综合考量学生的学科成绩、体育表现、综合素质和个人发展等方面。通过多维度的评估，全面了解学生的发展情况，为其提供个性化的培养方案和指导。设立激励机制，鼓励学生参与体育活动和竞赛，培养他们的自信心和竞争意识。同时，对教师和学校进行激励，鼓励他们积极推动体教融合青训体系与教育体系的有机结合。五是加强宣传和推广。加强对体教融合青训体系回归教育体系的宣传，提高教育主管部门、学校、家长和社会大众的认识和理解。通过宣传活动、媒体报道等方式，展示体教融合青训体系的价值和优势。组织经验分享会、研讨会、学术论坛等，促进各地区、各学校之间的交流与合作。分享成功的案例和经验，为其他学校和地区提供借鉴和参考。

三、学校提供多样化的体育教育课程和活动

提供多样化的体育教育课程和活动是促进学生全面发展和健康成长的重要途径。多样化的体育教育也能够满足学生的兴趣和需求，增强学生的学习动力和参与度。（1）课程设计与开发。设计丰富多样的体育课程内容，包括不同体育项目、运动技能、团队合作和健身等方面的内容。充分考虑学生的兴趣和特长，让每个学生都能找到自己喜欢和擅长的体育项目。将体育教育与其他学科进行有机的整合，创设跨学科的教学场景。例如，通过体育运动中的数学计算、科学原理的解释等方式，将体育与学术知识相结合，提高学生的学科综合能力。根据学生的不同能力水平和兴趣爱好，提供个性化的学习方案和教学活动。通过分层教学、分组活动等方式，充分发挥学生的个体差异，激发学习动力。（2）丰富的体育活动。开设各类体育俱乐部和社团，让学生参与到自己喜欢的体育项目中。鼓励学生积极参与训练和比赛，培养他们的团队合作精神和竞技意识。组织校际体育比赛和校内赛事，提供学生展示自己技能和竞技能力的机会。通过参与比赛，学生能够体验竞争的激情和团队的合作，提高自我认知和自信心。与社区合作，组织体育公益活动，例如义跑、健身活动等。通过参与社区活动，学生能够增强社会责任感，培养公民意识和团队合作精神。（3）专业师资队伍建设。加强教师的体育教学培训，提高他们的专业素养和教学水平。鼓励教师参加培训课程、研讨会和学术交流活动，不断更新教育理念和教学方法，提供高质量的体育教育。建立由专业体育教师、教育学者和运动员等组成的多元化教师团队。通过合作和交流，共同推动体育教育的发展，为学生提供更好的教育和指导。（4）设施和资源支持。确保学校拥有适宜的体育场馆、运动场地和器材设施。提供多样化的运动场所，满足学生不同项目和活动的需求。合理配置体育教育资源，包括教学设备、教材和参考资料等。确保资源的充足和质量，为学生提供良好的学习环境和学习资源。（5）家校合作与社会支持。加强学校与家长的沟通和合作，鼓励家长关注学生的体育教育，支持学校的体育课程和活动。通过家庭的支持和参与，形成学校、家庭和社区共同关注和支持学生的多样化体育教育。与社会组织、专业俱乐部、地方体育组织等建立合作关系，共同举办体育活动和项目培训。借助社会资源和专业机构的支持，丰富学生的学习和体验。

四、制定青训体系回归教育体系的评估和监测体系

青训体系回归教育体系的评估和监测是确保体教融合教育取得预期效果的关键环节，有助于全面了解学生的学习和发展情况，并根据评估结果提供个性化的教学和培养方案。

一是评估指标的制定。评估学生在各学科的学业成绩，包括语言、数学、科学、社会科学等。这有助于了解学生在学科学习方面的水平和进步。评估学生在体育项目和运动技能方面的表现，包括身体素质测试、技术评估和比赛成绩等。通过评估体育表现，可以了解学生的运动能力和竞技水平。评估学生的综合素质发展，包括创新能力、团队合作能力、领导力、社会责任感等。通过评估综合素质，可以了解学生在非学科方面的发展情况。评估学生的个性特点和个人发展情况，包括兴趣爱好、职业规划、自我管理能力等。这有助于了解学生的个体差异和发展需求。

二是评估方法和工具的选择。采用传统的笔试和口试方式，评估学生在学科知识和技能方面的掌握程度。可以结合课堂教学和课外学习，设计合理的评估题目和评分标准。通过实地观察学生在体育课堂、训练场地、比赛等场景下的表现，评估学生的身体素质、技能运用和运动态度。可以由教师、教练和评估员进行观察和记录。要求学生根据学科和体育课程的要求，完成一些实践项目和作品，进行展示和评估。例如，设计一份科学实验报告、创作一份体育运动视频等。采用综合评价方法，将多种评估指标和评估方法综合考量，得出综合评价结果。可以利用专家评审、学生自评、同学互评等方式，获取多维度的评估信息。

三是评估与监测的周期和频率。设立定期的评估周期，例如每学期、每学年进行一次综合评估。通过定期评估，可以了解学生的学习和发展情况，并及时调整教学和培养方案。建立实时监测机制，对学生的学习和发展进行实时跟踪和监测。可以利用学生档案、教学记录、体育表现记录等，收集学生的相关信息，进行及时分析和反馈。在学期或学年结束时，进行阶段性评估，总结和分析学生的学习和发展成果。可以对学生的成绩、表现和综合素质进行总结和评价，并制订下一阶段的教学和培养计划。

四是评估结果的应用和反馈。根据评估结果，为学生制订个性化的学习和发展计划，提供针对性的指导和支持。通过个体化指导，帮助学生发现自身的

优势和不足，制订提升计划，实现个人目标。评估结果对教师的教学提供重要的反馈和参考。教师可以根据评估结果，调整教学策略和教学方法，提供更有效的教学和辅导。评估结果作为家校沟通的重要依据，与家长分享学生的评估结果，并提供相关的建议和支持。通过家校合作，共同关注学生的发展，共同促进学生的全面成长。

综上所述，评估和监测的结果应用于个体化指导、教学改进和家校合作，为学生的成长和发展提供支持和指导。同时，评估和监测也促进教育体系的不断优化和改进，确保青训体系回归教育体系的有效实施。

五、建立政府、学校、家庭、社区和市场之间的合作机制

建立政府、学校、家庭、社区和市场之间的合作机制对于推动云南体教融合的发展至关重要。通过政府、学校、家庭、社区和市场之间的合作机制，可以实现资源的共享、优势互补，推动云南体教融合的发展。政府的政策支持和协调作用、学校的家校合作和社区参与、家庭的支持和鼓励、社区的组织和资源整合，以及市场的专业支持和推广，共同构建一个互动、合作的体教融合生态系统。这将为学生提供更丰富的体育教育资源，提升体育教育的质量和水平，促进学生的全面发展和健康成长。

一是政府层面。制定政策支持：政府应制定明确的政策和法规，鼓励和支持政府、学校、家庭、社区和市场之间的合作。政策可以包括资金支持、政策激励、奖励机制等，以鼓励各方参与体教融合的合作。建立协调机构：政府可以建立专门的协调机构或委员会，负责协调政府、学校、家庭、社区和市场之间的合作事务。这些机构可以提供指导、协调资源、制定政策和规划等支持。促进信息共享：政府可以建立信息共享平台，促进政府、学校、家庭、社区和市场之间的信息交流和共享。这有助于各方了解彼此的需求和资源，为合作提供更好的基础。

二是学校层面。家校合作机制：学校应建立健全的家校合作机制，与家长保持密切联系，共同关注学生的学习和发展。学校可以定期举办家长会议、家庭活动，邀请家长参与学校体育课程和活动的规划和组织。社区参与：学校可以积极与社区合作，组织社区活动、体育赛事等，让学生和家长能够参与其中。通过与社区的合作，扩大学校体育资源的覆盖范围，提供更多机会给学生参与体育活动。与市场合作：学校可以与企业、体育俱乐部和专业机构建立合作关

系，共同开展体育教育项目和培训。通过与市场的合作，学校可以借助市场资源和专业知识，提供更丰富的体育教育和培训内容。

三是家庭层面。积极参与学校活动：家长应积极参与学校的体育课程和活动，关注学生的体育发展和健康成长。家长可以参加学校举办的运动会、比赛等，与学校、教师和学生互动交流。提供支持和鼓励：家庭应给予学生参与体育活动的支持和鼓励，帮助他们树立正确的体育观念和价值观。家长可以提供必要的物质支持，如购买运动装备、报名参加比赛等，让孩子能够更好地参与体育活动。与社区合作：家庭可以积极参与社区组织的体育活动，与社区的其他家庭建立联系和合作。通过与社区的合作，家庭可以为学生提供更广阔的体育发展空间，并与其他家庭共同关注体育教育的发展。

四是社区层面。建立社区体育组织：社区可以建立专门的体育组织，组织和推动社区内的体育活动和赛事。社区体育组织可以提供场地、设备和专业指导，为学校和家庭提供更多参与体育的机会。加强社区资源整合：社区可以整合各种体育资源，包括场地设施、教练员和专业机构等，为学校和家庭提供更多支持和帮助。通过整合资源，提高体育教育的质量和水平。推动社区体育文化建设：社区可以开展体育文化建设活动，加强体育意识和体育文化的宣传和推广。通过培养良好的体育氛围和文化，促进社区居民的体育参与和健康生活方式。

五是市场层面。提供专业支持和服务：市场可以提供专业的体育教育服务和支持，包括培训机构、体育俱乐部和专业教练等。学校和家庭可以与市场机构合作，借助市场的专业知识和资源，提升体育教育的质量和效果。资金和物质支持：市场可以提供资金和物质支持，为学校和家庭提供必要的设备、器材和经费。市场可以与学校、家庭和社区建立合作关系，共同促进体育教育的发展。体育文化传播与推广：市场可以利用媒体、赞助和推广等渠道，传播体育文化和推广体育活动。通过市场的力量和资源，提升体育教育的影响力和知名度。

第四节　提升云南体教融合体育竞赛育人体系的关联水平

提升云南体教融合体育竞赛育人体系的关联水平是为了实现学生全面发展的目标，培养具有综合素质和竞争力的人才。这就需要加强教育与体育部门的合作与协调，制定科学的竞赛评估体系和规范的竞赛管理制度。同时，还需要注重学生的综合素质培养，推动体育竞赛与课堂教学相结合，鼓励学生参与多样化的体育竞赛活动，注重个体发展和团队精神的培养。

一、明确云南省体教融合体育竞赛育人的目标和理念

通过明确目标和理念，并采取相应的措施，云南省可以推动体教融合体育竞赛育人体系的发展，为学生提供全面的体育教育和发展机会，培养具有健康素质和全面素养、综合素质和社会责任感的人才。

（一）目标

培养健康体魄：通过体育竞赛，培养学生的身体素质，提高体能水平，养成良好的生活习惯和健康的生活方式。培养全面素质：体育竞赛不仅关注学生的体育技能，还注重培养学生的综合素质，包括创新精神、团队合作、领导能力、自我管理和适应能力等。培养良好品德：通过体育竞赛，培养学生的竞争意识、公平竞争的道德观念和团队合作的精神，提高学生的道德水平和社会责任感。培养领导能力：体育竞赛注重培养学生的领导能力和组织能力，通过学生在竞赛中担任的角色，锻炼他们的领导才能和团队管理能力。培养国际视野：体育竞赛可以为学生提供与国内外学生交流的机会，促进学生的国际视野和跨文化交流能力的培养。

（二）全社会参与的理念

实现全社会的参与，需要建立相应的合作机制和平台，包括政府与学校、家庭、社区和行业组织之间的合作机制，学校与家庭、社区和行业组织之间的合作机制，以及社区与行业组织和专业机构之间的合作机制。这些合作机制应具有协同性和互补性，确保各方的资源得到充分利用和共享，共同推动体育竞赛育人的目标实现。

全社会参与是推动云南体教融合体育竞赛育人的关键因素。全社会包括政府部门、学校、家庭、社区、行业组织、专业机构和媒体等各方，各方都应发挥积极的作用，共同促进体育竞赛育人目标的实现。政府部门：政府在制定政策、规划和资源分配方面起着重要作用。政府应加大对体育竞赛育人的支持和投入，提供资金、场地和设施等基础条件，制定相关政策和法规，促进体育竞赛的发展。学校：学校是体育竞赛育人的重要阵地，应发挥主体作用。学校应加强体育教育的组织和管理，提供多样化的体育竞赛活动和课程，培养学生的体育兴趣和能力，为学生参与体育竞赛提供支持和指导。家庭：家庭是学生体育竞赛的重要支持者和参与者。家庭应给予学生充分的支持和鼓励，关注他们的体育发展，提供必要的物质和精神支持，鼓励他们参与体育竞赛，培养良好的体育习惯和价值观。社区：社区是学生体育竞赛的重要平台和资源提供者。社区可以组织体育竞赛活动，提供场地、设施和教练员等资源支持，促进学校、家庭和社区之间的合作，共同推动体育竞赛育人的目标实现。行业组织和专业机构：行业组织和专业机构可以提供专业的培训和指导，为学校和学生提供专业的教练员和技术支持。行业组织还可以组织专业赛事和培训活动，提供机会和平台，促进学生的专业发展和升级。媒体：媒体在宣传和推广体育竞赛育人方面起着重要作用。媒体可以报道和宣传体育竞赛活动，提高社会对体育竞赛育人的关注度和认知度，营造良好的体育氛围。

（三）全体学生参与的理念

全体学生参与是推动云南体教融合体育竞赛育人的重要方向。通过提供多样化的竞赛机会、营造包容性的竞赛环境、提供支持和指导、平衡参与和成就、提供评估和反馈机制，并倡导体育文化和体育精神，可以激发全体学生的体育兴趣和参与度，培养他们的综合能力和积极态度，促进体育竞赛育人的目标的实现。

一是提供多样化的竞赛机会：为了让全体学生都能参与体育竞赛，应提供多样化的竞赛项目和机会，涵盖不同兴趣、能力和水平的学生。除了传统的团体项目，还可以开设个人项目和非传统体育项目，满足学生的不同需求。二是营造包容性的竞赛环境：为了鼓励全体学生参与体育竞赛，应营造一个包容性的竞赛环境，避免过分强调竞争结果和排名，注重学生的参与和成长过程。鼓励学生互相支持、团队合作，培养集体荣誉感和友谊精神。三是提供适当的支持和指导：为了让全体学生都能参与体育竞赛并取得进步，应提供适当的支持和指导。这包括提供专业的教练和指导员，制订个性化的训练计划，提供必要的装备和场地，并为学生提供良好的体育教育课程和培训机会。四是强调参与和成就的平衡：在推动全体学生参与体育竞赛时，需要平衡参与和成就的关系。鼓励学生积极参与体育竞赛，享受竞技的乐趣和挑战，同时也要重视学生的个人成长和进步，注重培养学生的自信心和自我价值感。五是提供评估和反馈机制：为了激励全体学生参与体育竞赛并不断提升，应建立评估和反馈机制。通过定期的评估和反馈，学生可以了解自己的进步和不足之处，并得到相关支持和指导，促进个人的成长和发展。六是倡导体育文化和体育精神：推动全体学生参与体育竞赛还需要倡导体育文化和体育精神。学校可以组织体育文化活动，宣传和弘扬体育精神，培养学生热爱体育、尊重竞技、追求卓越的品质。通过教育学生关于公平竞争、团队合作、自律和奋斗精神等价值观，激发学生参与体育竞赛的积极性和热情。

二、遴选国内教练员团队与云南普通学校教师形成合作机制

通过建立国内优秀教练员团队与云南普通学校教师合作的机制，可以充分发挥教练员团队的专业优势，提升学校体育教育的质量和水平。这种合作机制不仅有助于学生的体育发展和综合素质提升，也能够促进教师的专业发展和教学能力提高。通过教练员团队与教师的协同教学、交流和合作，将为学生提供优质的体育教育资源和指导，培养他们的体育兴趣、专业技能和综合素质，推动云南体教融合的全面发展。优秀教练员团队可以为云南普通学校教师提供专业的技术指导和培训，共同推动学生的体育发展和综合素质提升。

具体合作机制：明确合作的目标和任务是建立合作机制的首要步骤。可以通过教育部门或学校组织，与国内优秀教练员团队达成合作意向，共同制定合作目标，明确教练员团队在提升学生体育素养、指导教师教学等方面的任务。确保合作效果，需要进行优秀教练员团队的选拔和评估。可以通过专业机构、体育学院或教育部门的推荐、评选和考察，选择具备丰富经验、专业知识和教学技能的教练员团队。提高教练员团队的专业水平，可以开展培训和学习活动。教练员团队可以参与专业培训课程研讨会，更新教学知识、学习最新的教学方法和技巧，提升自身的教学水平。建立优秀教练员团队与云南普通学校教师的协同教学关系非常重要。教练员团队可以与教师一同参与体育课程的设计和教

学活动，提供专业技术指导和训练，与教师共同制订教学目标和计划。通过协同教学，教练员和教师可以相互借鉴和补充，提高教学质量和学生体育素养。促进优秀教练员团队与云南普通学校教师之间的合作，可以建立交流和合作平台。这样的平台可以是在线平台、专业社交媒体群组或教育交流平台，旨在促进教练员团队与教师之间的沟通和交流。通过平台分享教学资源、案例、经验和教学方法，促进教练员和教师之间的学习和互动。建立评估和反馈机制是确保合作有效进行的重要手段。可以定期进行合作效果的评估，包括学生的体育素养提升、教师的教学能力提高等方面。同时，教练员团队和教师之间要建立良好的反馈机制，及时交流合作中的问题和挑战，并共同探讨解决方案。保持合作的持续性和稳定性，可以建立长期合作的机制。可以签订合作协议，明确双方的权责和合作方式，规范合作关系。同时，可以定期进行合作评估和复盘，及时调整合作策略和措施，确保合作的有效实施。

三、建立学生训练和竞赛成绩的评估反馈中心

通过该中心的建立，可以对学生的训练和竞赛成绩进行全面评估，并提供针对性的反馈和指导，促进学生的进步和发展。可以提升云南体教融合中学生的发展水平和素质提升。评估中心通过科学的评估方法和工具，定期评估和反馈学生的训练和竞赛成绩，并提供个性化的辅导和培训。同时，评估中心通过建立学生档案和跟踪机制，加强师资培训和专业发展，与相关机构建立合作与共享机制，为学生提供全面的发展支持和指导。这将有助于学生实现个人潜能的最大发展，提升体育教育的质量和水平。

学生训练和竞赛成绩的评估应明确评估目标和指标。可以根据不同年龄段和不同体育项目的要求，确定相应的评估指标，如技术水平、身体素质、战术应用等。同时，评估中心应与相关教育部门和专业机构进行合作，借鉴和参考国内外相关评估标准和指导方针。评估中心应建立科学合理的评估方法和工具，确保评估结果客观准确。评估方法可以包括定量和定性的评估方式，如考试、测试、观察、录像分析等。评估工具可以包括评估表、评分标准、技术规范等，便于对学生进行综合评估。评估中心应定期对学生的训练和竞赛成绩进行评估，并及时向学生、家长和教练员提供评估结果的反馈和指导。评估结果可以通过个人报告、家长会议、讲座等形式向相关人员进行沟通和解读，帮助学生和家长了解学生的发展状况和存在的问题，并提供相应的改进建议和训练计划。评

估中心可以根据评估结果为学生提供个性化的辅导和培训。根据学生的特点和需求，制订针对性的训练计划，提供专业的技术指导和训练方法。同时，评估中心可以组织专题讲座、研讨会等形式的培训活动，提供综合素质的培养和发展建议。评估中心应建立学生训练和竞赛成绩的档案和跟踪机制，记录学生的评估结果、训练计划和发展轨迹。通过建立学生档案，可以全面了解学生的训练情况和成绩表现，并为学生提供长期的跟踪和支持。评估中心可以与学校、教练员和家长建立良好的沟通渠道，及时交流学生的进展和问题，共同制订学生的发展计划。评估中心可以组织师资培训和专业发展活动，提高评估师的专业水平和评估能力。通过持续的培训和学习，评估师可以掌握最新的评估方法和工具，提升评估的准确性和可靠性。同时，评估中心还可以与教育部门、专业机构合作，开展研究和交流，共同推动评估工作的发展和创新。评估中心可以与相关教育机构、体育组织和专业机构建立合作与共享机制，促进资源的共享和互助。可以与专业评估机构合作，借鉴其先进的评估经验和方法；可以与学校、教练员团队合作，共享评估数据和信息，实现评估工作的互通有无。

四、利用社会资源提升体育竞赛育人体系的关联水平

社会资源在体育竞赛育人中发挥着重要的作用。通过充分利用社会资源，可以为体育竞赛提供更多的支持和机会，促进学生的全面发展和综合素养的提升。进而可以提升云南体育竞赛育人体系的关联水平，为学生提供更好的发展机会和支持。社会资源的参与不仅可以丰富体育竞赛的资源，还能够提供专业指导、赛事组织、资金和物资支持、名师示范和经验分享，增加社会认可和支持，促进体育竞赛育人事业的全面发展。在推动体育竞赛育人中，各方要加强沟通和协作，建立有效的合作机制，确保资源的有效整合和优化利用，实现体育竞赛与教育的有机融合。

专业教练和指导方面，社会资源可以提供专业的教练和指导，帮助学生在体育竞赛中提高技能和水平。专业教练员具有丰富的经验和专业知识，能够针对学生的特点和需求进行个性化指导，促进学生在竞技中的成长和进步。赛事组织和管理方面，社会资源可以提供赛事组织和管理的支持，确保体育竞赛的顺利进行。这包括赛事规划、场地设施、裁判组织、赛事宣传等方面的支持，为学生提供良好的比赛平台和竞技环境。资金和物资支持方面，社会资源可以提供资金和物资支持，为体育竞赛提供必要的经济和物质保障。这包括赛事奖

金、装备器材、场地租赁等方面的支持，为学生提供良好的训练和比赛条件。名师示范和经验分享方面，社会资源中的优秀教练员和运动员可以进行名师示范和经验分享，为学生提供榜样和学习的机会。他们的成功经验和教学方法可以激发学生的学习兴趣和积极性，促进学生在体育竞赛中的成长和发展。社会支持和认可方面，社会资源的参与和支持可以提高体育竞赛的社会影响力和认可度。社会的关注和认可可以激发学生的自信心和动力，增强他们参与竞赛的热情和积极性。

不过，社会资源的参与也需要注意以下几个方面：一是合作机制的建立：建立学校、教育部门和社会资源之间的长期合作机制，明确各方的责任和权益，确保合作的稳定性和可持续发展。二是专业指导的质量保证：确保引进的专业教练员和指导人员具有相关的资质和经验，并进行专业的培训和考核，保证他们的指导质量和学生的安全。三是资金和物资的透明管理：确保社会资源的资金和物资的使用透明化和规范化，建立相应的管理和监督机制，防止资源浪费和滥用。四是公平竞争和普惠性原则：在利用社会资源时，要坚持公平竞争的原则，确保每个学生都有平等的机会参与体育竞赛育人活动，不偏袒任何一方。五是效果评估和反馈机制：建立科学的评估和反馈机制，定期评估体育竞赛育人的效果和成果，及时调整和改进工作，提升关联水平和育人效果。

第五节　优化云南体教融合课程新模式的支持环境

优化云南体教融合体育课程新模式的支持环境，能够提升教师教学能力和学生参与度，促进体教融合教育的全面发展。但需要政府、学校、家庭、社区和市场等各方加强合作，共同推动体教融合体育课程的创新和实施，为学生提供更全面、更优质的体育教育。这将有助于培养学生的综合素养、健康意识和团队合作精神，推动体育事业的繁荣和社会发展的进步。

一、设计体教融合课程新模式的目标和任务

云南可以打造一个优质的体教融合体育课程新模式，提供全面发展的教育机会和体育培养平台。这将有助于培养学生的体育素养、健康意识和团队合作

精神，为他们的综合素质和未来的发展奠定良好的基础。同时，云南还需加强相关政策的制定和实施，加大对体教融合体育课程的支持和投入，形成多方合作的合力，共同推进体育教育的创新与发展。

（一）目标

建立具有云南特色的体教融合体育课程新模式，旨在培养学生全面发展的体育素养、健康意识和团队合作精神，提升学生的身心健康水平，并为云南省培养具有全面素质的人才做出贡献。

（二）任务

一是制定体教融合体育课程新模式的指导方针和教学标准：根据云南省实际情况和教育发展需求，制定适合云南体教融合体育课程的指导方针和教学标准。明确学生培养目标，明确体育内容和教学要求，为教师提供指导和依据。二是设计多样化的体教融合体育课程：结合学生的兴趣和需求，设计多样化的体教融合体育课程，涵盖不同运动项目和技能培养。注重培养学生的动手能力、团队合作和创新思维，提供丰富的学习体验和参与机会。三是引入先进的教学方法和技术：借助现代教育技术和教学手段，引入先进的教学方法，如多媒体教学、在线学习平台等，提升体教融合体育课程的教学效果和吸引力。注重学生的互动参与和自主学习，激发学生的学习兴趣和创造力。四是加强教师培训和专业发展：提供体教融合体育课程的教师培训和专业发展机会，提升教师的教学水平和专业素养。包括教学方法培训、体育知识更新、课程设计与评估等方面的培训，帮助教师更好地实施体教融合体育课程。五是创建良好的学习环境和体育设施：提供适合体教融合体育课程的学习环境和设施，包括宽敞的体育场地、先进的器材和设备。确保学生在学习体育的过程中安全舒适，并能得到良好的训练和发展机会。六是鼓励学生参与体育竞赛和社区活动：鼓励学生参与各类体育竞赛和社区活动，提供展示自己才华和实践能力的机会。为学生搭建平台，培养竞争意识、团队合作精神和责任感。七是建立评估和反馈机制：建立科学的评估和反馈机制，定期评估学生在体教融合体育课程中的学习和发展情况。通过定期考核、评价和反馈，及时调整和改进体教融合体育课程的内容和教学方法，促进学生的持续进步。八是加强家校合作：鼓励家长积极参与学生体教融合体育课程的学习和活动，加强家校合作。通过家长会议、家庭体育日等形式，加强家长对体育教育的关注和支持，形成家庭、学校和社会的合力，共同推动体教融合体育课程的实施。九是建立资源共享机制：促进学校间的资源共享，通过合作机制实现教师、设备和场地的共享，提高体教融合体育课程的可持续发展能力。鼓励学校与社会资源进行合作，开展联合项目和活动，提供更多的资源支持。

二、打造体教融合课程新模式的教师团队

云南省致力于推动体育教育的发展，打造体教融合体育课程新模式是其中的重要举措。为了有效实施这一新模式，建设一支高素质的教师团队至关重要。云南可以建设一支专业、高素质的教师团队，为体教融合体育课程的有效实施提供坚实的支持。这将促进学生的全面发展和综合能力的提升，推动云南体教融合体育课程的发展，为学生的体育教育提供优质的教学资源和引领。同时，政府部门、学校和教育机构应共同努力，提供支持和资源，为教师团队的建设提供良好的发展环境，进一步提高体教融合体育课程的质量和影响力。

（一）明确教师团队的角色和使命

角色定位：教师团队是体教融合体育课程的主要实施者和推动者，负责引领学生全面发展，培养其体育素养、健康意识和团队合作精神。

使命任务：教师团队的使命是为学生提供高质量的体教融合体育教育，关注每个学生的个体差异和需求，激发他们的学习兴趣和潜能。

（二）建设教师团队的关键要素

建设教师团队是推动体教融合体育课程发展的关键要素。主要体现在：一是专业知识和能力。教师团队应具备丰富的专业知识和教学能力，包括体育学科知识、教学方法和课程设计等方面。他们应不断更新自己的知识和技能，跟上体教融合体育课程发展的最新趋势和理念。二是教师培训与发展。教师团队需要接受系统的培训和专业发展机会，以提高其教学水平和专业素养。培训可以包括专业研讨会、学术交流会、教学观摩等形式，以不断更新教师的知识和教学技能。三是合作与协作。教师团队应鼓励团队合作和协作，共同研究和讨论体教融合体育课程的教学方法和实施策略。他们可以定期开展教研活动，分享经验和教学资源，促进彼此的专业成长。四是个体发展与定制化支持。教师团队应注重个体教师的发展需求，提供定制化的支持和指导。针对每位教师的特长和兴趣，为其提供专业发展机会和项目，帮助其发挥潜力和优势。五是学

习平台与资源支持。教师团队需要有充足的学习平台和资源支持，包括教学资料、教学设备、在线学习平台等。这些资源可以帮助教师更好地开展教学活动，提高教学效果。六是激励与奖励机制。教师团队需要有激励与奖励机制，以鼓励其在体教融合体育课程中的创新和表现。奖励可以包括荣誉称号、教师评优、职称晋升等，激励教师团队持续努力和提升。

三、创新体教融合的课程设计、教学模式和教学方法

体育课程是体教融合的重要组成部分，通过创新体育课程设计、教学模式和教学方法，可以激发学生的兴趣和参与度，提高体教融合教育的质量和效果。

（一）体育课程设计创新

（1）设置多元化的课程内容：课程内容应包括多种体育项目和活动，结合地方文化和传统体育活动，增加课程的文化内涵和地方特色，引入非传统的体育项目，如攀岩、健身操、舞蹈等，丰富学生的体育体验，满足学生的不同兴趣和需求。

（2）强调综合素养的培养：将体育与其他学科进行融合，开展跨学科的学习和教学活动，促进学科间的交叉学习和综合素养的培养。强调学生的个性发展和团队合作能力的培养，通过团队项目和合作性活动培养学生的合作精神和领导能力。

（3）强调学生参与和自主学习：培养学生的自主学习能力和自主探究精神，鼓励学生提出问题、寻找答案和分享经验。创造积极的学习环境和氛围，鼓励学生参与课堂讨论、小组合作和演示展示。

（4）创新的评估方式：引入多元化的评估方式，包括表现评估、项目展示、小组合作评估等，全面评价学生的体育能力和素养。引入自我评估和同伴评估，培养学生的自我认知和评价能力。

（二）教学模式创新

教学模式的创新是推动体教融合教育的重要手段。通过创新教学模式，可以激发学生的学习兴趣、提高教学效果，并促进学生的综合能力和素养的培养。一是个性化学习模式：个性化学习模式注重根据学生的差异和需求，量身定制教学计划和教学内容。教师可以通过一对一指导、小组合作学习、分层教学等方式，满足学生不同的学习需求。二是项目学习模式：项目学习模式注重学生

的实践和解决问题的能力培养。教师可以设计具有挑战性的项目，让学生在实践中学习和解决问题，培养学生的实践能力和创新思维。三是反转课堂模式：反转课堂模式将教师讲授的知识内容放到课后学习，而将课堂时间用于解决问题、讨论和互动。学生通过预习和自主学习，掌握基础知识，然后在课堂上与教师和同学互动，深化理解和应用。四是协作学习模式：协作学习模式注重学生之间的合作和互助，培养学生的团队合作能力和交流能力。教师可以组织小组合作学习、项目团队合作等活动，让学生共同解决问题，促进彼此之间的学习和成长。五是游戏化学习模式：游戏化学习模式将游戏元素融入教学中，增加学习的趣味性和互动性。教师可以设计教育游戏、竞赛活动等，激发学生的学习兴趣和积极性。六是技术辅助教学模式：利用现代技术手段，如多媒体教学、在线学习平台等，丰富教学资源和学习方式。教师可以通过技术辅助教学，提供个性化的学习内容和学习路径，增加学生的学习参与度和效果。

（三）教学方法创新

教师在教学中扮演着引导者和指导者的角色，创新的教学方法激发学生的学习动力和兴趣。一是情境教学法：在教学中创造真实的情境，让学生通过情境模拟、案例分析等方式，将知识和技能应用于实际问题的解决中。教师可以设计真实场景，引导学生进行探究和解决问题，培养学生的实践能力和创新思维。二是合作学习法：强调学生之间的合作和互助，通过小组合作、项目团队合作等方式，让学生共同解决问题，促进彼此之间的学习和成长。教师可以鼓励学生共同探索、讨论和合作，培养学生的团队合作能力和交流能力。三是混合式教学法：结合传统教学和现代技术手段，将面授教学和在线学习相结合。教师可以利用多媒体教学资源、在线学习平台等，提供丰富的学习资源和互动交流平台，增加学生的学习参与度和效果。四是反转课堂法：将传统的教师讲授知识的环节放到课后学习，将课堂时间用于解决问题、讨论和互动。学生通过预习和自主学习，掌握基础知识，然后在课堂上与教师和同学互动，深化理解和应用。五是个性化学习法：根据学生的差异和需求，量身定制教学计划和教学内容。教师可以提供个性化的学习资源和学习路径，引导学生根据自身特点和兴趣进行学习，培养学生的自主学习能力。六是游戏化教学法：将游戏元素融入教学中，增加学习的趣味性和互动性，设计教育游戏、竞赛活动等，激发学生的学习兴趣和积极性。

四、加强体教融合课程新模式的师资培训和实践能力

体教融合课程新模式是指在体育教育领域中，将体育教学与学科教育相结合，以培养学生的综合素质和发展全面能力为目标的一种教学模式。它旨在通过融合体育与学科知识，提供全面的体育教育体验，促进学生身心健康和综合能力的发展。这将有助于教师更好地理解和应用体教融合的理念和方法，设计和实施符合学生需求的体育课程，推动学生的全面发展。同时，为了确保师资培训和实践能力的有效实施，还需要政府、学校和相关机构的共同努力，提供支持和资源，建立完善的培训机制和评估机制，为教师的持续专业发展提供保障。

（一）具体措施

为教师提供体教融合体育课程相关的专业知识培训，包括教学理论、教学方法、评估方式等。培训内容可以涵盖体育课程的设计、教学计划编制、教学资源的开发与利用等方面。提供教学方法和策略的培训，帮助教师掌握多样化的教学技巧，能够根据学生的需求和特点设计和实施有效的教学方案。培训内容可以包括课堂管理、个性化教学、协作学习、技术辅助教学等方面的教学能力提升。组织教师间的经验分享和交流活动，让有经验的教师分享成功案例和教学实践经验。教师可以借鉴其他教师的实践经验，学习他们在体教融合体育课程教学中的成功经验，吸取教训。提供实践教学机会，让教师在真实的教学环境中实践和调整自己的教学方法。教师可以参与教研活动、观摩其他教师的课堂、实施教学实验等，不断提升实践能力。建立教师支持和反馈机制，提供持续的支持和指导，帮助教师在实践中不断完善和提升教学能力。反馈可以包括教学观察、同行评课、学生评价等，为教师提供有针对性的反馈和改进意见。

（二）关键要素和设计原则

体教融合体育课程新模式将学科知识与体育技能相结合，通过综合性的课程设计，将学科内容与体育活动相融合，促进学生在实践中掌握学科知识和技能。体教融合体育课程新模式强调不同学科之间的融合与整合，将体育与其他学科进行跨学科的交叉融合，帮助学生建立知识的联系和综合应用能力。体教融合体育课程新模式注重学生的实践和应用能力培养，通过体育活动和实践任务，让学生运用所学的知识和技能解决实际问题，提高实践能力

和创新能力。体教融合体育课程新模式注重个性化教学，根据学生的特点和需求，提供差异化的教学内容和方式，促进每个学生的全面发展和个性发展。体教融合体育课程新模式要求教师从传统的知识传授者转变为引导者和促进者，鼓励学生的主动学习和自主探究，引导学生参与体育活动和学科学习。体教融合体育课程新模式需要整合教育资源，包括学科教材、体育设施、教育技术等，为学生提供多样化的学习资源和支持。体教融合体育课程新模式强调综合评估和个体化反馈，通过多样化的评估方式，包括课堂观察、作品展示、项目实践等，全面评价学生的综合能力和发展情况，并及时给予个体化的反馈和指导。

五、利用社会资源支持体教融合课程新模式的实施和发展

社会资源的广泛参与可以为学校提供专业知识、经验分享、设施设备、人力等方面的支持，丰富学生的学习体验，促进体教融合课程的创新和发展。不过，利用社会资源支持体教融合课程新模式需注意几个关键方面：

专业知识和经验分享方面：邀请专业教练、运动员、健康专家等社会资源人员到学校进行专题讲座和指导，分享他们在体育领域的专业知识和经验。学校可以与当地体育协会、俱乐部、社区组织等合作，邀请相关专业人士开展体育教育培训和研讨活动，提供专业支持。

设施设备的共享方面：与社会资源合作伙伴建立合作关系，共享体育设施和器材，提供更多的运动场地和设备资源，丰富学生的体育活动和体验。建立与当地体育俱乐部、体育场馆、健身中心等的合作机制，让学生能够参与到更多专业化的体育训练和比赛中。

社会组织和志愿者支持方面：吸引社会组织、企事业单位、社区志愿者等参与体教融合课程的实施和辅助工作，提供专业的指导和帮助，增加学生在体育活动中的互动和支持。社会资源的参与可以为学校提供更多的人力支持，如教练员、辅导员、志愿者等，协助教师组织和管理体育活动，提供个性化的指导和培训。

学校与社区的合作方面：学校可以与当地社区合作，利用社区场所和资源，举办体育活动和比赛，增强学校与社区的联系和互动，推动体教融合课程在社区中的传播和实施。通过社区的支持和参与，学生可以更好地将体育活动融入日常生活，形成积极的生活方式和健康习惯。

利用数字化技术和互联网平台方面：利用互联网平台和数字化技术，促进社会资源的在线分享和交流，为学校提供更广泛的专业知识和资源支持。建立在线学习平台和资源库，收集和分享优质的体育教育资源，包括教学视频、课程设计、教材资料等，供教师和学生使用。

加强对社会资源的评估和监管也是重要的一环。学校可以建立资源评估和认证机制，对参与体教融合课程的社会资源进行评估，确保资源的质量和合法性，避免不良资源对学生的影响。云南可以充分发挥社会资源的多样性和活力，积极引导和鼓励社会力量参与体教融合课程的实施和发展，为学生提供更丰富、更有质量的体育教育体验，推动体教融合课程的深入发展。

第七章　云南体教融合研究创新点、不足及展望

第一节　研究的创新点

本研究在研究视角上跨越西方语境，着眼于国家体育发展战略，立足云南本土话语，构建云南文化意味的体教融合发展的路径。

一是发展理念。新时代云南体教融合发展的理念要与时俱进，在强调综合素质的培养和个性化发展的同时，云南体教融合发展应根植于云南社会与体育文化的土壤，服务于全省所有学生群体。深化云南体教融合的战略性，以促进云南青少年健康发展为体教融合的新目标，回归以体育人和以体化人的新认知，云南体教融合的全面性应强调全体学生参与、全省各地参与和学生个体全过程参与的理念。整体性是学校体育成为终身体育锻炼习惯养成的重要阵地，建构“政府、学校、社区、家庭和市场”融合的整体育人模式。

二是发展方法。新时代云南体教融合发展需要探索适合当地特点的方法，既要体现出两大系统的管理层、学校体育工作管理层的理解性和接受性，又要回应青少年德智体美劳全面发展的需要。借鉴国内外成功经验，结合云南的实际情况，提出了云南体教融合的发展环境创新、工作机制创新、培养模式创新和竞赛体系创新的依据。以云南中考100制为契机，稳固推进教育和体育系统的大教育观，拓展筹资经费来源渠道，明确学校竞赛的目的是培养全面发展的人，建立“领导、教练员、教师、学生和家长”五位一体共同管理的新体系。

三是发展路径。提出名牌大学与云南小、初、高中之间体教融合的合作机制，打通名牌大学与云南小、初、高中之间体教融合的体育课程对接点，建构云南小、初、高中生与名牌大学体教融合竞赛资源共享平台。打造一体化育人的名牌体育赛事体系，建立云南学校赛事与名牌赛事的衔接机制，加强云南学校与名牌赛事的资源共享和互动。制定青训体系回归教育体系的评估和监测体

系，建立政府、学校、家庭、社区和市场之间的合作机制。遴选国内教练员团队与云南普通学校教师形成合作机制，建立学生训练和竞赛成绩的评估反馈中心，利用社会资源提升体育竞赛育人体系的关联水平。打造体教融合课程新模式的教师团队，创新体教融合的课程设计，加强体教融合课程新模式的师资培训和实践能力，利用社会资源支持体教融合课程新模式的实施和发展。

第二节 研究的不足

在研究体教融合的过程中，可能存在一些不足之处。

一是缺乏跨学科合作研究。体教融合是体育教育与学科教育的有机结合，需要跨学科的合作与交流。然而，在研究中可能存在学科壁垒的问题，缺乏跨学科的综合研究和交流。因此，需要促进学科间的合作，形成共同研究和推进体教融合的合力。

二是缺乏长期追踪评估。新时代云南体教融合发展需要长期的追踪评估和持续改进。在研究中可能缺乏对实施效果的长期跟踪和评估，无法全面了解措施的有效性和问题的出现。因此，需要建立长效的评估体系，及时调整和改进体教融合发展的策略和措施。

三是研究深度和结果尚待提炼。研究可能在某些方面缺乏深度，如体教融合评估，无法对特定问题进行详细探讨。这可能需要进一步的研究来深化理解和提供更具体的建议。由于体教融合领域的复杂性和多样性，不同研究可能得出不同的结论。这可能导致研究结果的一致性不足，需要更多的研究来验证和深化。

四是研究范围和角度的局限性。研究的范围可能有所限制，无法全面覆盖云南省所有地区和学校，或者无法涵盖所有利益相关方的观点和意见。研究可能集中在特定领域或特定层面，缺乏多角度、多层次的综合研究。这可能导致对体教融合的整体理解不够全面。

五是研究方法的局限性。由于体教融合领域的复杂性和多样性，采用问卷和访谈的研究方法可能存在一定的局限性，例如，问卷调查可能受到回答者主观意见的影响，加之，研究时段主要是集中在疫情时期，实地考察可能受到时间和资源限制等。

综上所述，新时代云南体教融合发展的研究在理念、方法和路径方面都存在创新点。但同时也面临研究深度不足、实践与理论结合不足、跨学科合作不足以及缺乏长期追踪评估等不足之处。未来的研究应该关注这些问题，并提出具体的改进措施，为云南体教融合发展提供更有针对性和可操作性的建议。

第三节　展　望

在研究云南体教融合发展的理念、方法及路径的基础上，还有一些方面值得进一步深入研究和探讨，以促进云南体教融合发展的持续进步和提升。

深化体教融合的理论研究方面，还可以进一步深化对体教融合理念、价值观和理论框架的研究，探索体教融合与教育、体育、社会等领域的关系，并推动体教融合理论的创新和发展。探索创新的体教融合实践模式方面，研究云南省内外具有代表性的体教融合实践案例，分析其成功经验和面临的挑战，探索适合云南特色的体教融合实践模式，推动创新的实践方法和路径。加强体教融合政策研究方面，研究云南省和其他地区体教融合政策的制定、实施和效果评估，探索政策对于促进体教融合发展的影响和作用，为政策的优化和调整提供理论和实证依据。强化体教融合人才培养研究方面，关注体教融合人才培养的机制、内容和方法，探索培养模式的创新和优化，培养具有综合素质和专业技能的体教融合人才，满足云南体教融合发展的需求。加强体教融合评估研究方面，研究体教融合发展的评估体系和方法，探索科学有效的评估指标和评估工具，建立定量和定性相结合的评估体系，为体教融合政策和实践的监测与改进提供支持。加强云南省内外合作与交流方面，加强与其他地区、国内外相关研究机构和学者的合作与交流，分享经验、共同研究，借鉴国内外先进的体教融合理念和实践经验，为云南省体教融合发展提供更广泛的参考和支持。总之，云南体教融合发展的理念、方法及路径研究在不断深化和拓展中，仍有许多方面需要进一步探索和研究。通过持续的学术研究和实践探索，为云南体教融合的可持续发展提供理论支持和实践指导，促进体育和教育的有机结合，推动云南体教融合事业不断迈向新的高度。

在体教融合的道路上，我们不断探索前行，融合体育与教育，让未来更加明亮。理念与方法交织，创新永不停歇，学问与实践相伴，共筑梦想的阶梯。

名牌大学为龙头牵引，小、初、高中同心协力，师资培训与交流互动，教练员团队焕发活力。资源共享与合作机制，促进体育事业蓬勃发展，学生参与和能力培养，塑造健康成长的康庄大道。评估监测与反馈中心，持续提升教育质量，育人目标与综合能力，体育竞赛成就美好未来。社会资源与参与全面，推动体教融合发展腾飞，青训体系回归教育体系，为学生创造更多机遇。新模式的课程设计，开启学生多彩人生的大门，团结合作与资源共享，让体育事业更加辉煌。在云南的大地上，体教融合砥砺前行，追求卓越与完美，让梦想绽放在蓝天。

参考文献

[1] 安平.浙江省“体教结合”现状与对策研究[J].浙江体育科学，2006，28（5）.

[2] 曾朝恭.“胡凯现象”透视上海高校办高水平运动队的现状[J].体育科研，2007，28（2）.

[3] 陈道裕，周奕君，陈显健.“教体结合”培养高素质竞技体育后备人才的研究——以浙江省为例[J].体育科学，2006，26（1）.

[4] 陈月霞.中小学体育教育与大学体育教育的衔接措施[J].中国高等教育，2022（Z2）.

[5] 程超，周海雄，张明明.浙江省青少年网球后备人才培养比较研究[J].浙江体育科学，2017，39（4）.

[6] 初少玲.上海市体教融合的实践探索与理论分析[J].山东体育学院学报，2013，29（3）.

[7] 丁省伟，储志东.是何·为何·如何：体教融合研究综述与展望[J].上海体育学院学报，2022，46（7）.

[8] 董永利，袁建国，王建议，林秀东.高校“教体结合”培养竞技体育人才的研究——以浙江省为例[J].成都体育学院学报，2010，36（7）.

[9] 冯建中.大力推进“体教结合”——在清华大学《体教结合：国家视野中的认识与行动》高层论坛上的发言[J].体育科学，2005，25（2）.

[10] 傅建.“一流专业”与高等教育体育专业建设思考——黄汉升教授学术访谈录[J].体育与科学，2019，40（6）.

[11] 高天恩.多中心治理理论视域下天津市深化体教融合的路径研究[D].天津体育学院，2022.

[12] 高翔.从体教结合到体教融合的竞技体育发展矛盾思考[J].辽宁体育科技，2023，45（1）.

[13] 郭振，张贝尔，刘波.日本大学竞技体育改革及其启示[J].沈阳体育学

院学报，2021，40（6）.

[14] 侯玺超，肖坤鹏. 体教融合：青少年竞技体育后备人才培养的协同治理[J]. 沈阳体育学院学报，2021，40（5）.

[15] 雷金火，斯迪虎，曾朝恭. 论我国体教结合的未来发展取向——兼对上海市体教结合的调查分析 [J]. 沈阳体育学院学报，2006，25（3）.

[16] 李爱群，等. 理念・方法・路径：体教融合的理论阐释与实践探讨——“体教融合：理念・方法・路径”学术研讨会述评 [J]. 武汉体育学院学报，2020，54（7）.

[17] 李国华，卞辉，李艳茹. 困境与突破：新时代体教融合背景下高校体育发展策略研究 [J]. 西安体育学院学报，2022，39（5）.

[18] 李国忠，张雷. 云南高校竞技体育的发展 [J]. 体育文化导刊，2009（4）.

[19] 李加奎，侯桂明，马玉芳. 中外“体教结合”状况与完善“体教结合”管理系统的研究 [J]. 考试周刊，2009（37）.

[20] 李科. 高校体育改革践行“体教融合”路径研究 [M]. 吉林：吉林大学出版社，2023.

[21] 李楠，满建刚. 新时代推进体教融合的现实困境和破解策略 [J]. 体育科学研究，2022，26（3）.

[22] 栗燕梅，裴立新，周结友等. 新时代我国体教融合的现状、问题与建议——来自六省区市调研的分析与思考 [J]. 河北体育学院学报，2020，34（6）.

[23] 廖滢莹，等. 儿童青少年体质健康与学业成绩的关系：有中介的调节模型 [J]. 武汉体育学院学报，2022，56（3）.

[24] 林晓滔. 体教融合背景下学校体育的发展与创新思考 [M]. 北京：人民日报出版社，2022.

[25] 凌晨. 专业认证——我国体育教育专业人才培养质量保障的新举措 [J]. 武汉体育学院学报，2017，51（1）.

[26] 刘波，等. 体教融合：新时代中国特色竞技体育后备人才培养的诉求、困境与探索 [J]. 体育学刊，2020，27（6）.

[27] 刘波，等. 新时代修订《学校体育工作条例》的背景、依据和路径研究 [J]. 体育科学，2022，42（6）.

[28] 刘扶民，汪晖. 基层竞技体育后备人才培养新模式探索—以浙江衢州为例 [J]. 体育文化导刊，2018,（12）.

[29] 刘梅.体教融合下大学生体育与健康教育指导[M].北京：北京体育大学出版社，2020.

[30] 刘通，等."体教融合"政策省级行政执行的扩散机制及深化策略研究[J].广州体育学院学报，2022，42（4）.

[31] 刘托，兰彤，贾雪峰.体教融合背景下日本乒乓球后备人才培养模式与启示[J].沈阳体育学院学报，2021，40（3）.

[32] 刘媛，戚海兵.大中小学体育衔接贯通的必要性及实现路径[J].中国高等教育，2022（Z2）.

[33] 柳鸣毅，敬艳，但艳芳等.体教融合视域中学校体育改革的实践逻辑——基于中小学校体育改革的多案例扎根理论分析[J].体育学研究，2022，36（5）.

[34] 柳鸣毅，等.体教融合目标新指向：青少年健康促进与体育后备人才培养[J].体育科学，2020，40（10）.

[35] 娄莹.高原特色体育强省建设全面推进[N].云南日报，2022-09-20.

[36] 陆淳.清华大学高水平运动员培养的理念与实践[J].体育文化导刊，2017（9）.

[37] 陆淳.清华大学高水平运动员培养的理念与实践[J].体育文化导刊，2017,（9）.

[38] 吕赟，等.我国中小学体育教师继续教育的问题与分析——以昆明市的个案研究为例[J].搏击（体育论坛），2010，2（10）.

[39] 马卉君，姚蕾，史瑞应."五育"融合视域下中小学体育教学的逻辑框架与推进机制[J].教育理论与实践，2022，42（32）.

[40] 毛振明，等.从"体教分离"到"体教融合"再到"体回归教"的中国逻辑[J].体育学研究，2021，35（4）.

[41] 毛振明，夏青，钱娅艳.论体教融合的问题缘起与目标指向[J].体育学研究，2020，34（5）.

[42] 梅秀萍，姚磊，李伟业.新时代深化体教融合：价值意蕴、困境剖析与路径选择[J].哈尔滨学院学报，2022，43（2）.

[43] 聂真新，刘坚，高飞.中考体育改革：源流、价值与路径[J].北京体育大学学报，2021，44（9）.

[44] 彭响，胡科，刘如.学校深化体教融合视域下青少年身体素养培育的理

论阐释与实践逻辑 [J]. 体育学刊，2022，29（3）.

[45] 齐大路，等. 学校体育落实“健康第一”教育理念的路径研究 [J]. 体育学研究，2022，36（3）.

[46] 曲家林，丁丙霞，李雪峰. 新时代体教融合背景下竞技体育后备人才培养的堵点及路径探析 [J]. 当代体育科技，2022，12（16）.

[47] 瞿迪. 我国竞技体育与高校体育融合发展的若干问题研究 [D]. 中国矿业大学，2020.

[48] 任延东. 体教融合下高校体育与健康教育指导教程 [M]. 北京：北京体育大学出版社，2022.

[49] 申国威，李隆菲，董家秀. “体教融合”背景下学校体育与竞技体育优化途径探究 [J]. 田径，2022（3）.

[50] 石陆. 体教融合下的青少年全面健康与发展研究 [M]. 吉林：吉林大学出版社，2022.

[51] 寿涌. “教体结合”视角下金华市足球特色学校校园足球开展模式研究 [D]. 浙江师范大学，2019.

[52] 舒盛芳，等. 上海市“体教结合”运行模式现状与对策 [J]. 体育科研，2007（4）.

[53] 舒宗礼，王华倬. 面向“卓越体育教师”培养的体育教育专业课程体系的重塑与优化 [J]. 武汉体育学院学报，2017，51（4）.

[54] 孙国友，顾齐洲. 从“教体结合”到“教体融合”：我国高校竞技体育发展的新模式 [J]. 体育研究与教育，2016，31（2）.

[55] 孙科，等. 危机与应对：新型冠状病毒肺炎疫情下的中国体育叙事 [J]. 上海体育学院学报，2020，44（5）.

[56] 孙科，等. 中国特色体教融合发展思考——对《关于深化体教融合 促进青少年健康发展意见》的诠释 [J]. 成都体育学院学报，2021，47（1）.

[57] 谭华. 20 世纪前期的“国术改良运动”[J]. 北京体育大学学报，2002（1）.

[58] 万炳军，王迪，路东升. 从“学训矛盾”到“学训制度”——基于单位体制转型的视角 [J]. 北京体育大学学报，2016，39（12）.

[59] 万博文. 我国体教融合的逻辑起点、瓶颈及建议 [J]. 体育师友，2021，44（6）.

[60] 汪晓赞，等. 历史演进与政策嬗变：从“增强体质”到“体教融合”——

中国儿童青少年体育健康促进政策演进的特征分析 [J]. 中国体育科技，2020，56（10）.

[61] 汪晓赞，等. 新征程上我国儿童青少年体育健康促进的挑战与路径审视——基于对党的二十大精神的学习与思考 [J]. 天津体育学院学报，2023，38（1）.

[62] 王德政，李斌. 深化体教融合发展的现实审视及应对策略 [J]. 体育文化导刊，2023（2）.

[63] 王贺. 体教融合背景下体育教育专业课内外一体化体育俱乐部目标设置及实现路径研究 [D]. 天津体育学院，2022.

[64] 王家宏，董宏. 体育回归教育：体教融合的现实选择与必然归宿 [J]. 北京体育大学学报，2021，44（1）.

[65] 王鹏，郝文鑫，郭振. 竞技体育后备人才培养的域外实践、共性经验与中国路径分析 [J]. 首都体育学院学报，2022，34（6）.

[66] 王少峰. 体教融合促进体操后备人才培养路径研究 [J]. 青少年体育，2022（6）.

[67] 王宗平，等. 云南大学"体测不合格不能毕业"改革实践研究 [J]. 体育学刊，2022，29（6）.

[68] 夏漫辉. 深化体教融合背景下我国竞技体育后备人才培养研究 [J]. 体育文化导刊，2021（3）.

[69] 修浩. 昆明市教育体育局合并背景下体教融合的问题与发展对策研究 [D]. 云南师范大学，2021.

[70] 许弘. 体教融合——新时代教育改革的要求与使命 [J]. 天津体育学院学报，2021，36（3）.

[71] 杨国庆，刘宇佳. 论新时代体教融合的内涵理念与实施路径 [J]. 天津体育学院学报，2020，35（6）.

[72] 杨国庆. 体教融合背景下我国高校高水平运动队建设：历史考察、经验凝练与优化策略 [J]. 北京体育大学学报，2022，45（7）.

[73] 杨桦，刘志国. 体教融合：中国特色竞技体育后备人才培养模式转化与创新 [J]. 成都体育学院学报，2021，47（3）.

[74] 尹小俭，任珊珊. 改善儿童青少年体力活动水平是实现健康中国的重要保障 [J]. 中国学校卫生，2022，43（4）.

[75] 游小妹，李莉 . 体教融合背景下云南体育中考面临的现实困境与发展出路 [J]. 玉溪师范学院学报，2021，37（4）.

[76] 虞重干，张军献 . “体教结合”与高校高水平运动队建设 [J]. 体育科学，2006（6）.

[77] 张剑宇 . 体教结合模式下昆明足球后备人才培养体系研究 [D]. 云南师范大学，2014.

[78] 张雷，等 . 面向 2035 年远景目标的体育强国建设：实践回顾与理论分析 [J]. 天津体育学院学报，2021，36（3）.

[79] 张盛 . 媒介化奥运在中国：“双奥之旅”中的传播格局变迁 [J]. 武汉体育学院学报，2022，56（6）.

[80] 张正全 . 竞技体育人才“体教结合”培养模式研究 [D]. 云南财经大学，2016.

[81] 张重阳 . 体教融合背景下高校田径课程教学模式优化研究 [C]// 中国体育科学学会运动训练学分会 . 第十四届全国田径运动发展研讨会论文集 .[出版者不详]，2020.

[82] 钟秉枢，李楠 . 加强青少年体育工作深化体教融合背景下体校改革与发展 [J]. 天津体育学院学报，2022，37（6）.

[83] 钟秉枢 . 问题与展望：体教融合促进青少年健康发展 [J]. 上海体育学院学报，2020，44（10）.

[84] 周爱光 . 日本体育政策的新动向——《体育振兴基本计划》解析 [J]. 体育学刊，2007（2）.

[85] 左涛 . 云南省青少年校园足球四级联赛运行现状与发展策略研究 [D]. 云南师范大学，2018.

[86] Frank A. M. Sports and Education: A Reference Handbook[M]. ABC-CLIO, 2003.

[87] Hak, Jun, Lee. Sport and Happiness: The Taste of Sport and Making Enjoyable Society[J]. The Korean Journal of Physical Education, 1999, 38(4).

[88] Mazzer K. R., Rickwood D. J. Mental Health in Sport: coaches' views of Their Role and Efficacy in Supporting Young People's Mental Health[J]. Journal of the Institute of Health Education, 2015, 53(2): 102-114.

[89] Jansson A. Integration and Physical Education[J]. [2023-09-11].

[90] Thousand-Tokila, Mets Per, and T. Combining Competitive Sports and Education: How Top-Level Sport Became Part of the School System in the Soviet Union, Sweden and Finland.[J] European Physical Education Review 8. 2002(3):196-206.

[91] Yoshimura T. The Consideration of the Relationship between Sports and Education in the Great Britain[J]. Bulletin Faculty of Physical Education Tokai University, 1996(25):21-30.